●教育部人文社会科学重点研究基地重庆工商大学长江上游经济研究中心

●"三峡库区百万移民安稳致富国家战略"服务国家特殊需求博士人才培养项目

●教育部人文社会科学研究青年基金项目"长江上游地区农村产业融合发展：测度、效应与机制研究"（19YJC790016）

●国家社科基金重大项目"长江上游生态大保护政策可持续性与机制构建研究"（20&ZD095）

教育部人文社会科学重点研究基地
重庆工商大学长江上游经济研究中心

长江经济带高质量发展丛书

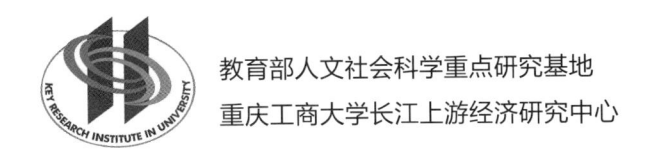

Research on the Integrated Development of Rural Industries in the Upper Reaches of the Yangtze River

长江上游地区农村产业融合发展研究

程莉 等著

中国社会科学出版社

图书在版编目（CIP）数据

长江上游地区农村产业融合发展研究/程莉等著.—北京：中国社会科学出版社，2023.4

（长江经济带高质量发展丛书）

ISBN 978-7-5227-1646-6

Ⅰ.①长… Ⅱ.①程… Ⅲ.①长江流域—上游—农业产业—产业发展—研究 Ⅳ.①F327.5

中国国家版本馆 CIP 数据核字（2023）第 050912 号

出 版 人	赵剑英
责任编辑	王 琪
责任校对	杜若普
责任印制	王 超

出　　版	中国社会科学出版社
社　　址	北京鼓楼西大街甲 158 号
邮　　编	100720
网　　址	http://www.csspw.cn
发 行 部	010-84083685
门 市 部	010-84029450
经　　销	新华书店及其他书店

印　　刷	北京明恒达印务有限公司
装　　订	廊坊市广阳区广增装订厂
版　　次	2023 年 4 月第 1 版
印　　次	2023 年 4 月第 1 次印刷

开　　本	710×1000　1/16
印　　张	15.75
插　　页	2
字　　数	206 千字
定　　价	79.00 元

凡购买中国社会科学出版社图书，如有质量问题请与本社营销中心联系调换
电话：010-84083683
版权所有　侵权必究

前　言

产业兴则百业兴，实现乡村全面振兴，首要任务在于推动乡村产业振兴。习近平总书记强调，要推动乡村产业振兴，必须紧紧围绕现代农业的发展，以农村一、二、三产业融合发展为核心，构建与完善乡村产业体系。农村产业融合不仅是新时代我国实施乡村振兴战略的重要内容，也是加快转变农业发展方式、促进农民增收的必由之路。

长江上游地区作为引领西部广大欠发达地区经济社会发展的重要地带，随着农业供给侧结构性改革，金融服务、物流配送、电子商务、休闲农业和乡村旅游等新产业、新业态不断涌现，产业链条持续延伸，农业功能加快拓展，农村产业融合蓬勃发展，发展潜力巨大。然而，因其山地面积绝对量大，可开垦的农荒地少、开发难度大，农村产业融合发展存在经济基础薄弱、发展环境滞后、融合程度较低等困境，且土地、资金、人才等瓶颈问题严峻，制约了农民收入的有效增长。长江经济带沿线11省（市）共有农业人口2.54亿人，长江上游地区为0.99亿人，占全流域的38.98%，但农民人均可支配收入仅为长江下游地区的60.40%。因此，在乡村振兴战略背景下，长江上游地区农村产业融合发展的实践进展与发展水平如何？其发展是否带来农村经济增长、农民收入提升？是否影响了农村生态环境？长江上游广大农村地区该采取什么样的机制、策略挖掘其农村产业融合发展潜力？对这些问题的回答，将成为长江上游地区破题"乡村产业振兴"实践、助推农村经济跨越式发展、实现近1亿农户增收与可持续发展的迫切选择。

本研究通过理论整合、内容创新，借助合理的技术手段和全面的实证分析，立足长江上游地区农村产业融合发展现实、基础，重点对长江上游地区农村产业融合发展的模式、主体、利益联结等方面进行探索，基于概念界定的基础构建农村产业融合发展评价指标体系，并对其融合发展水平进行定量测度，实证检验农村产业融合发展的经济、社会、生态"三维"效应，分析驱动或影响农村产业融合发展的机制，总结发展困境，借鉴国内外农村产业融合发展经验启示，提出有效推进长江上游地区农村产业融合发展的策略。具体内容如下。

第一，农村产业融合发展的理论分析框架。围绕产业链发展、农业多功能性、产业边界、产业融合、交易成本等理论，总结归纳农村产业融合发展的理论基础；探讨农村产业融合的内涵、模式、特征、生成机制、作用层次等内容，形成农村产业融合发展的系统理论分析框架。

第二，长江上游地区农村产业融合发展的实践进展。对长江上游地区农村产业融合发展的基础、比较优势、布局、融合政策的历史演进和现状进行梳理，采取宏观省级数据集，同时借助对典型县域村镇及政府部门的调查，分析其在融合模式、融合主体、利益联结等方面的实践进展与现实问题，对长江上游地区农村产业融合发展的基础、特征、效果进行分析，摸清其发展现状。

第三，长江上游地区农村产业融合发展的定量测度。基于农业内部产业重组型融合、产业链延伸型融合、农业多功能发挥型融合、高技术渗透型融合四个指针的农村产业融合的核心模式，围绕循环生态农业、农产品加工业、农旅融合、农村电商四大具体模式发展程度，对长江上游地区重庆、四川、贵州、云南四个省（市）级宏观层面构建农村产业融合的评价指标体系，测算出总体农村产业融合系数与各融合模式发展的分项系数，并进行横向比较分析。

第四，长江上游地区农村产业融合发展的经济、社会与生态效应。农村产业融合有利于有效利用资源、降低交易成本、促进农村经济增长，提升农户收入，并影响农村生态环境。本部分基于长江上游地区农村产业融合发展测度结果，采用固定效应模型实证检验农村产业融合发展总体水平及分异融合发展水平对经济增长、农户收入、生态环境的影响效应，为长江上游地区农村产业融合发展的区域联动机制构建、实现农民互惠互利提供充分的科学依据。

第五，长江上游地区农村产业融合发展的驱动机制。长江上游地区要实现高质量的农村产业融合发展，不仅需要发挥本身的内生力量，也需要外在力量、关键条件因子的推动与带动。基于居民消费需求、农村土地流转、人力资本、技术进步、财政支农、农村基础设施、农村环境质量、农业现代化、农业产业结构等九个方面，构建面板计量经济模型，对影响长江上游地区农村产业融合发展的各种因素进行实证检验，分析各机制与农村产业融合发展水平的影响系数，为进一步总结影响长江上游地区农村产业融合发展困境提供依据。

第六，国内外农村产业融合发展经验与启示。国外日本、韩国的"六次产业化"、法国的乡村旅游、美国的农业现代化都在不同程度上推动了当地农业向第二、三产业融合发展，在延伸产业链条、提高农民收入、促进农村繁荣等方面都发挥了重要作用。国内在生态农业、农产品加工业、田园综合体建设、农村电商发展上亦具有走在时代前列的典型地区。对国内外典型国家和地区农村产业融合模式、特点、优势进行分析，总结其发展经验，对推动长江上游地区农村产业融合发展具有积极的启示意义。

第七，长江上游地区农村产业融合发展的推进策略。以"遵循原则—发展路径—保障政策"为导向，在规划先行、因势利导，分类施策、突出重点，体现特色、丰富多彩，循序渐进、扎实推进原则下，根据对农村产业融合的系统理论阐释与实证研究，总结归纳促进农村经济多元化发展、推进农村产业融合发展的路径；围绕人才培育、利益联结、土地流转、技术支撑等方面，提出有效推进长江上游地区的农村产业融合发展的相应保障政策。

本书的创新性主要体现在以下三个方面。

第一，研究视角创新。以跨行政区域流域地带长江上游地区为例，对其农村产业融合发展进行全面透视——理论框架构建、水平测度、影响效应、驱动机制等内容进行分析，创新了产业融合研究在农村经济、流域经济中的应用，弥补了新时期产业融合发展对应主体研究的不足。

第二，研究内容创新。强化了农村产业融合在理论体系方面的系统性和全面性的研究，尤其是面对当前农村产业融合综合评价未能跟上现实发展步伐，仅停留在农业与其他产业的融合水平测算，有关融合效应、驱动机制等重要的学术问题均未进行科学的实证研究的情况下，本书对这些问题进行了深入论证，弥补了当前农村产业融合发展研究总体处于初始研究阶段，以总结归纳、经验引进、延伸解读为主，主题相对分散的缺陷。

第三，研究方法创新。运用熵值法、耦合协调度模型测度农村产业融合发展水平，对农村产业融合进行综合评价，采用面板模型对农村产业融合的农户增长效应、增收效应和生态效应、驱动机制进行实证研究；运用案例研究法、比较研究法对国内外农村产业融合发展的经验进行了梳理总结和对比，体现了研究方法的综合性。

目　　录

第一章　导论 …………………………………………………（1）
　第一节　研究背景和意义 ……………………………………（1）
　　一　研究背景 ………………………………………………（1）
　　二　研究意义 ………………………………………………（3）
　第二节　研究目标与研究内容 ………………………………（3）
　　一　研究目标 ………………………………………………（3）
　　二　研究内容 ………………………………………………（4）
　第三节　研究思路与研究方法 ………………………………（6）
　　一　研究思路 ………………………………………………（6）
　　二　研究方法 ………………………………………………（6）
　第四节　研究拟突破的重点和难点 …………………………（8）
　　一　突破的重点 ……………………………………………（8）
　　二　解决的难点 ……………………………………………（9）
　第五节　创新之处与不足 ……………………………………（9）
　　一　创新之处 ………………………………………………（9）
　　二　研究不足 ………………………………………………（10）

第二章　研究综述与理论基础 ………………………………（12）
　第一节　农村产业融合发展研究综述 ………………………（12）

一　农村产业融合发展的内涵与外延 …………………… (12)
　　二　农村产业融合水平的定量测度 …………………… (16)
　　三　农村产业融合发展的多维效应 …………………… (18)
　　四　农村产业融合的影响因素 ………………………… (23)
　　五　农村产业融合发展的案例 ………………………… (26)
　　六　农村产业融合的发展路径 ………………………… (27)
　　七　农村产业融合发展的保障机制 …………………… (30)
　　八　研究述评 …………………………………………… (34)
　第二节　农村产业融合发展的理论基础 ………………… (35)
　　一　农业多功能性理论 ………………………………… (35)
　　二　产业边界理论 ……………………………………… (40)
　　三　产业融合理论 ……………………………………… (43)
　　四　交易成本理论 ……………………………………… (46)
　　五　产业链理论 ………………………………………… (48)
　第三节　农村产业融合的理论构建 ……………………… (51)
　　一　农村产业融合的内涵、模式与主体 ……………… (51)
　　二　农村产业融合发展的作用层次 …………………… (65)
　　三　农村产业融合发展的影响机制 …………………… (70)

第三章　长江上游地区农村产业融合发展的实践进展 ……… (78)
　第一节　重庆农村产业融合发展实践 …………………… (78)
　　一　融合模式丰富多元 ………………………………… (79)
　　二　融合主体不断壮大 ………………………………… (83)
　　三　利益联结机制日趋完善 …………………………… (84)
　第二节　四川农村产业融合发展实践 …………………… (85)
　　一　融合模式丰富多元 ………………………………… (85)
　　二　融合主体不断壮大 ………………………………… (90)

三　创新利益联结机制 …………………………………………（91）
　　四　川台农业合作深化发展 ……………………………………（91）
　第三节　贵州农村产业融合发展实践 ………………………………（92）
　　一　融合模式丰富多元 …………………………………………（93）
　　二　融合主体不断壮大 …………………………………………（102）
　　三　利益联结机制日渐完善 ……………………………………（103）
　第四节　云南农村产业融合发展实践 ………………………………（104）
　　一　融合模式丰富多元 …………………………………………（104）
　　二　融合主体发展壮大 …………………………………………（110）
　　三　利益联结不断完善 …………………………………………（113）

第四章　长江上游地区农村产业融合发展水平定量测评 ……（115）
　第一节　指标体系构建 ………………………………………………（115）
　第二节　研究方法与数据来源 ………………………………………（117）
　　一　熵值法 ………………………………………………………（117）
　　二　耦合协调度模型 ……………………………………………（118）
　　三　数据来源 ……………………………………………………（119）
　第三节　总体水平与异质性 …………………………………………（120）

第五章　长江上游地区农村产业融合发展的经济、
**　　　　社会与生态效应** ……………………………………（125）
　第一节　农村产业融合对农村经济增长的影响 ……………………（126）
　　一　模型设定与变量选取 ………………………………………（126）
　　二　数据来源与统计性描述 ……………………………………（127）
　　三　实证研究与结果分析 ………………………………………（129）
　第二节　农村产业融合对农民增收的影响 …………………………（134）
　　一　模型设定与变量选取 ………………………………………（134）

二　数据来源与统计性描述……………………………（136）

　　三　实证研究与结果分析……………………………（138）

第三节　农村产业融合对农村生态环境的影响……………（143）

　　一　模型设定与变量选取……………………………（143）

　　二　数据来源与统计性描述……………………………（145）

　　三　实证研究与结果分析……………………………（147）

第六章　长江上游地区农村产业融合发展的驱动因素与
　　　　现实困境………………………………………………（153）

第一节　农村产业融合发展的驱动因素……………………（153）

　　一　模型设定与变量选取……………………………（153）

　　二　实证研究与结果分析……………………………（155）

第二节　农村产业融合发展的现实困境……………………（162）

　　一　农村土地流转机制碎片化………………………（162）

　　二　优质人力资源缺乏………………………………（162）

　　三　金融服务力度不足………………………………（163）

　　四　科技创新投入不足………………………………（164）

　　五　公共服务配套建设滞后…………………………（165）

第七章　国内外农村产业融合发展经验与启示…………………（166）

第一节　农村产业融合发展的国外经验……………………（166）

　　一　日本农村产业融合发展…………………………（166）

　　二　法国农村产业融合发展…………………………（172）

　　三　韩国农村产业融合发展…………………………（176）

　　四　美国农村产业融合发展…………………………（178）

第二节　农村产业融合发展的国内典型探索………………（181）

　　一　生态农业发展典型………………………………（181）

二　农产品加工业发展典型……………………………………（187）
　　三　田园综合体发展典型………………………………………（191）
　　四　农村电商发展典型…………………………………………（196）

第八章　长江上游地区农村产业融合发展的优化策略………（206）
　第一节　长江上游地区农村产业融合发展路径………………（206）
　　一　围绕农业内部整合，重点推进农业循环化、
　　　　生态化发展……………………………………………（206）
　　二　延伸农业产业链，大力发展农产品加工业…………（209）
　　三　拓展农业功能，发展乡村旅游产业…………………（211）
　　四　强化技术渗透，着力推进农村电商发展……………（213）
　第二节　长江上游地区农村产业融合发展保障机制…………（217）
　　一　完善利益联结机制……………………………………（217）
　　二　完善土地流转机制……………………………………（218）
　　三　创新人才培育机制……………………………………（220）
　　四　完善技术投入机制……………………………………（222）
　　五　强化基础条件支撑机制………………………………（222）
　　六　完善金融服务机制……………………………………（224）

第九章　结论与展望………………………………………………（225）
　　一　研究结论………………………………………………（225）
　　二　研究展望………………………………………………（227）

参考文献……………………………………………………………（229）

后　记………………………………………………………………（238）

第一章

导 论

第一节 研究背景和意义

一 研究背景

长江经济带是中国重要的农业生产核心区,现有农业耕地4267万公顷,占全国耕地总面积的1/3,农业产值占全国农业总产值的40%,粮食产量占全国的40%,其中水稻产量占全国的70%,棉花产量占全国的1/3以上,油菜籽、芝麻、蚕丝、麻类、茶叶、烟草、水果等经济作物在全国也占有非常重要的地位[①]。其中,长江上游地区地处青藏高原与长江中下游平原、云贵高原与黄土高原的过渡地带,土地肥沃、地形多样,但由于山地面积绝对量大,可开垦的农荒地少,开发难度大,后备土地资源相对不足,农村经济发展基础薄弱、发展滞后。根据2017年中经网统计数据库,沿线11省(市)共有农业人口为2.54亿人,长江上游地区为0.99亿人,占全流域比重为38.98%,但农民人均可支配收入为长江中游地区的82.17%、长江下游地区的60.40%。面临农产品价格下行和农民工资性收入乏力"双碰头",如何在乡村振兴战略框架下,实现

---

① 张军:《加强区域合作 推动长江经济带农业融合发展》,《中国社会科学报》2015年3月4日第A06版。

近1亿农户的增收与可持续发展,成为长江上游地区面临的迫切选择。

党的十九大明确提出,要"促进农村一二三产业融合发展,支持和鼓励农民就业创业,拓宽增收渠道"。农村产业融合是以农业为基本依托,以新型经营主体为引领,以利益联结为纽带,通过产业链延伸、产业功能拓展和要素集聚、技术渗透及组织制度创新,跨界集约配置资本、技术和资源要素,促进农业生产、农产品加工流通、农资生产销售和休闲旅游等服务业有机整合、紧密相连的过程[1]。农村产业融合具有促进产业链形成、推动要素融合创新、构建利益共同体、实现产业可持续发展等特点[2]。发展农村产业融合能够通过按股分红、按交易额返利、产品高附加值等方式获得较高的收入,改变过去处于利益分配机制末端的被动局面,克服农民依靠传统农业发展模式增收困难[3],相较于传统农业单一发展模式,农户增收效应在50%以上[4]。因此,农村产业融合发展不仅是新时代我国实施乡村振兴战略的重要内容,也是促进农民增收的必由之路,同时,也是满足城市居民对美好生活需要的重要途径。随着农业供给侧结构性改革,长江上游地区金融服务、物流配送、电子商务、休闲农业和乡村旅游等新产业、新业态不断涌现,产业链条持续延伸,农业功能加快拓展,农村产业融合蓬勃发展,发展潜力巨大。然而,农村产业融合发展依然存在经济基础薄弱、发展环境滞后、融合程度较低,以及土地、资金、劳动力等瓶颈问题。长江上

---

[1] 国家发展改革委宏观院和农经司课题组:《推进我国农村一二三产业融合发展问题研究》,《经济研究参考》2016年第4期。

[2] 王乐君、寇广增:《促进农村一二三产业融合发展的若干思考》,《农业经济问题》2017年第6期。

[3] 赵霞、韩一军、姜楠:《农村三产融合:内涵界定、现实意义及驱动因素分析》,《农业经济问题》2017年第4期。

[4] 李云新、戴紫芸、丁士军:《农村一二三产业融合的农户增收效应研究——基于对345个农户调查的PSM分析》,《华中农业大学学报》(社会科学版)2017年第4期。

游地区作为引领西部广大欠发达地区经济社会发展的重要地带，如何因地制宜挖掘上游腹地的农业发展潜力，推进农村产业内生化融合发展，与中下游地区形成优势互补、协作互动格局，将是破题"乡村产业振兴"实践、促进后发地区农村经济跨越式发展、助推长江经济带整条"巨龙"实现产业兴旺的关键。

二 研究意义

1. 理论价值

（1）将农村产业融合发展理论用于长江上游地区实践，开辟了农村产业融合研究的新领域、丰富和发展了流域农村经济学的相关内涵和外延；（2）借助发展经济学、农村经济学、区域经济学、产业经济学、生态经济学等学科的知识交叉，拓展了农村产业融合发展研究的新视野，丰富和发展了乡村产业结构理论、乡村转型发展理论。

2. 应用价值

（1）本课题研究紧扣习近平总书记重要讲话、党的十九大报告和2018年"中央一号文件"精神，有助于推动长江上游地区践行乡村振兴战略、加快推进农业农村现代化、促进城乡融合发展；（2）有助于促进长江上游地区广大农民就业创业，探索增收致富的转型路径，解决农村空心化、留守化问题，为其他欠发达地区、流域地带制定农村产业融合发展的政策提供经验支持和策略参考。

第二节 研究目标与研究内容

一 研究目标

1. 理论目标

（1）尝试把农村产业融合发展理论运用到长江上游地区［《长

江经济带发展规划纲要》涵盖的重庆、四川、贵州、云南四省（市）]实践中，探讨长江上游地区农村产业融合的新特点，揭示其现实状况；（2）构建适用于长江上游地区的农村产业融合评价指标体系，探索长江上游地区农村产业融合的发展水平，以实现理论创新；（3）实证研究长江上游地区农村产业融合发展的农户增收效应与驱动机制，以弥补该板块定量研究的缺失，为合理制定相关策略奠定基础。

2. 应用目标

（1）向长江上游地区有关部门提供政策参考；（2）课题研究中的实证研究方法，以及案例研究为同行开展相关研究提供方法借鉴，研究结论为后续相关研究或同行开展类似研究提供研究基础。

二　研究内容

本课题将通过理论整合、内容创新，借助合理的技术手段和全面的实证分析，立足长江上游地区农村产业融合发展现实、基础，重点对长江上游地区农村产业融合发展的模式、主体、利益联结等方面进行探索，在理论框架下，对其融合发展水平进行定量测度，对融合发展的农户增收效应、驱动机制、影响因子进行实证研究，提出有效推进长江上游地区农村产业融合发展的策略。

第一，农村产业融合发展的理论分析框架。围绕产业链发展、农业多功能性、产业边界、产业融合、交易成本等理论，总结归纳农村产业融合发展的理论基础；探讨农村产业融合的内涵、模式、特征、生成机制、作用层次等内容，形成农村产业融合发展的系统理论分析框架。

第二，长江上游地区农村产业融合发展的实践进展。对长江上游地区农村产业融合发展的基础、比较优势、布局、融合政策的历史演进和现状进行梳理，采取宏观省级数据集，同时借助对典型县域村镇及政府部门的调查，分析其在融合模式、融合主体、利益联结等方面的实践进展与现实问题，对长江上游地区农村产业融合发展的基础、特征、效果进行分析，摸清其发展现状。

第三，长江上游地区农村产业融合发展的定量测度。基于农业内部产业重组型融合、产业链延伸型融合、农业功能拓展型融合、高技术渗透型融合四个指针的农村产业融合的核心模式，围绕循环生态农业、农产品加工业、农旅融合、农村电商四大具体模式发展程度，对长江上游地区重庆、四川、贵州、云南四个省（市）级宏观层面构建农村产业融合的评价指标体系，测算出总体农村产业融合系数与各融合模式发展的分项系数，并进行横向比较分析。

第四，长江上游地区农村产业融合发展的经济、社会与生态效应。农村产业融合有利于有效利用资源、降低交易成本、促进农村经济增长，提升农户收入，并影响农村生态环境。本部分基于长江上游地区农村产业融合发展测度结果，采用固定效应模型实证检验农村产业融合发展总体水平及分异融合发展水平对经济增长、农户收入、生态环境的影响效应，为长江上游地区农村产业融合发展的区域联动机制构建、实现农民互惠互利提供充分的科学依据。

第五，长江上游地区农村产业融合发展的驱动机制。长江上游地区要实现高质量的农村产业融合发展，不仅需要发挥本身的内生力量，也需要外在力量、关键条件因子的推动与带动。基于居民消费需求、农村土地流转、人力资本、技术进步、财政支农、农村基础设施、农村环境质量、农业现代化、农业产业结构等九个方面，构建面板计量经济模型，对影响长江上游地区农村产业融合发展的各种因素进行实证检验，分析各机制与农村产业融合发展水平的影响系数，为进一步总结影响长江上游地区农村产业融合发展的困境提供依据。

第六，国内外农村产业融合发展经验与启示。国外日本、韩国的"六次产业化"、法国的乡村旅游、美国的农业现代化都在不同程度上推动了当地农业向第二、三产业融合发展,在延伸产业链条、提高农民收入、促进农村繁荣等方面都发挥重要作用。国内在生态农业、农产品加工业、田园综合体建设、农村电商发展上亦具有走在时代前列的典型地区。对国内外典型国家和地区农村产业融合模式、特点、优势进行分析,总结其发展经验,对推动长江上游地区农村产业融合发展具有积极的启示意义。

第七,长江上游地区农村产业融合发展的推进策略。以"遵循原则—发展路径—保障政策"为导向,在规划先行、因势利导,分类施策、突出重点,体现特色、丰富多彩,循序渐进、扎实推进原则下,根据对农村产业融合的系统理论阐释与实证研究,总结归纳促进农村经济多元化发展、推进农村产业融合发展的路径;围绕人才培育、利益联结、土地流转、技术支撑等方面,提出有效推进长江上游地区的农村产业融合发展的相应保障政策。

第三节 研究思路与研究方法

一 研究思路

研究以"理论建构—现状分析—实证研究—对策建议"的逻辑思路进行研究内容的安排(见图1-1),综合运用统计描述、调查研究、计量经济检验、案例研究等多种研究方法,对长江上游地区农村产业融合发展模式、驱动机制与推进策略进行研究。

二 研究方法

1. 文献研究与归纳演绎法

搜集近年来国内外大量的相关研究文献和资料,以农业多功能性、交易成本、产业链等理论和归纳演绎方法相结合分析农村产业

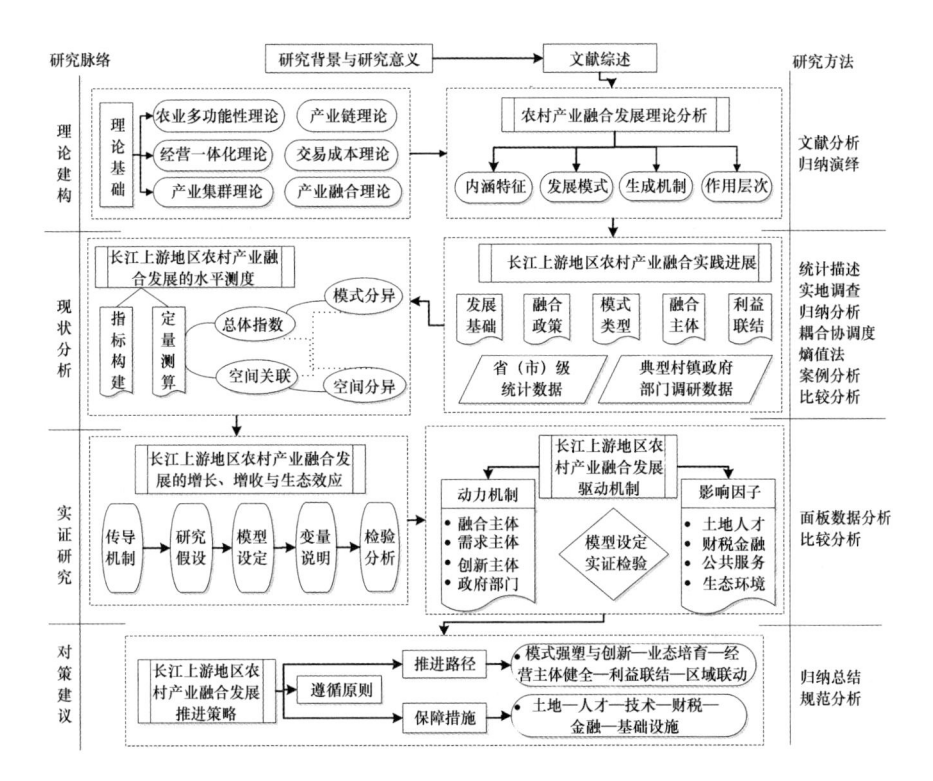

图 1-1 本书研究框架

融合发展的概念、特点；利用产业融合理论与相关文献，着重运用演绎法，对融合的动力机制、影响因素进行逻辑推理；运用归纳法分析农村产业融合的路径与保障措施。

2. 数理统计与计量分析法

采用宏观区域经济数据、农业行业数据和政策资料，运用描述性统计法呈现现状；采用耦合协调度模型、熵值法测度与评价农村产业融合发展水平，采取面板计量模型对农村产业融合效应、驱动机制进行研究。

3. 比较研究与案例分析法

采用宏观区域层面资料、数据分析以进行比较研究，弄清长江上游地区各省（市）在宏观融合现状、融合水平上的异质性；通过对国内外典型县域村镇的调查进行案例分析，探清其融合发展的经验。

第四节　研究拟突破的重点和难点

一　突破的重点

1. 长江上游地区农村产业融合发展进展与水平测度

长江上游地区农村产业融合发展研究首先需要客观把握实践进展，把握"总体—个案"农村产业融合发展模式、新型经营组织、利益联结现状，清晰认识和理解发展进程、现存困境。在现状描述的基础上，进一步定量测度长江上游地区农村产业融合发展的水平，具体包括指标体系设置原则、指标体系构建、评价方法选取、各地区综合水平及其模式分异水平测度与比较。

2. 长江上游地区农村产业融合发展的增长、增收与生态效应探讨

需要对农村产业融合发展影响农村经济增长、农民收入提升及生态环境的机制分析基础上构建计量模型，并对其进行实证检验。具体包括模型设定、解释变量与控制变量选取与说明、数据来源、数据的统计性描述、研究方法介绍、实证结果与分析。

3. 长江上游地区农村产业融合发展的驱动机制分析

需要结合长江上游地区的市场、融合主体、政府等行为主体剖析农村产业融合发展的动力机制，同时，还要深入把握推进长江上游地区农村产业深度融合发展的影响因素或关键因子，并构建计量经济模型验证动力机制与影响因素的有效性，为制定长江上游地区农村产业融合发展的推进策略给予依据。

二 解决的难点

1. 长江上游地区农村产业融合发展的指标体系构建及其数据查找

当前有关农村产业融合发展水平的评价研究比较匮乏,这主要囿于大多农村产业融合发展的直接指标缺少政府部门及研究机构提供的统计数据,因此,对于长江上游地区,如何构建科学合理的指标体系以及采集相应数据则成为本课题的一大难点。在解决办法上,一是需要找出合理的替代指标以形成宏观省(市)层面的评价体系,用宏观省(市)级数据来进行度量;二是设置直接指征长江上游地区农村产业融合发展的指标,深入典型县域村镇进行调查,采用一手调研数据,进行案例分析与探讨。

2. 长江上游地区农村产业融合发展的推进策略制定

如何将农村产业融合的理论与方法与长江上游地区的实践有机结合起来,并制定出合理有效的推进策略是本课题的另一难点。具体包括如何把握各省(市)、典型县域地域特色,深度挖掘农村既有资源,激活农村休眠资源;如何围绕融合模式强塑与创新、业态培育、经营主体健全、利益联结、区域联动等方面对长江上游地区实施有步骤、有重点、有差别的推进路径;如何在土地、人才、技术、财税、金融、基础设施等方面加以保障。

第五节 创新之处与不足

一 创新之处

1. 理论分析框架合理

研究成果通过综述把当前农村产业融合发展研究从多个层面进行了梳理、总结,指明了未来农村产业融合发展的研究方向是需要重点探讨农村产业融合发展的效应、影响因素以及典型案例，构建科学合理、综合多元的农村产业融合发展理论分析框架。

2. 指标体系设计科学

构建了一个农村产业融合发展的理论分析框架，将其落实于长江上游地区实践，探讨长江上游地区农村产业融合的新特点，揭示其现实状况，为深入了解长江上游地区农村产业融合发展进程、特点、问题，更好地推进长江上游地区农村产业融合发展、推进长江上游地区乡村产业兴旺发展提供有效的政策建议。

3. 实证内容综合全面

实证研究了长江上游地区农村产业融合的影响机制，农村产业融合与农村经济增长、农户增收、农村生态环境之间的关系，突破了当前农村产业融合的影响机制、影响效应检验匮乏的局面，从实证层面进行了创新，改变了以往农村产业融合集中于以经验引进、总结归纳、延伸解读为主的状态，加深了对农村产业融合的影响机制及如何促进农村经济增长、促进农民增收、作用农村生态环境机理的认识，为科学制定相关政策建议、更好促进长江上游地区农村产业融合发展提供合理化参考。

二 研究不足

本成果定量测度了农村产业融合发展水平，相关数据只是从宏观省（市）级数据来进行度量；深入典型县域村镇、选择相关典型案例进行调查，获取了一手调研数据，进行定量测度还需要进一步分析与探讨。成果实证检验了影响长江上游地区农村产业融合发展的因素，例如土地流转、技术进步、基础设施、环境质量、人力资本、金融发展等，但在深入把握推进长江上游地区农村产业深度融合发展的影响因素上,没有形成一个完善的体系,影响农村产业融合发展的各种因素对于农村产业融合发展的内在机制还需要深入探索、挖掘。

第二章

研究综述与理论基础

农村产业融合发展是深化农业供给侧结构性改革、推动乡村产业振兴的重要抓手,是促进农民持续增收、决定全面建设小康社会的有效途径。因而,有关农村产业融合的研究是当前农村经济学、发展经济学等相关学科的一个重要热点话题。本部分从理论和实证方面对当前最新研究进行梳理和归纳,讨论了如下问题:如何界定农村产业融合发展、测量农村产业融合发展水平,农村产业融合发展的驱动因素、制约因素集中体现在哪些方面,国内外农村产业融合发展的经验实践,农村产业融合发展的路径、推进机制以及其未来的发展方向。然后,围绕产业链发展、农业多功能性、产业边界、产业融合、交易成本等理论,总结归纳农村产业融合发展的理论基础;探讨农村产业融合的内涵、模式、特征、生成机制、作用层次等内容,形成农村产业融合发展的系统理论分析框架。

第一节 农村产业融合发展研究综述

一 农村产业融合发展的内涵与外延

产业融合始于产业之间的技术关联[1],是为适应产业增长而发

---

[1] D. Sahal, "Technological Guideposts and Innovation Avenues", *Research Policy*, Vol. 14, 1985, pp. 61 – 82.

生的产业边界的收缩或者消失[1]，是技术、产业、服务和市场四个层次的融合[2]。西方学者从产业融合绩效及其对市场创新、产业升级、技术扩散等方面的影响效应进行了深入研究[3]。总体来看，当前西方关于产业融合方面的研究已经趋于系统化，但大多集中于二、三产业或者二、三产业内部的融合分析，农业方面的融合较为鲜见。事实上，农村不等于农业，农村也不能只是发展第一产业。20 世纪 90 年代末，日本农业专家今村奈良臣提出"第六产业"概念，农业被正式纳入产业融合研究的视野。其主要思想是推动农业生产向二、三产业延伸，形成生产、加工、销售、服务一体化的完整产业链，将过去外溢到农业农村外部的利润内部化，借此增加农民收入，提升农业农村发展的活力[4]。

就国内研究而言，江登斌在 1994 年提出农村多元经济协调发展和经济融合的思想[5]，国内农村产业融合研究初见端倪。随着日本理论的引入和国内农业产业化的实践，农村产业融合内涵也渐趋明朗[6][7][8][9]。2015 年"中央一号文件"首提农村一、二、三产业融合发展，相关研究进入高潮，国内学者开始集中围绕发展模式、融

---

[1] Greenstein, S., Khanna, T., *What Does Industry Mean? In Yofee*, ed. *Competing in the Age of Digital Convergence*, President and Fellows of Harvard Press, 1997, pp. 201–226.

[2] European Comission, *Green Paper on the Convergence of the Telecommunications, Media and Information Technology Sectors, and the Implication for Regulation Towards Information Society Approach*, Brussels, 1997.

[3] 马健:《产业融合理论研究评述》,《经济学动态》2002 年第 5 期。

[4] 科技智囊研究小组:《日本"六次产业"对我国农业融合发展的启示》,《科技智囊》2016 年第 7 期。

[5] 江登斌:《试论农村多元经济融合》,《经济问题》1994 年第 8 期。

[6] 孙中叶:《农业产业化的路径转换：产业融合与产业集聚》,《经济经纬》2005 年第 4 期。

[7] 李世新:《产业融合：农业产业化的新路径》,《甘肃农业》2006 年第 2 期。

[8] 王昕坤:《产业融合——农业产业化的新内涵》,《农业现代化研究》2007 年第 3 期。

[9] 梁伟军:《产业融合视角下的中国农业与相关产业融合发展研究》,《科学·经济·社会》2011 年第 4 期。

合主体、利益联结①②③等方面，丰富了农村产业融合发展的内涵研究。国家发展改革委宏观院和农经司课题组研究认为，农村产业融合是以农业为基本依托、以新型经营主体为引领、以利益联结为纽带，通过产业链延伸、产业功能拓展和要素集聚、技术渗透及组织制度创新，跨界集约配置资本、技术和资源要素，促进农业生产、农产品加工流通、农资生产销售和休闲旅游等服务业有机整合、紧密相连的过程④。胡伟斌、黄祖辉认为，农村产业融合就是要从传统的农业生产经营向现代农产品初加工、农业生产社会化服务、电商销售、休闲观光农业、乡村旅游民宿等延伸，使农业与二、三产业进行有机结合，实现三次产业融合发展。政府、中介组织、社会化服务机构、工商企业、国际组织等均应是农村产业融合的重要组织载体⑤。

农村产业融合包括多种融合模式，主要有农业内部产业重组型融合、农业产业链延伸型融合、高技术对农业的渗透型融合⑥⑦、农业功能拓展型融合和服务业引领型融合⑧⑨，具有形成产

---

① 郝立丽、张滨：《新时期我国农村产业融合的发展模式与推进机制》，《学术交流》2016年第7期。

② 姜长云：《推进农村一二三产业融合发展的路径和着力点》，《中州学刊》2016年第5期。

③ 姜长云、李乾、芦千文：《引导农业产业化组织推动农村产业融合的现状、问题和对策建议》，《经济研究参考》2017年第66期。

④ 国家发展改革委宏观院和农经司课题组：《推进我国农村一二三产业融合发展问题研究》，《经济研究参考》2016年第4期。

⑤ 胡伟斌、黄祖辉：《畜牧业三次产业融合：基于美国典型案例的研究及启示》，《中国畜牧杂志》2018年第10期。

⑥ 孟玉静：《我国新型农业经营体系构建路径研究——基于产业分工与融合的视角》，博士学位论文，西南财经大学，2014年。

⑦ 朱信凯、徐星美：《一二三产业融合发展的问题与对策研究》，《华中农业大学学报》（社会科学版）2017年第4期。

⑧ 姜长云：《推进农村一二三产业融合发展的路径和着力点》，《中州学刊》2016年第5期。

⑨ 石培华：《旅游业与其他产业融合发展的路径与重点》，《旅游学刊》2011年第5期。

业链、促进要素融合创新、构建利益共同体、推动产业可持续发展等特点①。其中，农业内部产业重组型融合模式，以农业优势资源为基础，以农业生态循环技术应用为核心，以涉农组织为主体，将农、林、牧、副、渔业连接起来，强调种养结合、农牧结合，通过种植、畜牧的循环发展，实现农业生产环节智能化决策、精准化种植、可视化管理②，实现农业产业内部协作和循环。农业产业链延伸型融合模式由单一企业为主导，从农业单一产业纵向延伸，整合农业产业资源，形成全产业链的现代农业，强调农业产业化、规模化经营。农业功能拓展型融合模式指依托农村特有的自然、文化和生态资源，该模式可彰显农业社会、生态、文化、经济等功能，将农业与休闲娱乐、教育融合起来，以观光、采摘、餐饮、度假等形式为主，通过设施农业、创意农业发展休闲农业和乡村旅游③，旨在满足消费者在愉悦身心、休闲娱乐以及康体健身等方面的需求。高技术对农业的渗透型融合模式则以信息技术为支撑，以电子交易平台为载体，通过农业信息化特有的全产业链、全价值链、全生态链核心优势，使农业生产、加工、管理、运输、交易等各个环节无缝对接，推动农业发展④。通过先进的信息、生物、航天、互联网等技术对农业进行有机渗透，形成了信息农业、生物农业、太空农业、互联网+农业等新兴业态⑤。

---

① 王乐君、寇广增：《促进农村一二三产业融合发展的若干思考》，《农业经济问题》2017年第6期。
② 李治、王东阳：《交易成本视角下农村一二三产业融合发展问题研究》，《中州学刊》2017年第9期。
③ 汤洪俊、朱宗友：《农村一二三产业融合发展的若干思考》，《宏观经济管理》2017年第8期。
④ 郭军、张效榕、孔祥智：《农村一二三产业融合与农民增收——基于河南省农村一二三产业融合案例》，《农业经济问题》2019年第3期。
⑤ 赵霞、韩一军、姜楠：《农村三产融合：内涵界定、现实意义及驱动因素分析》，《农业经济问题》2017年第4期。

二 农村产业融合水平的定量测度

虽然有关中国产业融合研究日臻成熟，然而农村产业融合研究尚且处于初期阶段，对其测度和评价至今都没有一个统一的标准，总体上农村产业融合水平的定量测度相对匮乏。王玲围绕农业产业链延伸、农业多功能性发挥、农业服务业融合发展、农民增收与就业、城乡一体化五个维度，运用熵值法对江苏省农村产业融合水平进行了测度与区域差异分析[1]。李芸等以产业链延长、农业多功能拓展、农民增收为核心要素提炼农业产业融合概念，利用层次分析法构建含三个层次的农业产业融合评价指标体系，并利用该指标体系对北京市农村产业融合进程及成效进行评估[2]。梁伟军采用赫芬达尔指数法建立了农业与相关产业融合度测评体系，并以中国农业与生物产业融合为例进行了实证测评[3]。王艳君等采用产值贡献度法，结合主成分分析法对四川省农业与服务业的融合度进行测算[4]。关浩杰则认为农村产业融合发展宜按照"创新、协调、绿色、开放、共享"五大发展理念来构建综合评价体系[5]。为了解各省（市）农村一、二、三产业融合发展的实际成效与丰富融合发展的内涵提供客观依据。

曹祎遐、耿昊裔基于投入产出表，选取与上海城镇化水平接近的北京、天津等九个省（市），针对农业与二、三产业的融合水平

---

[1] 王玲：《江苏省农村产业融合水平测度与区域差异分析》，《农业经济》2017年第6期。
[2] 李芸、陈俊红、陈慈：《农业产业融合评价指标体系研究及对北京市的应用》，《科技管理研究》2017年第4期。
[3] 梁伟军：《农业与相关产业融合发展研究》，博士学位论文，华中农业大学，2010年。
[4] 王艳君、谭静、雷俊忠：《农业与其服务业间产业融合度实证研究——以四川省为例》，《农村经济》2016年第12期。
[5] 关浩杰：《农村产业融合发展综合评价指标体系如何构建》，《人民论坛》2016年第20期。

进行实证研究①。苏毅清等构建了农村三产融合的程度指标、方式指标和目的指标，并对浙江、湖北、重庆、河南、安徽、山东等省（市）农村三产融合发展状况进行了评价②；姜峥围绕农业产业化经营、农业多种功能拓展、农业服务业融合发展、农业产业金融支持等农村三产融合的深度和广度，以及三产融合的经济和社会效应两个主要方面，采用层次分析以及耦合协调度分析等科学方法测度与评价了我国农村一、二、三产业融合水平，较为系统地奠定了农村产业融合的定量测度研究的基础③。此外，陈学云、程长明认为农业为工业、服务业发展提供产品基础，工业、服务业能反哺农业，为农业发展提供技术、产品和服务，拓展产业发展空间，促进农村产业融合发展，产业角度的三产融合水平在一定程度上可以反映农村产业融合的水平④。因此，他们采用地区三产发展数据来衡量农村三产融合度，并运用耦合协调度模型基于中国31个省（自治区、直辖市）数据进行了定量测度。

此外，还有少数学者对农业与服务业某一具体行业的融合关系进行了探讨。夏杰长、徐金海通过对农业与旅游业的融合发展研究得出，农业、入境旅游和国内旅游之间存在着一种长期稳定的均衡关系⑤。曾倩琳和孙秋碧对农业与物流业的融合发展研究发现，两者长期存在着动态联系，但彼此之间的依存程度很低，互相拉力不

---

① 曹祎遐、耿昊裔：《上海都市农业与二三产业融合结构实证研究——基于投入产出表的比较分析》，《复旦学报》（社会科学版）2018年第4期。

② 苏毅清、游玉婷、王志刚：《农村一二三产业融合发展：理论探讨、现状分析与对策建议》，《中国软科学》2016年第8期。

③ 姜峥：《农村一二三产业融合发展水平评价、经济效应与对策研究》，博士学位论文，东北农业大学，2018年。

④ 陈学云、程长明：《乡村振兴战略的三产融合路径：逻辑必然与实证判定》，《农业经济问题》2018年第11期。

⑤ 夏杰长、徐金海：《中国旅游业与农业融合发展的实证研究》，《经济与管理研究》2016年第1期。

足,产业融合不显著①。部分学者基于耦合协调度模型和评价指标体系构建方法对农业与服务业行业融合水平进行了测算,不同地区,其融合程度各一。胡亦琴、王洪远以浙江为例,发现农业现代服务业与农业耦合协同发展,但是其耦合关联度较低,耦合协同发展机制尚未形成②。王丽芳以山西为例,发现农业与旅游业两大系统耦合协调程度经历了严重失调到初步协调的过程,总体而言,旅游业发展要先于农业发展③。周蕾、段龙龙和王冲则研究了四川省农业与旅游业,发现其耦合协调度呈现出总体上升趋势,二者融合发展的潜力较大④。另外,还有部分学者则采取投入产出分析方法对农业和服务业的融合水平进行了研究。刘灿、刘明辉研究发现服务业与农业融合度偏低,但服务业中间投入品产出弹性提升较快,是提高农业生产效益的重要动能⑤。王琪延、徐玲以北京为例,发现北京旅游业与农业的关联主要体现在后向关联,对农业发展的拉动力和推动力日益增强,且拉动作用大于推动作用⑥。

三 农村产业融合发展的多维效应

1. 农村产业融合的经济效应

农村产业融合作为农业经济多元化发展的重要路径,有利

---

① 曾倩琳、孙秋碧:《我国现代农业与物流业耦合关联的实证研究》,《统计与决策》2016年第8期。

② 胡亦琴、王洪远:《现代服务业与农业耦合发展路径选择——以浙江省为例》,《农业技术经济》2014年第4期。

③ 王丽芳:《山西省农业与旅游业融合的动力机制与发展路径》,《农业技术经济》2018年第4期。

④ 周蕾、段龙龙、王冲:《农业与旅游产业融合发展的耦合机制——以四川省为例》,《农村经济》2016年第10期。

⑤ 刘灿、刘明辉:《产业融合发展、农产品供需结构与农业供给侧改革》,《当代经济研究》2017年第11期。

⑥ 王琪延、徐玲:《基于产业关联视角的北京旅游业与农业融合研究》,《旅游学刊》2013年第8期。

于转变农业发展方式，促进农村经济发展。农村产业融合是产业融合理论在农村经济发展中的应用和创新，推动其发展有助于降低农业生产交易成本、提升农业竞争力、促成新企业产生、塑造农业产业品牌形象、加快城乡经济一体化[1]。农村产业融合通过拓展其多元化功能、合理配置资源、推广先进技术，能够有效提高农业投资回报率[2]、推进农村产业结构优化升级[3]，促进农业经济增长[4]。

此外，一些学者还从乡村旅游、农村电子商务、农业与文化创意产业融合发展等角度探讨了农村产业融合对农村发展的影响。左冰、万莹以桂林市阳朔县骥马村和龙胜县平安寨为案例，通过实地调查，研究发现乡村旅游能够突破农村地区农业边际报酬收缩、农业停滞不前的内卷化状态，有助于转移农业剩余劳动力，促进农业技术进步，提高农业劳动生产率，对于重构乡村地区产业、推动乡村经济发展具有重要作用[5]。成德宁等认为"互联网＋农业"的融合发展，通过布局农产品电商、农村消费品电商以及互联网金融，能够有效改造升级农业产业链、促进农业生产与销售模式创新，不断提升农业综合效益与农业竞争力[6]。尤其以农业电子商务为核心的高技术对农业的渗透型融合模式，其发展能够强化农产品信息沟通，避免由于信息不对称而造成的利益损失，能够提供新的农产品

---

[1] 李治、王东阳：《交易成本视角下农村一二三产业融合发展问题研究》，《中州学刊》2017年第9期。
[2] 杨培源：《农业功能拓展与城乡融合》，《中共福建省委党校学报》2012年第9期。
[3] 王昕坤：《产业融合——农业产业化的新内涵》，《农业现代化研究》2007年第3期。
[4] 胡亦琴、王洪远：《现代服务业与农业耦合发展路径选择——以浙江省为例》，《农业技术经济》2014年第4期。
[5] 左冰、万莹：《去内卷化：乡村旅游对农业发展的影响研究》，《中国农业大学学报》（社会科学版）2015年第4期。
[6] 成德宁、汪浩、黄杨：《"互联网＋农业"背景下我国农业产业链的改造与升级》，《农村经济》2017年第5期。

销路，适当降低中间环节，减少交易费用，对于县域经济发展具有重要推动作用[1]。朱海波等面向贫困地区，从产业链重塑角度阐述了农村电商发展对于贫困地区的产业链构建，以进一步突破要素与资源的时空限制，直接贯通贫困地区的经济发展与发达地区的消费大市场，可以此增加农民收入，助力脱贫[2]。此外，周锦、熊佳丽分析了农业和文化创意产业的融合，认为一方面农业能为文化创意产业发展提供生产条件、为文化创意产品开拓新的消费群体；另一方面生产者运用内容创意、文化符号与艺术象征元素等施加在农业产品的生产与消费过程中，让农产品成为文化创意产业的现实承载者，有助于提高农产品的附加价值，促进农业转型和升级[3]。

2. 农村产业融合的增收效应

农民增收作为融合的落脚点，关于农村产业融合与农民增收关系的研究，总体上，当前学术界大多学者认为农村产业融合能够提高农户收入。农村产业融合通过促进农业与二、三产业之间的融合渗透和交叉重组，带动农业产业链延伸、打造供应链、提升价值链，为发挥新型农业经营主体、新型农业服务主体对农民增收的带动作用提供更高的平台，为拓展工商企业、社会资本带动农民增收提供更多机会。农村产业融合发展既利于农民分享产业融合中带来的红利，也利于吸引现代要素改造传统农业实现农业现代化；同时也可拓展农业功能培育农村新的增长点，进一步强化农业农村基础设施互联互通，促进产业链增值收益更多留在产

---

[1] 成晨、丁冬：《"互联网＋农业电子商务"：现代农业信息化的发展路径》，《情报科学》2016年第11期。

[2] 朱海波、张学彪：《产业链重塑视角下的电商扶贫路径选择研究——基于建始县农村电商的案例分析》，《中国物价》2018年第6期。

[3] 周锦、熊佳丽：《产业融合视角下农业与文化创意产业的创新发展研究》，《农村经济》2017年第5期。

地、留给农民①②。农村产业融合能够通过订单农业、企业务工、土地入股、土地流转、土地托管、农业经商等方式提高农户的农业经营收入、农业关联产业务工收入和农业关联产业经商收入，相较于传统农业单一发展模式，农户增收效应在50%以上③。

郭军等认为，农村产业融合会通过不同的融合模式对农户增收产生不同的作用机理。产业内部整合通过品牌集聚效应和政府支持实现了农民家庭经营性收入、工资性收入和转移性收入的增长；延伸产业链可以创新经营模式、增加农民的增收渠道、对农民家庭经营收入和工资性收入影响较大；农业功能拓展型融合和高技术对农业的渗透型融合都显著增加了农民工资性收入④。李乾、芦千文和王玉斌基于实地调研探究农村产业融合发展与农民增收的互动机制，研究发现，当前农村产业融合发展促进农民增收的路径主要包括劳动力、土地、资金以及产品增收路径，而技术、物质资本等增收路径相对较少。反之，农户增收也能通过创造产业融合的规模经营条件、提高对产业融合的认知与诉求、转变参与产业融合主体身份、改善产业融合发展环境等方面作用于农村产业融合⑤。彭影研究发现，农村产业融合通过提高农民收入水平和改善农民收入结构促进农民持续增收。农村数字化与农村教育投资均对农村产业融合的增收效应存在正向调节作用⑥。杨启智、向银等以乡村旅游为例，

---

① 黄祖辉：《在促进一二三产业融合发展中增加农民收益》，《农民日报》2015年8月14日第1版。

② 马晓河：《推进农村一二三产业深度融合发展》，《中国合作经济》2015年第2期。

③ 李云新、戴紫芸、丁士军：《农村一二三产业融合的农户增收效应研究——基于对345个农户调查的PSM分析》，《华中农业大学学报》（社会科学版）2017年第4期。

④ 郭军、张效榕、孔祥智：《农村一二三产业融合与农民增收——基于河南省农村一二三产业融合案例》，《农业经济问题》2019年第3期。

⑤ 李乾、芦千文、王玉斌：《农村一二三产业融合发展与农民增收的互动机制研究》，《经济体制改革》2018年第4期。

⑥ 彭影：《乡村振兴视角下农村产业融合的增收减贫效应——基于农村数字化与教育投资的调节作用分析》，《湖南农业大学学报》（社会科学版）2022年第3期。

发现其发展能够使农民获得打工薪金收入、为农家乐提供农产品（原材料）所获得的收入、经营或投资收入、租金收入等，促进农民增收[1]。孔祥智、钟真通过观光农业的研究，指出开展观光农业能够使城乡收入加速流向农村，通过创新涉农产品，充分利用农户劳动力，提高资本收益率和农村市场化程度而提高农民收入[2]。赵俊辉在探讨农产品加工业发展的基础上，研究得出农产品加工业对农民增收有促进作用，且是通过一定的机理来实现的，须进一步认识和遵循其机理，放大促进作用，才可有效增加农民收入[3]。

3. 农村产业融合发展的生态效应

在农村产业融合实践中，也难免会影响农村生态环境，而这一问题并未引起相关学者的重视。部分学者侧重于研究农村产业链延伸型融合、农业功能拓展型融合等单一农村产业融合模式对农村生态环境的影响。其中，农产品加工业发展作为农业产业链延伸型融合的典型模式，通过把农业生产资料供应和农产品生产、加工、储运、销售等一系列环节进行有效整合，形成农业产业化、规模化经营，组建农业产供销一条龙发展，合理配置农村资源，达到农业产业链延伸与农村生态环境和谐、健康发展；然而张克认为中国现行的农产品加工业科技体制已明显滞后于加工业的发展，中国农产品加工业技术水平低，技术创新能力较弱，没有能力实现生态化加工，企业浪费严重[4]。熊晓红认为乡村旅游作为农村产业融合中农业功能发挥的一种典型模式，具有生态环境保护的内在特质，有利于提升经营企业、社区居民和游客环保意识。乡村旅游搞得越好，

---

[1] 杨启智、向银：《乡村旅游对农民收入的贡献研究——基于成都市的实证分析》，《经济问题》2012 年第 9 期。

[2] 孔祥智、钟真：《观光农业对农民收入的影响机制研究——以京郊观光农业为例》，《生态经济》2009 年第 4 期。

[3] 赵俊辉：《农产品加工业促进农民增收的机理分析》，《现代食品科技》2007 年第 4 期。

[4] 张克：《农产品生态化加工发展模式研究》，硕士学位论文，大连理工大学，2008 年。

越能强化当地政府和社区居民对资源和环境的保护意识①。乡村旅游作为城市居民付费的市场行为，在政府重视和投入发展的同时，必将充分发挥市场机制的作用，实现将良好的农村环境从"公共物品"转变为可交易的"市场商品"②，能够对农民自觉形成改善与维护乡村生态环境的内在动力。但也有学者认为在旅游大发展的驱动下，乡村旅游发展的盲目开发和过度发展、同质化竞争、管理落后等因素，导致乡村生态环境污染、乡村旅游资源和景观破坏严重③。王振如、钱静依据北京案例，认为开发多区域、多景区、多类型的都市农业、生态旅游和文化创意融合产业，将自然生态环境与消费融合来实现价值增收、环境美化以及自然资源的有效利用，能够促进经济与环境的和谐发展④。

四 农村产业融合的影响因素

农业多元价值是在农业多种功能基础上形成的经济、生态、文化、社会价值。科技进步推力和城乡消费升级拉力是农村多元价值体系形成、农村产业融合的动力⑤。张义博认为，农村市场化改革、新兴技术的普及、农业多功能性需求崛起以及工商资本大量进入农业为农村产业融合互动创造了条件⑥。农村三产在创新驱动、主体利益驱动、消费需求结构变化推动、政府放松管制与经济信息化、

---

① 熊晓红：《乡村旅游生态环境双重效应及其正确响应》，《技术经济与管理研究》2012年第11期。

② 黄祖辉：《实现美丽乡村建设与高质量发展相得益彰》，《人民日报》2018年11月18日第7版。

③ 唐静、祝小林、王婷婷：《我国乡村旅游绿色发展探讨》，《环境保护》2017年第Z1期。

④ 王振如、钱静：《北京都市农业、生态旅游和文化创意产业融合模式探析》，《农业经济问题》2009年第8期。

⑤ 李洁：《农业多元价值下的农村产业融合：内在机理与实现路径》，《现代经济探讨》2018年第11期。

⑥ 张义博：《农业现代化视野的产业融合互动及其路径找寻》，《改革》2015年第2期。

服务化的发展影响下不断融合发展[1][2][3]。同时，地理区位、基础设施、环境水平、村俗文化、农村非农产业集聚等因素也决定着农村产业融合的形式、途径及最终效果[4]。

汤洪俊、朱宗友认为，中国农村产业融合面临着经营主体发育迟缓，相关行业发展水平不高，农村各产业之间融合水平低，土地、资金、人才等要素瓶颈约束等问题[5]。王定祥、冉希美实证研究了农村数字化、人力资本与农村产业融合发展的关系，发现农村数字化、农村人力资本与农村产业融合发展之间存在明显的非线性门限关系，即农村数字化对农村产业融合发展的促进作用发挥要受到农村人力资本水平的制约与影响，随着农村人力资本水平的不断提高，农村劳动力运用数字资源和数字技术的能力越强，越有利于发挥农村数字化对农村产业融合发展的促进作用[6]。刘斐、夏显力实证研究了异质性预期、社会资本影响农户参与农村产业融合之间的关系，发现收益预期对农村产业融合中的农户有效参与有显著正向影响，风险预期、成本预期对参与意愿有显著负向影响，对有效参与程度影响不显著，社会资本指数对农村产业融合中的农户有效参与有显著正向影响[7]。赵放、刘雨佳认为中

---

[1] 梁立华：《农村地区第一、二、三产业融合的动力机制、发展模式及实施策略》，《改革与战略》2016年第8期。

[2] 陈俊红、陈慈、陈玛琳：《关于农村一二三产融合发展的几点思考》，《农业经济》2017年第1期。

[3] 赵霞、韩一军、姜楠：《农村三产融合：内涵界定、现实意义及驱动因素分析》，《农业经济问题》2017年第4期。

[4] 郭晓杰：《现代农村视域下的三次产业融合发展模式及路径分析》，《商业时代》2014年第5期。

[5] 汤洪俊、朱宗友：《农村一二三产业融合发展的若干思考》，《宏观经济管理》2017年第8期。

[6] 王定祥、冉希美：《农村数字化、人力资本与农村产业融合发展——基于中国省域面板数据的经验证据》，《重庆大学学报》（社会科学版）2022年第2期。

[7] 刘斐、夏显力：《异质性预期、社会资本与农村产业融合中的农户有效参与》，《改革》2021年第4期。

国面临着农工融合科技创新乏力,产品竞争力不强;农商融合要素供给不足,基础设施保障有待完善;农旅融合产业链条短,价值功能有待挖掘;三产融合缺乏协调机制,跨界合作有待加强等问题[1]。新型农业经营组织发育、利益联结机制、先进技术要素扩散渗透力、涉农公共服务供给[2]、融合主体的核心竞争力、金融支持服务、土地流转机制等,都是影响农村产业融合发展的关键因素。

朱信凯、徐星美基于苏南地区农户的问卷调查与实地调研结果表明,影响一、二、三产业融合发展的主要问题体现在促进农民增收的利益机制尚未健全,对产业融合的内涵认识存在偏差,融合主体的核心竞争力有待培育,融合的公共服务体系亟须完善以及融合中金融支持服务仍显不足,等等[3]。汪思冰以苏州为例,着重分析了农村产业融合发展在金融支撑方面的问题,认为缺乏配套金融政策支持、间接融资信贷供给不足、直接融资规模仍然偏小、金融产品创新力度不够等是农村产业融合发展的金融掣肘[4]。张岳、周应恒研究了数字普惠金融、传统金融竞争与农村产业融合之间的关系,发现数字普惠金融发展水平与农村产业融合水平之间具有显著正相关关系,数字普惠金融的发展推动了农村产业融合进程,其中,数字普惠金融的信贷业务对农村产业融合的促进作用最大,支付业务次之,保险业务的推动作用最小[5]。

---

[1] 赵放、刘雨佳:《农村三产融合发展的国际借鉴及对策》,《经济纵横》2018年第9期。
[2] 夏荣静:《推进农村产业融合发展的探讨综述》,《经济研究参考》2016年第30期。
[3] 朱信凯、徐星美:《一二三产业融合发展的问题与对策研究》,《华中农业大学学报》(社会科学版)2017年第4期。
[4] 汪思冰:《金融支持农村产业融合发展问题研究——以苏州为例》,《商业经济研究》2017年第23期。
[5] 张岳、周应恒:《数字普惠金融、传统金融竞争与农村产业融合》,《农业技术经济》2021年第9期。

五 农村产业融合发展的案例

中国农村地区分布广、差异大，不同的村落形成了不同的个性特色，为乡村经济多元化发展打造了坚实的基础。崔艺凡等对浙江生态循环农业发展模式进行了分析，认为发展循环农业要重点在养殖废弃物循环处理、秸秆综合利用、特色农产品种植、多产业耦合机制等层面，引导建立产业化经营合作组织[①]。张俊峰等对北京山区循环农业发展模式研究，认为其在产业融合发展方面，应该在坚持山区生态屏障发展主导功能不变的前提下，重点围绕绿色、有机蔬菜、有机林果、名优花卉等特色产业，培育和发展一批绿色、有机农产品生产基地，引导和推动适宜的循环农业产业发展，提升循环农业发展的产业层次[②]。刘亚军选定发展较早的"淘宝村"典型代表江苏省睢宁县的东风村作为案例，分析其发展以互联网为基础的自发式包容性增长，其成长壮大遵循"三从"：从创业种子的商业模式创新带动创业集聚和产业集群的发展，从商业模式模仿和技术模仿升级到创新应用，从城乡断裂状态到城乡融合和就地城镇化[③]。盛瑛莺等以浙江省茶树坪村、白牛村、乂马村为例，对农村电商发展趋势下的农村产业融合模式进行了研究，认为应该注重电商人才的培养，加强政府、协会的引导和完善基础设施建设，推动农村产业融合发展[④]。郝华勇以湖北恩施州硒产业为例证，分析了特色产业在引领农村产业融合发展的体现，包括硒元素拉长特色产

[①] 崔艺凡、尹昌斌、王飞等：《浙江省生态循环农业发展实践与启示》，《中国农业资源与区划》2016 年第 7 期。

[②] 张俊峰、杨红、李虎等：《北京山区循环农业发展模式与展望》，《中国农业资源与区划》2017 年第 11 期。

[③] 刘亚军：《互联网条件下的自发式包容性增长——基于一个"淘宝村"的纵向案例研究》，《社会科学》2017 年第 10 期。

[④] 盛瑛莺、扶玉枝、祁慧博：《农村电商发展趋势下产业融合模式研究——基于浙江省的案例分析》，《商业经济研究》2018 年第 5 期。

业链条，发展现代农业、特色加工业和乡村生态旅游，总结出特色产业促进农村产业融合发展的"硒+X"模式，提出特色产业引领农村产业融合发展需要提高规划的针对性与指导性、整合资金人才要素、弥补科技短板、打造重点平台等，助推产业融合①。

六　农村产业融合的发展路径

1. 围绕农业内部整合，重点推进农业生态化发展

曹健、范静认为，中国生态循环农业需要综合考虑区域农业废弃物规模、农业生产结构和技术集成优势，需要在特定区域内因地制宜地选择生态循环农业模式，利用政策与市场驱动生态循环农业发展壮大②。梁立华认为，要逐步构建农业生产与资源环境相协调的农业发展格局，充分明确农业生产与资源环境协调区、资源过度利用和浪费严重区、生态脆弱区等区域的农业发展方向。种养结合作为一种典型的种植业和养殖业相结合的生态循环农业模式，有利于资源循环利用③。然而，规模种植户资金、人力、配套等方面的滞后，导致生态循环断裂，生态环境问题日益凸显。陈阿江、林蓉认为应加强法制建设，促进农牧对接；充分发挥市场机制作用，重新连接分离的种养主体；推动农业绿色化生产，带动养殖粪污的资源化利用④。谢仲桂提出，在种养结合中，要通过"共享稻田、品牌路径、立体种养、生态渔业"等形式，辅以创意元素，集观光、休闲、享受乡土情趣、采摘、垂钓、捕捉、体验农作、品尝美食等体验经济于一体，实现经济、生态与社会效益的多

---

① 郝华勇：《特色产业引领农村一二三产业融合发展——以湖北恩施州硒产业为例》，《江淮论坛》2018年第4期。
② 曹健、范静：《建设区域生态循环农业的思考》，《社会科学战线》2018年第9期。
③ 梁立华：《农村地区第一、二、三产业融合的动力机制、发展模式及实施策略》，《改革与战略》2016年第8期。
④ 陈阿江、林蓉：《农业循环的断裂及重建策略》，《学习与探索》2018年第7期。

维提升①。

2. 延伸农业产业链,大力发展农产品加工业

围绕农业产业链整合和价值链提升,着力培育壮大一批成长性好、带动力强的龙头企业,大力发展农产品加工业,全力打造农业产业化发展的新模式、新业态。张秀隆认为要立足原料优势,大力发展产地加工。坚持加工与产地结合、加工与园区结合、加工与扶贫结合,提升农产品加工业效益。要强化主体带动,培育农产品加工领军企业。实施品牌战略,挖掘各地区位优势,培育打造一批区域大品牌、企业大品牌、产品大品牌。要突出创新动力,加强农产品加工业科技创新、设备升级,实现产品标准化;要加强人才引进和培养,树立品牌意识,充分利用互联网,采取"线上+实体门店"互动方式,发展食品连锁经营和升级食品配送服务,搞好市场销售,对接城市②。同时,还要注重加强抱团发展,降低生产成本;从农业生产的源头抓起,保障产品质量③。

3. 拓展农业功能,发展乡村旅游产业

在农业功能拓展型融合上,彭建强提出要大力发展乡村休闲旅游产业,应依托农村特有的旅游资源,突出区域特色,采取"旅游+""生态+"等模式,大力发展休闲度假、旅游观光、养生养老、农耕体验、农业创意等产业,推进农业、林业与旅游、教育、文化、康养等产业深度融合;注重将休闲养生、科普教育、康体运动等元素融入特色村寨民俗游、现代农业园区游、农家乐等旅游中,丰富乡村旅游业态和旅游产品。科学规划、设计和建设不同主

---

① 谢仲桂:《几例种养结合模式创意案例浅析》(https://new.qq.com/omn/20180814/20180814G08CLK.html)。

② 张秀隆:《延伸农业产业链,推进农业融合发展》(http://www.gxnews.com.cn/staticpages/20170718/newgx596d4199-16363073.shtml)。

③ 于晓:《农产品加工5大趋势:透露未来农业创业的新方向》(http://www.nonglinzhongzhi.com/a/13/2018/1225/4167.html)。

题的乡村旅游目的地和精品路线，发展富有乡村特色的民宿和养生养老基地。鼓励有条件的地区集中打造一批集资源优势和民俗文化特色为名片的高水平"休闲、文化或田园农庄"①。王乐君、寇广增认为，政府部门应加强规划设计，建设一批具有历史、地域、民族特点的特色旅游村镇，积极开发形式多样、特色鲜明、附加值高的新型乡村旅游休闲产品②。乌兰认为，要积极培育和扶持多元化新型经营主体，统一规划和部署农旅融合产业，加强政府的引导和服务职能，以文化为魂狠抓品牌创建和宣传推广活动③。

4. 强化技术渗透，着力推进农村电商发展

陈学云、程长明提出，要注重发展"互联网+农业"、农村电商，拓宽农资供应和农产品流通渠道④。彭建强认为，要鼓励阿里巴巴、京东、苏宁易购等电商企业以及邮政储蓄、供销社系统企业等进军农村电商领域，夯实农村电商发展技术基础，将现代信息技术在农村平台推广，改善农村用户的网络环境⑤。针对农村电商末端配送效率低、成本高的问题，赵广华提出，农村电商配送可采用综合资源共享、"O2O 平台+信息共享"、"4PL+X"契约性大众分包和"村镇电商集配站+智能自提柜"四种运作模式，通过加强农村物流基础设施建设、建立农村物流信息平台和信息共享机制，打造 4PL 共同配送联盟，重点建设村级物流集配站，解决村镇配送

---

① 彭建强：《培育壮大农业农村新产业新业态》，《河北日报数字报》2017 年 3 月 31 日第 7 版。

② 王乐君、寇广增：《促进农村一二三产业融合发展的若干思考》，《农业经济问题》2017 年第 6 期。

③ 乌兰：《休闲农业与乡村旅游协同发展及其实现路径》，《山东社会科学》2018 年第 10 期。

④ 陈学云、程长明：《乡村振兴战略的三产融合路径：逻辑必然与实证判定》，《农业经济问题》2018 年第 11 期。

⑤ 彭建强：《培育壮大农业农村新产业新业态》，《河北日报数字报》2017 年 3 月 31 日第 7 版。

"最先一公里"问题[①]。崔凯、冯献还提出要打造多层次、差异化的电商专业人才培育、引进和带动机制,将本地和跨区域的人力资源纳入电商就业创业环境。强调品牌建设和品质培育,注重整合农村地区的生态、文化等资源,主动迎合消费需求进行产品开发设计,塑造地方专有性农特产品。不断发掘线上市场价值空间,引导产业结构调整,强化与构建农村电商与数字红利、社会创新、基层治理、新型城镇化等之间的联系[②]。

七　农村产业融合发展的保障机制

1. 完善利益联结机制

农村产业融合发展中,参与主体复杂多元,完善利益联结是关键。姜长云认为,应该引导不同利益主体之间形成风险共担、互惠合作和激励相容关系。鼓励各类经营主体、服务主体带动农户参与农村产业融合发展,获得与红利分享相等的发展机会与能力提升。支持农民合作和联合、增强农民话语权与风险防范[③]。王乐君、寇广增认为,在与农户利益联结的关系处理上,应当从引导、激励与共享机制的建立和完善上下功夫[④]。要不断总结、宣传与推广政府和老百姓高度认可的融合主体,引导更多主体不断靠拢。设立专门扶持资金支持新型经营主体发展新型产业,根据其促进就业情况相应补贴,强化其持续发展能力。鼓励农户以土地经营权、资金、农机具等入股,以"保底收益+按股分红"的方式获得股金收入。培

[①] 赵广华:《基于共享物流的农村电子商务共同配送运作模式》,《中国流通经济》2018年第7期。

[②] 崔凯、冯献:《演化视角下农村电商"上下并行"的逻辑与趋势》,《中国农村经济》2018年第3期。

[③] 姜长云:《推进农村一二三产业融合发展的路径和着力点》,《中州学刊》2016年第5期。

[④] 王乐君、寇广增:《促进农村一二三产业融合发展的若干思考》,《农业经济问题》2017年第6期。

育和发展农业产业化联合体，形成"龙头企业、农民合作社、家庭农场和专业大户"的双方、多方或全体协商的契约约定，形成紧密稳定的新型利益组织联盟。

2. 完善土地流转机制

农村土地流转可以实现农村土地规模化经营，同时也能析出更多农村剩余劳动力从事其他非农行业，进而更好地推进农村产业融合。郝立丽、张滨提出，要以市场为导向，充分发挥市场在土地流转中的配置作用；要健全和完善土地流转法律法规，保障农民合法权益；土地流转中介机构应建立完善的土地流转供需双方信息库，完善农村土地流转程序[①]。许贵舫提出，要加强建设用地保障，稳步有序推进农村农用地、集体经营性建设用地以及宅基地改革，提高农村土地利用效率；适当扩大设施农业用地规模，从建设用地的规模和年度计划的指标方面，优先考虑向农村产业融合发展项目倾斜；整理整治农村闲置宅基地的新增耕地和建设用地，优先用于农村产业融合发展；探索并完善田园综合体、特色小镇等建设用地的保障措施，为发展农业新业态新模式提供有力支撑[②]。

3. 创新人才引进机制

无论何种产业融合主体都离不开具有一定科学文化素质、能够掌握现代农业生产技能和一定经营服务能力的新型职业农民的积极参与。孙路亮认为，要加大农村人才培育力度，加强人才激励体制机制建设[③]。许贵舫提出要建立用才、育才、惜才的长效机制[④]。

[①] 郝立丽、张滨：《新时期我国农村产业融合的发展模式与推进机制》，《学术交流》2016年第7期。

[②] 许贵舫：《推进农村三产深度融合发展》(http：//theory.people.com.cn/n1/2018/0226/c40531-29835325.html)。

[③] 孙路亮：《农村产业融合中复合型人才培养路径探析》，《理论观察》2022年第1期。

[④] 许贵舫：《推进农村三产深度融合发展》(http：//theory.people.com.cn/n1/2018/0226/c40531-29835325.html)。

应该围绕教育、医疗、基层文化服务、社会保障等方面,为新型职业农民积极创造条件。加大农村产业融合发展专业技术人才的培养引进力度,以探索挂职交流、定向培养、挂包服务等方式推动基层干部、科技人员合理流动,鼓励各地探索建立农村产业融合发展专家库,支持建设农村产业融合发展特色新型智库,妥善考虑相关专家在生活保障、后续发展等方面的诉求,有效整合集聚新型职业农民、"三农"专家学者、企业家等各类人才参与农村产业融合发展项目建设。

4. 完善技术投入机制

必须增强数字化思维,高度重视以信息、生物、新材料、新能源技术等为代表的新一轮科技革命和产业革命,为中国农村产业融合发展创造后发优势。要推进信息技术与生产、加工、流通、管理、服务和消费各环节的技术融合与集成应用,提升技术装备水平,完善农村互联网基础设施和物流体系,为农村产业融合发展奠定坚实的信息化基础[1]。要引导优势科研院所和高校加大对产业融合技术的研发力度,特别是将以"大数据""云计算""生物科技""智能制造"为代表的先进技术向农村下沉,充分对接企业,打造开放高效的农业科技成果孵化市场化平台,推动农村"双新双创"向纵深发展[2]。

5. 强化基础条件支撑机制

乡村的村容整洁和生态宜居是农村产业融合发展的前提,尤其是以乡村旅游为主的农旅融合发展,作为城镇居民付费的市场行为,要不断发挥好市场机制的作用,将符合条件的乡村社区环境这

---

[1] 余欣荣:《大力促进农村一二三产业融合发展》(http://www.qstheory.cn/dukan/qs/2018-04/15/c_1122669999.htm)。

[2] 刘永好:《加快农村产业融合发展,推进乡村振兴战略落地生根》(http://www.xinhuanet.com/politics/2019lh/2019-03/08/c_1210076715.htm)。

种"公共品"转化为可交易的"市场品"①，形成农户改善和维护乡村环境的内在激励和动力，把乡村的生态效益转化为经济效益，推动农村产业融合发展。加强农业生产的污染治理，针对农村基础设施薄弱、公共服务严重欠缺的困境，要加快农村路、水、电、气、医、学等配套设施建设，为农村产业融合创造良好的基础条件。

6. 完善金融服务机制

我国农村产业融合目前还处于初期阶段，相关项目的建设与发展离不开金融的支持。因此，农村金融应从金融制度、金融市场、金融服务等方面的创新与完善上支持农村产业融合发展。罗晓指出，要从完善政策性银行、民营金融机构对农村经济的金融支持，构建具有差异化特色的区域金融组织体系，加大政府对农业项目融资的担保力度等方面进行金融制度创新；要通过构建区域特色的金融市场支撑平台，增强金融市场的合作能力，发展内容多样、产品灵活的金融业务等方式，逐步完善农村金融市场体系②。汪思冰认为要从设立政策性产业投资基金、实施政银保多位一体、开展内部信用合作等方面，创新金融服务方式③。刘雨川、张来鹏提出，要建立以农企担保机制、设立专营机构、形成绿色通道和协同服务机制、发展电子金融服务等措施为主的金融服务方式。要通过增设中长期低息贷款品种，创新金融产品，通过P2P网络借贷、股权众筹、农业保险等方式，拓宽融资渠道。此外，他们还提出建立面向"银行业金融机构、非银行业金融机构、从业主体"三位一体的金融鼓励政策，精准引导各行为主体积极参

---

① 黄祖辉：《实现美丽乡村建设与高质量发展相得益彰》，《人民日报》2018年11月18日第7版。

② 罗晓：《中部区域农村金融创新与农业产业融合发展路径实证研究》，《湖北农业科学》2014年第24期。

③ 汪思冰：《金融支持农村产业融合发展问题研究——以苏州为例》，《商业经济研究》2017年第23期。

与农村产业融合发展①。

八 研究述评

目前,中国农村产业融合发展研究围绕其内涵、特征、模式、问题以及应对措施等方面已经有了相当的理论基础。但是当前研究总体上处于初始研究阶段,以总结归纳、经验引进、延伸解读为主,主题相对分散,尚未形成系统的研究框架,尤其在农村产业融合发展水平的定量测度、驱动机制、融合效应等问题研究上缺乏深入的学术探索。

第一,农村产业融合发展的定量测度。当前研究虽然有少数学者对农村产业融合发展水平进行了度量,但指标体系差异较大,且在指针上不够明确,总体上农村产业融合综合评价未能跟上现实发展步伐,融合水平的定量研究总体上比较匮乏。这主要囿于大多农村产业融合发展的直接指标缺少政府部门及研究机构提供的统计数据,因此,如何构建科学合理的指标体系以及采集相应数据则成为今后研究的一大难点。在解决办法上,一是需要找出合理的替代指标以形成宏观层面的评价体系,用宏观数据来进行度量;二是设置直接指针农村产业融合发展的指标,深入典型地区进行调查,采取一手调研数据,进行案例分析与探讨。

第二,农村产业融合发展的驱动机制。要实现高质量的农村产业融合发展,不仅需要发挥融合主体—市场—技术—政府各层面的内生力量,也需要土地—人才—财税—金融—公共服务等外在力量、关键条件因子的推动与带动。当前研究尽管从理论上围绕动力机制与影响因素两方面分析了对农村产业融合发展的影响,但实证

---

① 刘雨川、张来鹏:《金融支持农村产业融合发展的思考》,《黑龙江金融》2018年第1期。

研究鲜见。未来研究需要着重从动力机制与影响因素两个方面构建经济模型实证检验对农村产业融合发展的影响程度，为科学制定农村产业融合发展政策提供参考。

第三，农村产业融合发展的效应。当前研究主要体现在农村产业融合对于农村经济发展、农民增收的影响，且多集中于理论分析和现状讨论。而对农村产业融合与农村经济、农民收入的内在逻辑缺乏系统探讨。另外，农村产业融合除了能够直接推进农村经济增长和促进农民增收，还会对农村生态环境造成影响，而农村产业融合对农村生态环境的影响机制和效应研究这一学术问题还没有引起学者的足够重视，有待进一步借助实证方法进行检验。

第二节　农村产业融合发展的理论基础

一　农业多功能性理论

1. 基本内涵

20世纪80年代末90年代初，日本提出了"稻米文化"的概念，这也是农业多功能性内涵形成的雏形。随后，1992年，联合国环境与发展大会召开，该会议通过了《21世纪议程》，其中农业多功能性提法被正式采纳。后来，1996年，召开了世界粮食首脑会议，该会议通过了《世界粮食安全罗马宣言》与《世界粮食首脑会议行动计划》，其中明确指出，要结合农业的多功能特点以推进农业农村的可持续发展。时隔三年，1999年9月，由联合国粮农组织发起的国际农业和土地多功能性会议，在马斯特里赫特顺利召开，世界上100多个国家参加了该会议；并且在同一年，日本颁布了一项法律——《粮食·农业·农村基本法》，该法强调了农业不仅具有经济功能，而且具有社会、生态和政治等多种功能①。依据国外关于农业多功能性的研究，再结合中国的实际，可以归纳出农业多功能性的内涵，即农业多功能性是指农业具有经济社会、生态和政治等多种功能，不仅可以通过生产提供农副产品，推进社会的发展，还能保持政治的稳定、传承历史文化与调节生态环境，这些功能之间相互依存、相互制约以及相互促进，形成一个多功能的有机系统②。农村产业融合体现出农业的多功能性，如休闲农业、生态农业、都市农业都是农业多功能的延伸与拓展。

2. 构成要素

农业的多功能性主要包括以下三个要素，第一，农业自然资源。农业自然资源包括土地、光、热、水、地形、土壤形态、生物等资源。各类自然农业资源是生态环境的主体，从而使农业具有生态功能；生态环境为人类社会的生存和发展提供了环境条件，它包括环境的可持续性和人类健康，从而使农业具有社会功能；由于自然资源与环境具有差别，它代表着独特而美丽的自然景观，从而使农业具有良好的生产、旅游等经济功能；自然资源在构成、分布、变化和环境条件等方面都影响着人们的思想和观念的形成，从而使农业又具有文化和教育的功能。

第二，农业生产。对于农业，除了向社会提供优质、安全和充足的农产品和副产品，农业的主要任务是促使大量劳动力就业；农业生产过程是几千年历史积淀形成的一种文化，对维护社会文化多样性起到了积极作用，所以这使农业生产具有巨大的旅游价值和教育价值；农业生产过程本身就是一个自然资源和环境开发利用的过程，直接决定着生态环境的状况。

---

① Kentaro Yoshida, "Economic Valuation of Multifunetional Roles of Agriculture in Hilly and Mountainous Areas in JaPan", *Journal of Political Economy*, Vol. 5, 2001, pp. 152 – 174.

② 王秀峰：《喀斯特地区农业可持续发展理论及其应用研究》，博士学位论文，武汉理工大学，2006年。

第三，农业副产品。农产品和副产品本身的质量、数量和安全直接影响居民的健康状况和基本生存需要，其社会和政治功能明显；农副产品本身是经人类几千年选择培育的结果，蕴含着十分丰富的历史文化内涵；同时，它也直接影响着人们的生活方式和思想观念，从这一层面来看，农业也具有丰富的文化价值。

所以，农业的多功能性发挥出来的作用相比第二产业和第三产业的产品更有价值，这种效应是乘数效应，甚至是指数效应[①]。

3. 主要内容

农业的多功能主要包括以下五个方面[②]：第一，经济功能。它主要体现在以价值的形式为社会提供农副产品的功能上，这是农业的基本功能。其核心作用是满足人类生存和发展对粮食的需求，以及依靠农业提供服务所获得的不可估量的经济价值，对国民经济的发展起着基础性的支撑作用。其经济功能还体现在对实现国民经济协调可持续发展的作用上。经济学家库兹涅茨的经典研究表明，农业对国民经济的发展做出了四大贡献，即产品贡献、市场贡献、要素贡献和外汇贡献。第二，社会功能。它主要体现在劳动就业、社会保障、促进社会发展等方面。农业作为一种产业，不仅可以容纳劳动力的就业，而且农副产品本身的质量、数量和安全直接影响到居民的健康状况、营养水平、最基本的生存需求和对优美环境的需要，关系到社会的发展。所以，农业具有巨大的社会功能。如果做得不好，就会破坏经济社会发展的良好势头。第三，政治职能。它主要体现在农业在维护社会政治稳定中的作用。农业生产状况在很大程度上决定着社会秩序的状况；农业生产方式决定了社会组织体

---

① 申小云等：《中国西南喀斯特山区生态保护研究》，兰州大学出版社2012年版，第56—197页。

② 陶陶、罗其友：《农业的多功能性与农业功能分区》，《中国农业资源与区划》2004年第1期。

系的类型。农业发展的质量直接关系到中国广大人民的切身利益，在很大程度上影响着他们的政治选择；同时，农副产品也是国家战略储备物资。因此，农业发挥着重要的政治作用。第四，生态功能。主要体现在农业对于生态环境的支持和改善上。农业中的各要素本身是构成生态环境的主要因素。因此，农业的功能可以直接表现为生态功能。农业的生态功能对促进农业经济的可持续发展、改善人类的生存环境、维护生物的多样性、预防和控制自然灾害、助推第二产业和第三产业的正常运行及分解和消化其排放物等具有积极而显著的作用。第五，文化功能。它主要体现在农业在保护文化多样性和提供教育、美学和休闲方面的作用。农业是一个古老的产业，蕴含着丰富的文化资源。另外，农业对人们价值观、世界观、人生观的形成（如教育、审美等方面）起着积极的作用，有利于人与自然的和谐发展。农业承担着传承传统文化的功能。

农业的多种功能相互依存、相互促进、相互制约。从经济功能看，其功能不仅影响农业的整体功能，而且直接和间接影响社会、生态、文化和政治功能的发挥；从生态功能的角度看，其功能不仅影响农业的整体功能，而且直接和间接影响经济、社会、文化和政治功能的发挥。

4. 基本特点

第一，效用的外部性或公共性。公共性作为农业的社会、政治、文化和生态功能的最大特点，它在整个社会中发挥着重要作用。对于农业产业而言，农业的多功能性对其自身的发展具有巨大的潜在价值，但更重要的是，它对农业外部（乃至整个社会、经济、文化、生态）起着基础性的支撑作用。因此，外部性是农业功能的基本特征；内部和特定功能仅占农业总功能的一小部分。因此，有充分的证据获得社会的支持和保护，从而达到与整体功能基本一致的关注程度。

第二，功能的多样性和完整性。农业有五大功能：经济、社会、政治、文化和生态，每个功能都有许多不同的子功能。同时，农业功能与内部子功能之间存在较强的相关性；以生态功能为例，可以得到一些相关的链条：生态环境—人类生活质量—人口质量—经济、社会、政治和文化发展—生态环境；生态环境—农业生产—农产品—人类生存—社会基础—政治稳定—国民经济协调发展—人、自然、经济和社会的协调发展；等等。每个功能共同构成一个有机整体，表现出整体性特征，表现出各种功能之间的多重关联性及其功能的全面性和完整性。在这方面，要强调充分发挥农业的多功能作用，综合考虑各职能的关联性，达到发挥个体功能、发挥整体功能的理想效果。

第三，地区差异。因为农业的生存和发展是以自然资源（如土地、光、热、水、土地类型、地貌、生物等）为基础的，这些资源客观上具有区域差异；因此，农业的多功能必然会因地区的不同而有所不同，导致各种功能的强弱差异。例如，我国西南喀斯特地区山区多，生物资源丰富，具有提供生物产品的优势。此外，人口素质、人口密度和经济文化发展水平的差异也是造成农业多功能区域差异的主要原因。这就要求在制定农业政策和决策时，不仅要考虑农业多功能的客观存在，还要考虑其空间差异，充分发挥农业的多功能作用。

第四，容易破坏，保护困难。农业生产的基本特征是自然再生产和经济再生产交织在一起，这决定了农业多功能性的功能大小和强度将随着人类活动的变化而变化。总的特点是容易损坏，难以保护。如树木、草地等植被在生态环境中，很容易被破坏，特别是难以恢复。根本原因在于农业活动中自然资源和环境形成的长周期和大投资、人类个体和组织的短期行为以及农业多功能性的外部性和公共性。因此，必须加强农业多功能的教育和宣传，珍惜和保护农业多功能。

第五，功能有正功能、负功能和潜在功能。默顿作为功能主义学派代表人物，他认为功能可以分为正功能和负功能、显性功能和隐性功能。正功能是指构成功能的各种要素合理组合，形成有机系统，产生良性循环的功能；负功能是指由于一种或几种因素的破坏（如人类增长、农业进步、森林退却、生态恶化等因素之间的不协调）造成的恶性循环所表现出来的功能；显性功能是指人们能够认识到或期望并能清晰表现出来的行为结果，如一定数量的基本农田，以确保粮食安全；隐性功能是指农业文化对人类思想观念的影响、农业文化带来的旅游经济价值等未被认识、未被预期、未被明显展示的功能。农业功能的正反两方面的性质表明了农业的重要性，而农业功能的多样性表明了理解农业功能的困难。农业的功能分类见图 2-1。

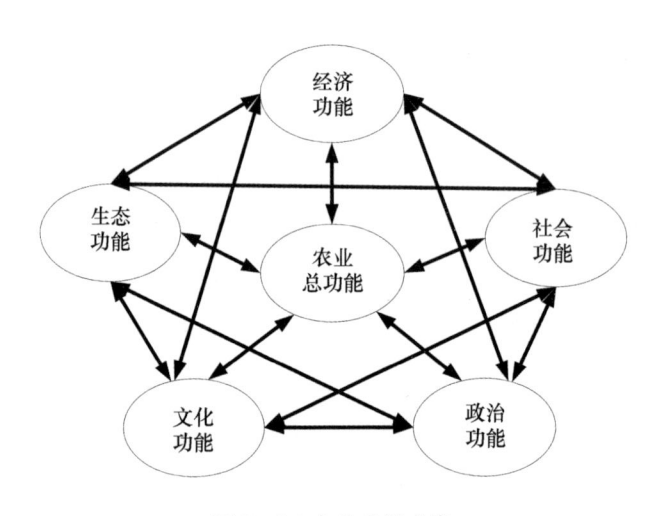

图 2-1 农业功能分类

二 产业边界理论

边界是系统论中的一个基本概念。边界是通过区分各行业的技术、业务、市场、服务、企业、监管机制等特征形成的。边界广泛存在，在系统与环境之间起着双重作用。它是人们预测和分析系统未来衍化以及系统与环境关系的重要依据。将系统论中的边界概念引入产业组织理论研究，得到了产业边界的概念①。产业边界是指企业集团或具有类似或相近替代关系的企业群中同一产业内的企业之间，由于资源置换的竞争关系和合作关系，不同产业之间存在进入壁垒和退出壁垒，导致不同行业之间存在各自的界限。

尼古拉斯·内格罗蓬特的三个不同的圆圈相交、重叠和包容，表明工业边界已经模糊、相互渗透甚至消失。罗恩·阿什肯纳斯等提出，企业成功的要素已经从静态环境中的规模、明确的角色、专业化和控制逐渐演变为动态环境中的速度、灵活性、整合和创新，这表明在动态环境中，产业边界必然随着环境的变化而变化，产业边界呈现模糊化趋势②。吴广谋、盛昭瀚从组织生命周期的角度考察了组织边界的动态，认为产业动态边界是产业在短时间尺度内实现产业目标的决策变量③。周振华在分析了传统电信、广播电视、出版等行业和工业生产行业的特点后，从技术、业务、运营、市场四个维度界定了产业边界④。技术边界，即每个行业生产某一产品时都有特定的技术手段、设备和相应的工艺流程；业务边界，即每个行业通过不同的投入产出模式向消费者提供其产品或服务，形成自己独特的价值链；运营边界，即每个行业的活动都有其特定的基础平台和支撑条件；市场边界，即每个行业的交易通过不同的环节和流通方式在特定的市场上进行。

---

① 曾剑秋主编：《网和天下——三网融合理论、实验与信息安全》，北京邮电大学出版社2010年版，第26页。
② ［美］罗恩·阿什肯纳斯等：《无边界组织》，姜文波译，机械工业出版社2016年版，第37页。
③ 吴广谋、盛昭瀚：《企业的模糊动态边界与企业集团——对企业集团的本质的探讨》，《管理科学学报》2001年第3期。
④ 周振华：《产业融合：产业发展及经济增长的新动力》，《中国工业经济》2003年第4期。

从系统和动态的角度来看，产业边界的特征可以概括为三个方面：动态性、模糊性和渗透性[①]。

第一，动态性。随着市场和技术的变化及其节奏的加快，组织的生命周期不断缩短，一次性建立组织的成本不能像以前那样由无限的交易来分担。组织边界的确定和确定组织边界的成本是组织决策的前提，组织边界的变化是组织效率的决策变量。产业边界是动态的，产业动态边界是产业作为短期尺度实现产业目标的决策变量。在表现形式上，产业边界的动态可以表现为内外部模糊性的连续变化，也可以表现为非关联的跳跃性动态变化。

第二，模糊性。通常情况下，为了满足静态环境的要求，传统产业的边界是清晰固定的；在动态的市场环境中，产业边界必然随着环境的变化而变化，产业之间的内外边界呈现出模糊的趋势。产业边界呈现模糊的原因则在于产业经济系统的经济单元——企业的成功，而决定企业成功与否的关键要素是否已从静态转化为动态，静态环境下强调的是规模、角色清晰、专业化和控制，动态环境下则强调速度、灵活性、整合性和创新性。

第三，渗透性。与生物体类似，产业经济系统中同样存在着一种"组织膜"或者"亚组织膜"，它通过膜的特殊通道将物质传递到组织内外，并阻断对组织有害的物质。组织膜的工作方式为渗透。通过渗透实现产业边界的过滤、传感和"胞饮和胞吐"功能。产业边界的渗透性具有选择性，只有遵循产业组织规范和产业组织相关制度的外部物质才能顺利进入产业组织内部；同时，在和产业组织原则相匹配的条件下，可以适当允许一些内部物质经过"组织膜"以实现向外渗透。

农村产业融合发展是基于技术创新或制度创新形成的产业边界

[①] 郭鸿雁：《广电产业的合作竞争》，知识产权出版社2008年版，第86页。

模糊化和产业发展一体化现象。以农村一、二、三产业之间的融合渗透和交叉重组为路径，以产业链延伸、产业范围拓展和产业功能转型为特征，通过形成新技术、新业态、新商业模式，带动资源、要素、技术、市场需求在农村整合集成和优化重组。产业边界理论为拓展农业产业融合发展视野、全方位多元化进行农村产业融合发展给予了理论指导。

三 产业融合理论

1963 年，Rosenberg 首次提出融合的概念，并将当时机床行业的变化描述为"技术整合"，这一过程展现了不关联产业部门和工具生产的不同阶段采用的流程[1]。Hacklin 等解释说，融合变迁到产业融合要经过四个阶段，即知识融合—技术融合—应用融合—产业融合[2]。在这四个阶段中，技术融合则是经济发展的主要动力。Kim 等的研究表明，产业融合的概念可以直观地用图形加以表示[3]（见图 2-2）。图 2-2（1）表明了产业 A 和产业 B 在共享技术、价值链和市场等方面的利益上有重叠区域，即图中灰色部分。这是一个新的领域，被称为融合区域，这意味着增加了各个行业之间的连通性和兼容性。在给定的产业中，要深入理解融合，可以从不同的产业角度来观察。例如，图 2-2（2）左边和右边分别对应产业间的融合和产业内的融合；从动态的角度来考察产业融合，两个不同的行业重叠，产业融合水平会因产业而异，图 2-2（3）表明有

---

[1] Rosenberg, N., "Technological Change in the Machine Tool Industry, 1840 – 1910", *The Journal of Economic History*, Vol. 23, 1963, pp. 414 – 443.

[2] Hacklin, F., Marxt, C., Fahrni, F., "Coevolutionary Cycles of Convergence: An Extrapolation from the ICT Industry", *Technological Forecasting and Social Change*, Vol. 76, 2009, pp. 723 – 736.

[3] Kim, N., Lee, H., Kim, W., et al., "Dynamic Patterns of Industry Convergence: Evidence from a Large Amount of Unstructured Data", *Research Policy*, Vol. 44, 2015, pp. 1734 – 1748.

些产业融合程度高,有些产业融合程度低甚至为零。

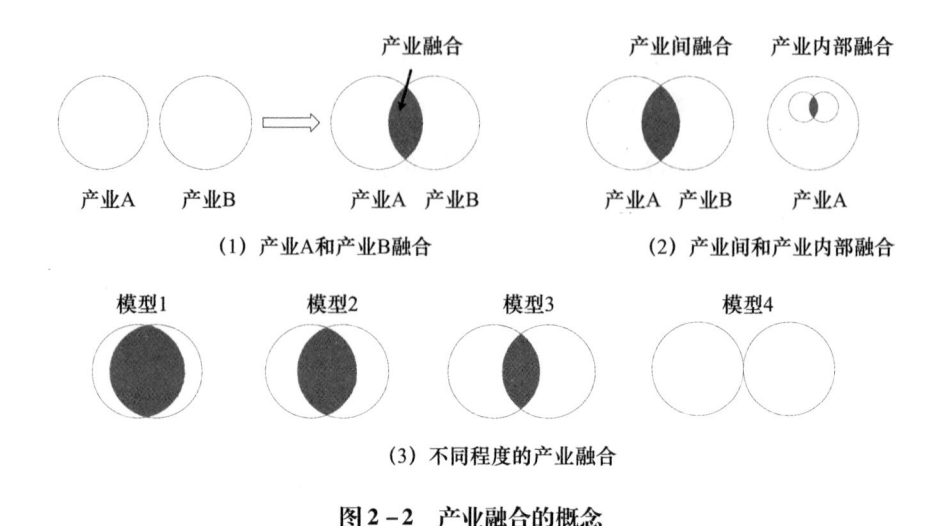

(1) 产业A和产业B融合

(2) 产业间和产业内部融合

(3) 不同程度的产业融合

图2-2 产业融合的概念

Benner 和 Ranganathan 认为,产业整合可以定义为通过结合科学知识、技术和市场,模糊两个或多个不同行业之间边界的过程[①]。如今,国内外学者一致认为,产业融合的内涵是指不同产业或同一产业内部的不同部门相互渗透、交叉,最终融合为一体,逐渐形成新产业的动态发展过程。

从产业的角度来看,产业融合可分为产业渗透、产业交叉和产业重组三类。

第一,产业渗透是指高新技术产业与传统产业的产业融合,即高新技术及其相关产业向其他产业渗透和融合,形成新的产业。例如生物芯片、纳米电子、三网融合(计算机、通信、媒体的融合);信息技术产业、农业高新技术、生物和信息技术改造传统产业(如

---

① Benner, M. J., Ranganathan, R., "Divergent Reactions to Convergent Strategies: Investor Beliefs and Analyst Reactions During Technological Change", *Organization Science*, Vol. 24, 2013, pp. 319-644.

机械仿生、光机电一体化、机械电子）、电子商务、网络金融机构。高新技术不断向传统产业渗透，已成为推动和带动高新技术产业发展的关键因素。高新技术和产业发展有利于提高传统产业的发展水平，加快传统产业的高新技术改造。主要体现在：提高传统产业高附加值，促进传统产业新品种、新产业的引进，推动传统产业的装备现代化。目前，信息技术正以不曾有过的广度和深度不断渗透到制造业的各个环节，使制造业的产品、生产过程和管理模式发生了深刻（甚至革命性）的变化。

第二，产业交叉是产业间在互补性和职能拓展的基础上实现产业融合，这往往是高科技产业生产链自然扩张的结果。也就是说，通过产业间的互补性和扩展性，产业之间的融合往往发生在高科技产业的产业链自然延伸的框架内。这种整合为产业融合创造了一个新的体系，赋予了它们新的附加功能，提高了它们的竞争力。这种融合表现为服务业不断扩展和渗透到第一产业和第二产业，例如，第三产业的服务如何加快第二产业在生产前期研究的进程，加快在第二产业生产中期的设计以及生产周期结束后进行信息反馈，从金融、法律、管理、培训、研发、设计、客户服务、技术创新、存储等方面展开全面的渗透和融合。

第三，产业重组主要发生在紧密相连的产业之间，而这些产业通常是某一大产业里的子产业，意味着一个整合过程，需要在同一个标准元件束或集合下，对以前独立的产品或服务进行重新组合。重组产生的产品或服务往往是不同于已经存在的产品或服务。在信息技术发展处于高水平的当下，重组更多地表现为产业链的上游和下游产业的重新组合，这些产业重组以信息技术为动力，融合后的新产品，呈现出数字化、智能化、网络化转型的趋势，如模糊智能洗衣机、绿色家电等都是产业重组的典型案例。

产业融合的结果一定是新产业或新增长点的出现。农村产业通过融合发展,将出现诸如旅游休闲农业、观光农业、采摘农业等新的产业形态,实现产加销一体化、农工贸一条龙等新产业模式,并提供更多的就业岗位,以延伸农村产业价值链,实现农村产业增值空间的最大化。

四 交易成本理论

交易成本理论又叫交易费用理论。交易成本理论是由诺贝尔经济学奖得主科斯[①]提出来的。他在《企业的性质》一文中认为交易成本是"通过价格机制组织生产的,最明显的成本,就是所有发现相对价格的成本"、"市场上发生的每一笔交易的谈判和签约的费用"及利用价格机制存在的其他方面的成本。

交易成本理论的中心论点体现在对企业本质的解释。由于在经济体系中,企业的运作机制与市场价格机制运作专业分工不一样,而市场价格机制运作的成本较高,通过形成一个组织,就能节约某些市场运行的成本,提高经济效益。后来,科斯在其《社会成本问题》(1960年)一文中提出了著名的"科斯定理":若交易费用为零,无论权利如何界定,都可以通过市场交易达到资源的最佳配置。显然,现实经济生活中交易费用不可能为零,由此人们推出"科斯反定理"或"科斯第二定理",即在交易费用为正的情况下,不同的权利界定会带来不同效率的资源配置。科斯在《社会成本问题》一文中已经将权利安排(制度形式)与资源配置效率直接对应了起来。由此,新制度经济学革命揭开了序幕。

科斯提出交易成本的概念,并率先进行了典范性的应用,从而促进了企业理论的发展。但对其进行系统化的工作则是2009年诺贝尔经济学奖得主威廉姆森。威廉姆森首先将新制度经济学定义为

---

① Coase, R. H., "The Nature of the Firm", *Economica*, Vol. 4, 1937.

交易成本经济学，其交易成本理论的研究对象主要是经济组织（企业、市场和混合经济体），它将市场经济中人与人之间的互动视为经济交易，将交易视为主要分析单位。威廉姆森认为，交易费用分为两部分：一是事先的交易费用，即为签订契约，规定交易双方的权利，负责等所花费的费用；二是签订契约后，为解决契约本身所存在的问题，从改变条款到退出契约所花费的费用[①]。

交易本身的三个特征影响了交易成本水平。第一，商品或资产交易的专属性（asset specificity）。在交易所投资的资产本身的市场流动性不具备，或者在契约合同终止后，资产投资的价值很难收回或转用于其他目的，即所谓的资产专属性。第二，交易不确定性（uncertainty）。交易过程中出现各种风险的情况时有发生。由于人类理性的局限性无法预测未来的情况，以及买卖双方经常达成的交易信息的不对称性，交易双方随后通过合同保护自己的利益。因此，交易不确定性将伴随监督费用和谈判费用的增加而增加。第三，交易的频率（frequency of transaction）。交易的频率越高，在管理中产生的成本和价格就相对较高，为了节省企业的交易成本，交易频率的提高会使企业能够在该交易的框架内进行内部经济活动。

因此，交易成本概念是任何可被接受的关于资本主义市场经济实际运行方式的解释的关键。威廉姆森认为，资本主义的各种经济制度的主要目标和作用都在于节省交易成本[②]。为理解这一论断的合理性，我们只需考虑一个交易成本（包括获得和处理信息的成本）为零的世界。在这样一个"无摩擦"世界中，甚至基本的制度（如货币、企业和公共管制等）都已无关紧要。抽象的新古典模型可能有它的用途，但是，只要它忽略了交易成本，它也就忽略了

---

① 卢现祥、朱巧玲：《新制度经济学》，北京大学出版社2012年版，第76页。
② ［美］奥利弗·E. 威廉姆森：《资本主义经济制度——论企业签约与市场签约》，段毅才等译，商务印书馆2002年版，第29页。

一个根本的现实特征。所以说，如果不重视交易成本，无论是经济行为还是制度安排都无法得到正确理解①。由于交易成本的存在，经济交易供不应求，客观上需要科学合理的交易选择机制，基于交易的不同特点，实现交易成本节约和资源配置优化。

研究农村产业融合发展，正是旨在节约交易成本，提出实现农村范围内的一、二、三产业之间或者其中两两之间的融合，对农村资源进行重新配置和优化，不断提高农村产业的附加值，促进农村增收，实现农村经济的持续发展。

五　产业链理论

随着技术的发展和迂回生产水平的提高，生产过程分为若干相互关联的生产环节。分工和交易的复杂性使不同形式的分工和交易如何在经济中联系起来的问题变得越来越迫切。随着分工的发展，企业组织结构不断增加，所以，为了节省交易费用且促进分工的深化，寻找合适的企业组织结构则成为产业链形成的必然条件②。

产业链是基于技术和经济联系对产业间相互关系的描述。产业链有狭义和广义之分。从狭义上讲，产业链是指从原材料到最终产品生产的各部门的一整个完整链条，主要面向特定的生产环节；从广义上讲，产业链在以生产为导向的狭义产业链基础上，尽可能地往上游和下游产业延伸。上游产业链的扩张通常会导致产业链正在转化为基础产业发展和技术研发的链条，而下游产业链主要以需求为导向，向市场拓展。产业链的本质在于不同产业的企业之间的联系，而这种产业联系的实质是每个产业内部企业之间的供求关系。

---

① ［德］埃瑞克·G. 菲吕博顿、鲁道夫·瑞切特：《新制度经济学》，孙经纬译，上海财经大学出版社1998年版，第11—12页。

② 姚小涛、席酉民等：《企业契约理论的局限性与企业边界的重新界定》，《南开管理评论》2002年第5期。

实现产业价值，建立生产链，是实现和提高产业产品价值的主要手段。任何产品只能通过最终消费来实现，没有这一点，所有中间产品的生产就无法实现。同时，产业链也体现了产业价值的划分。随着产业链的发展，产业价值原来是在不同的部门之间划分，逐步转化为在不同的产业链节点上划分，以期创造最高的产业价值，其实质是反映了"1+1>2"的增值效应。这种附加值往往是产业链乘数的结果，当产业链的一个节点的效率发生变化，从而在其他相关产业链中产生相应的倍增效应。为了在产业链中创造附加值，需要满足两个条件，第一，产业链的生产效率≥内部企业生产效率之和（协同乘数效应）；第二，交易成本≤内部企业交易成本之和（网络分工效应）。企业之间的联系也可以创造价值。产业链产生的价值取决于企业在这一链中的投资。不同的企业会影响它们的投资，从而影响最终的价值。这种关系可以通过鼓励企业进行有意义的投资来创造附加值，只有在可持续投资的情况下，才有可能实现价值创造。

产业链的分布特点主要包括三个方面：完整性、层次性和指向性。

第一，产业链的完整性。产业链是一个相互关联的经济活动的集合，也就是说，一个产业环或者一个具体的产业部门就是一个产业链。产业环是从事类似经济活动的企业。从事类似经济活动的企业，一般会努力寻找自身经济活动的优势区位从而获得自身利益的最大化。一方面，企业作为产业环的微观主体，为了在产业集聚中获得经济回报，逐渐聚集到对其发展更有利的地区；另一方面，各个产业环为了从地域分工中获益，一般根据经济特征和偏好的不同而分散在空间上。因此，空间经济对产业链内的企业和部门的好处是产业链的各个环节被放置在符合其经济活动特征的特定地点。这就是为什么产业链在经济区规模较大的情况下表现出明显的完整性，例如在大型经济地带、大型经济区、省域或流域经济区，在地理空间方面，它几乎涵盖了产业链的所有环节；如果经济规模比较小，例如只限于市区、县或产业发展集中的地区，它们的地理范围一般不包括生产链的各个环节，这些环节可以为特定的经济区域创造特色产业，但产业链却显然是断断续续的。

第二，产业链的层次性。产业链的发展总体上是产业环一级一级逐步积累增加的一个过程，某一个链环的积累增加是对上一个环节不断投入更多的劳动力、资金、技术等要素以获得更多的附加值。产业链的链环越是向下移动，其财政强度和技术强度越明显；产业链的链环越是向上移动，其可加工性和劳动强度越高。因此，落后地区和发达地区的不同，通常是根据它们在地域分工格局上扮演的专业化分工角色不同来进行分类的。总的来说，欠发达地区越来越多地开采资源，进行劳动密集型经济活动，技术与资金含量较低，从而也难以形成高的附加值。经济发达的地区则越来越多地从事与深度加工、精细化加工有关的经济活动，这些产业一般技术含量和资金含量都比较高，因而也容易形成较高的附加值。所以，区域的类型和产业链的层次间存在着不可分割的联系，产业链的上游链环通常都在欠发达地区，下游环节则往往在发达地区。

第三，产业链的指向性。良好的区位指向可以较好地引导产业环的布局，这就赋予了产业环明显的空间取向。这样的空间取向首先表现在资源禀赋的取向上，即以追求优势区位为基础的产业环，不可避免地要在一定程度上依赖区域内的资源，而这些资源原本在空间上不具有集中性，从而导致产业环为了获取这些资源而呈现空间碎片化特征；其次，劳动的地域分工指向，劳动的地域分工赋予每个地区各自的专业生产方向，而产业链为了提高分工效率，也会导致产业环的空间碎片化；再次，区域传统经济活动的指向，一个地区特定的资源禀赋和区域特色铸就了区域传统经济活动，而经济过程往往又因其具有路径依赖性而使区域在产业链上的分工受到强烈影响。

总之，产业链的形成与发展对于降低企业成本、打造新企业、形成企业创新的氛围、打造区域品牌、推动区域经济发展具有重要推动作用。本书研究的农村融合发展就是通过延伸农业产业链，降低交易费用，提高生产效率，助力区域农村产业发展。

第三节 农村产业融合的理论构建

一 农村产业融合的内涵、模式与主体

1. 农村产业融合的内涵

农村产业融合是以农业为基础、依托，在新型经营主体的引领下，通过一定的利益联结，采取农业产业链延伸、农业功能拓展与高技术渗透等模式，跨产业集约配置劳动、资本、技术和资源等要素，推动农业内部结构优化、农产品加工业、休闲旅游等服务业的有机发展。农村产业融合主要体现在两个维度：纵向和横向。纵向融合，也叫纵向一体化，主要将农业从生产拓展到加工和销售领域，实现产前、产中、产后三大部门的一体化经营。在中国中西部地区的农业产业扶贫实践中已经体现了类似的发展思路，比如政府鼓励农民专业合作社开展农产品加工、参与打造区域公共品牌，旨在打通生产、加工与流通环节。横向融合，也叫横向一体化，侧重农业与其他产业之间的深度融合，比如农旅结合、康养产业。

2. 农村产业融合的模式

（1）农业内部产业重组型融合。该模式主要是以农业优势资源为基础、以涉农组织为主体，将农业内部各细分产业农、林、牧、副、渔业连接起来，实现农业产业的内部协作和循环。主要体现为农业内部的种植业、养殖业、畜牧业等子产业之间，利用物种多样

化、微生物科技的核心技术在农、林、牧、副、渔多模块间形成整体生态链的良性循环，力求解决环境污染问题，优化产业结构，节约农业资源，提高产出效果，打造新型的多层次循环农业生态系统，成就出一种良性的生态循环环境。农业内部产业重组型融合主要基于实现物质的再利用。通过农牧结合、种养结合，使农业废弃物得到资源化循环利用，消除废弃物对环境的污染，改善了土地质量和水环境质量。通过农业废弃物多级循环利用，将上一产业的废弃物或副产品作为下一产业的原材料。具体而言，物质的再利用主要包括沼气、畜粪等的利用（见表2-1）。

表2-1　　　　　　　　　　物质再利用分类

分类	内容
沼气综合利用	以沼气为纽带，将畜禽养殖场排泄物、农作物秸秆、农村生活污水等作为沼气基料处理，产生的沼气作为燃料，沼液、沼渣作为有机肥。结合测土配方施肥、标准农田地力培肥、优质农产品基地建设、无公害农产品等工作，探索"一气两沼"综合利用模式。开展沼渣、沼液生态循环利用技术研究与示范推广，推行"猪—沼—果（菜、粮、桑、林）"等循环模式，形成上连养殖业、下连种植业的生态循环农业新格局
畜粪收集处理和有机肥加工利用	设施完善的畜粪收集处理中心，规范运作和户集、村运、片收的收集机制，畜粪收集率及综合利用率提高到95%以上
以秸秆为纽带的循环模式	有效实现减少焚烧排放、增加农田肥力。以秸秆为纽带的农业循环模式还包括围绕秸秆饲料、燃料、基料综合利用，构建"秸秆—基料—食用菌""秸秆—成型燃料—燃料—农户""秸秆—青贮饲料—养殖业"产业链。该模式可实现秸秆资源化逐级利用和污染物零排放，使秸秆废物资源得到合理有效利用，解决秸秆任意丢弃焚烧带来的环境污染和资源浪费问题，同时获得有机肥料、清洁能源、生物基料

（2）农业产业链延伸型融合。该模式通常以单一企业为主导，以农业生产为中心向前后产业链条延伸，将农业向上游的生产资料

融合或向下游的加工、销售融合（如自建生产资料供给、将农产品进行加工和包装后出售等）形成农业产加销一条龙服务①。这种模式更多以农产品加工业为主体。如云南国巨绿色食品有限公司，向前可以延伸到原料种植业，开辟农产品基地，主要种植中葱、香葱、大蒜等农产品，在生产方面不断向自动化和规范化生产靠齐，确定保证优质加工原料的供应。同时，该公司还依托"国巨万和"等知名品牌，向后延伸到销售领域，同国内主要的方便面企业建立稳定的销售渠道。

（3）农业功能拓展型融合。该模式的重点在于开发农业生产功能之外的多种功能，如旅游功能、生态功能、教育功能、休闲功能和文化功能，将农业与休闲、康养、娱乐、教育融合起来，而乡村旅游是农业多种功能发挥的典型模式，在农村产业融合中，乡村旅游具有搬运功能、强关联性、带动性、特色化、生态性、服务性等特征。发展乡村旅游，通过培育乡村生态游、乡村观光游、乡村休闲游、农业体验游等产业，开发农业农村生态资源和乡村民俗文化，推动城市人群向乡村流动，不仅能够促进农村全产业体系的构建、当地文化保护、当地生态环境的保护及重塑，以及带动当地基础设施的完善和文明水平的提升，还能通过促进农业产业链延伸、价值链提升、增收链拓宽，带动农民增收、农村发展、农业升级，是推动"乡村振兴"的有效途径。

乡村旅游的具体模式包括田园农业旅游模式、民俗风情旅游模式、村落小镇旅游模式、休闲度假旅游模式、科普教育旅游模式、农家乐旅游模式、回归自然旅游模式②（见表2-2至表2-8）。

---

① 赵霞、韩一军、姜楠：《农村三产融合：内涵界定、现实意义及驱动因素分析》，《农业经济问题》2017年第4期。

② 佚名：《农旅融合7种模式30种类型》（https://f.qianzhan.com/wenhualvyou/detail/201229-76668c57.html）。

第一,田园农业旅游模式。以农村田园景观、农业生产活动和特色农产品为旅游吸引物,开发农业游、林果游、花卉游、渔业游、牧业游等不同特色的主题旅游活动,满足游客体验农业、回归自然的心理需求。田园农业旅游主要包括田园农业游、园林观光游、农业科技游、务农体验游几种模式。

表2-2　　　　　　　　　　田园农业旅游模式

模式分类	具体内容
田园农业游	以大田农业为重点,开发欣赏田园风光、观看农业生产活动、品尝和购置绿色食品、学习农业技术知识等旅游活动,以达到了解和体验农业的目的
园林观光游	以果林和园林为重点,开发采摘、观景、赏花、踏青、购置果品等旅游活动,让游客观看绿色景观,亲近美好自然
农业科技游	以现代农业科技园区为重点,开发观看园区高新农业技术和品种、温室大棚内设施农业和生态农业,使游客了解现代农业知识
务农体验游	通过参加农业生产活动,与农民同吃、同住、同劳动,让游客接触实际的农业生产、农耕文化和特殊的乡土气息

第二,民俗风情旅游模式,以农村风土人情、民俗文化为旅游吸引物,充分突出农耕文化、民俗文化、乡土文化和民族文化特色,开发农耕展示、民间技艺、时令民俗、节庆活动、民间歌舞等旅游活动,增加乡村旅游的文化内涵。

表2-3　　　　　　　　　　民俗风情旅游模式

模式分类	具体内容
农耕文化游	利用农耕技艺、农耕用具、农耕节气、农产品加工活动等,开展农业文化旅游
民俗文化游	利用居住民俗、服饰民俗、饮食民俗、礼仪民俗、节令民俗、游艺民俗等,开展民俗文化游

续表

模式分类	具体内容
乡土文化游	利用民俗歌舞、民间技艺、民间戏剧、民间表演等，开展乡土文化游
民族文化游	利用民族风俗、民族习惯、民族村落、民族歌舞、民族节日、民族宗教等，开展民族文化游

第三，村落小镇旅游模式，以古村镇宅院建筑和新农村格局为旅游吸引物，开发观光旅游。

表2-4　　　　　　　　村落小镇旅游模式

模式分类	具体内容
古民居和古宅院游	大多数利用明、清两代村镇建筑来发展的观光旅游，例如山西王家大院和乔家大院、福建闽南土楼
民族村寨游	利用民族特色的村寨发展观光旅游，如云南瑞丽傣族自然村、红河哈尼族民俗村
古镇建筑游	利用古镇房屋建筑、民居、街道、店铺、古寺庙、园林来发展观光旅游，如山西平遥、云南丽江、浙江南浔、安徽徽州镇
新村风貌游	利用现代农村建筑、民居庭院、街道格局、村庄绿化、工农企业来发展观光旅游，如北京韩村河、江苏华西村、河南南街

第四，休闲度假旅游模式，依托自然优美的乡野风景、舒适怡人的清新气候、独特的地热温泉、环保生态的绿色空间，结合周围的田园景观和民俗文化，兴建一些休闲、娱乐设施，为游客提供休憩、度假、娱乐、餐饮、健身等服务。

表2-5　　　　　　　　休闲度假旅游模式

模式分类	具体内容
休闲度假村	以山水、森林、温泉为依托，以齐全、高端的设施和优质的服务，为游客提供休闲、度假旅游

续表

模式分类	具体内容
休闲农庄	以优越的自然环境、独特的田园景观、丰富的农业产品、优惠的餐饮和住宿，为游客提供休闲、观光旅游
乡村酒店	以餐饮、住宿为主，配合周围自然景观和人文景观，为游客提供休闲旅游

第五，科普教育旅游模式。利用航天农业科普教育基地、农业观光园、农业科技生态园、农业产品展览馆、农业博览园或博物馆，为游客提供了解农业历史、学习农业技术、增长农业知识的旅游活动。

表 2-6　　　　　　　　　　科普教育旅游模式

模式分类	具体内容
农业科技教育基地	在农业科研基地的基础上，利用科研设施作景点，以高新农业技术为教材，向农业工作者和中、小学生进行农业技术教育，形成集农业生产、科技示范、科研教育于一体的新型科教农业园
观光休闲教育农业园	利用当地农业园区的资源环境、现代农业设施、农业经营活动、农业生产过程、优质农产品等，开展农业观光、参与体验与DIY教育活动
少儿教育农业基地	利用当地农业种植、畜牧、饲养、农耕文化、农业技术等，让中、小学生参与休闲农业活动，接受农业技术知识的教育
农业博览园	利用当地农业技术、农业生产过程、农业产品、农业文化进行展示，让游客参观

第六，农家乐旅游模式。农民利用自家庭院、自己生产的农产品及周围的田园风光、自然景点，以低廉的价格吸引游客前来进行吃、住、玩、游、娱、购等旅游活动。

表2-7　　　　　　　　　　　农家乐旅游模式

模式分类	具体内容
农业观光农家乐	利用田园农业生产及农家生活等，吸引游客前来观光、休闲和体验
民俗文化农家乐	利用当地民俗文化，吸引游客前来观赏、娱乐和休闲
休闲娱乐农家乐	以优美的环境、齐全的设施、舒适的服务，为游客提供吃、住、玩等旅游活动
食宿接待农家乐	以舒适、安全、卫生的乡村环境和可口的特色食品，吸引游客前来休闲旅游
农事参与农家乐	以农业生产活动和农业工艺技术，吸引游客前来休闲旅游

第七，回归自然旅游模式。利用农村优美的自然景观、奇异的山水、绿色森林、静荡的湖水，发展观山、赏景、登山、森林浴、滑雪、滑水等旅游活动，让游客感悟大自然、亲近大自然、回归大自然。

表2-8　　　　　　　　　　　回归自然旅游模式

模式分类	具体内容
森林公园	以森林自然环境为依托，通过优美的景色和科学教育、游览休憩价值，为人们提供旅游、观光、休闲和科学教育活动
湿地公园	以水为主体，通过湿地保护与利用、科普教育、湿地研究、生态观光、休闲娱乐等多种功能吸引游客
水上乐园	以水上乐园滑梯、造浪设备、漂流河、戏水小品、滑板冲浪、互动水屋吸引游客
露宿营地	以一定自然风光，可供人们使用自备露营设施（如帐篷、房车）或营地租借的帐篷、小木屋、移动别墅、房车等外出旅行短时间或长时间居住、生活，并配有运动游乐设备，且安排有娱乐活动、演出节目的具有一定公共服务设施的娱乐休闲社区吸引游客前往
自然保护区	以生态系统类型保护区、生物物种保护区和自然遗迹保护区等不同类别，吸引游客参观

（4）高技术对农业的渗透型融合。高技术对农业的渗透型融合模式以物联网、云计算、大数据等现代信息技术为支撑，通过搭建

网络销售平台，推进线上线下的一体化发展，加速农业全产业链的改造升级，实现农产品从"田头—餐桌""初级产品—终端消费"之间的无缝对接。

农村电商不仅是农产品从田野到城市的上行销售渠道，也是从城市到田野，传递资本、人才、知识、创新、商业模式等变革力量的下行渠道。"农村电商在构建农村现代流通体系，扩大农副产品销售，推动农村创新创业，助力农民增收等方面发挥了重要作用，为乡村振兴提供了新动能，是畅通国内国际双循环、构建新发展格局的有力支撑。"农村电商作为高技术对农业渗透型融合的主要模式，以信息网络技术为支撑，在双方不谋面的情况下，实现不受时间、空间及传统交易限制的网上购物、网上交易和在线电子支付等商务活动。当今世界，一个电商乃至一部手机就是一个站点，全球站点构成了一张"信息网"。一个商家可以面对全球的消费者，一个消费者可以从全球的任何一个商家购物，从而降低商品流通和交易成本。农村电商的兴起，是农村新经济的集中体现，打通了城乡之间、产品生产和消费之间的流通与交易环节，不仅改变了城市市民希望买到好的农产品与农副产品卖不出去并存的格局，还使农民的观念、社会组织形态和生活方式发生明显变化，使农民不用进城就能享受到生活进步的成果。我国农村已建有广电、邮政、手机等网络系统，而通过政府部门、平台、公益机构的协同配合，资源配置将更为优化，利用效率也会进一步提升。农村电商先后被列入农村产业融合体系、扶贫工程和数字乡村战略，其内涵从"农产品电子商务""电子商务进农村"，到"农村电商发展"，已成为农业农村高质量发展和现代化的重要途径[①]。

第一，农村电商可以促进数字技术和网络的应用，夯实质量兴农

---

① 周宏春：《农村电商助力城乡融合发展》，《中国商界》2019年第8期。

的数字化、网络化、智能化基础。电子商务是创新农产品产销对接方式的必然选择，是可交易、可增收的互联网应用。它可以吸引更多小农户和新型农业主体应用数字网络技术，可以让更多农产品、农资和其他农业生产要素实现更好、更及时、更精准的产销对接，通过创新市场流通方式和数据应用方式，参与和助力质量兴农。

第二，农村电商可为质量兴农提供市场渠道支持和流量支持。当前，中国农业存在"品种多而不优、品牌杂而不亮、体量大而不强"的问题。而农村电商（特别是农产品电商），现阶段也存在渠道多匹配差、开店易缺流量、商品杂品牌少、体量小上行难的问题。当然，这并不是意味着电商本身有问题，而是农产品电商的运营需要优化升级，需要为电商梳理和开发更多好农品、好网货，优化电商平台与渠道的匹配，拓展、引导和对接流量。

第三，农村电商可通过优质优价，支持农业提质增效。用市场机制、价格手段倒逼农业转型升级、提质增效。如果优质农产品的生产者、开发者和经营者不能通过优质优价获得应有的补偿和更好的收益，质量兴农就会失去最重要的市场动力。农村电商人可通过自己的努力，把优质农产品的"卖点"发掘出来，帮其畅行市场，实现价值，回报优质农产品产业链上的贡献者，助力质量兴农战略可持续发展。

第四，农村电商可以其自身优势参与优化和完善农业产业链，培育新业态。相比而言，电商从业者一般拥有更宽广的市场视野、更强的数据意识等职业特点，特别是还具有人才、技术、资金等优势的电商企业参与质量兴农，更有利于发挥以产销对接倒逼农业产业链、供应链转型升级的作用。他们可与农业产加服等合作伙伴结成更紧密的利益联合体，还可深度参与农业新业态的培育，在众筹农业、共享农业、创意农业、休闲康养农业等方面大显身手。

第五，农村电商可参与农产品质量治理与监管，共同为质量兴农构建良好环境。为质量兴农构建良好环境，需要所有参与主体共同努力。农村电商人在首先做好自身的同时，要积极参与到反对假冒伪劣产品的市场治理和农产品质量监管中来，尤其是拥有数据优势的电商平台企业，更应配合政府监管部门，履行更多的责任。

农村电商的发展不仅是一场重配农业生产要素的革命，也是在坚持扩大内需、提振消费的新发展格局及乡村振兴背景下实现国家现代化的一个重要历史机遇。据《2021农村电商发展趋势报告》，以拼多多为代表的新电商平台近年来持续深耕农村市场，推动农产品上行主流化发展，并在生产端"最初一公里"给偏远地区带去新思路、新逻辑，助力重塑农产品价值供应链。在乡村振兴背景下，2021年以来，农产品线上"品牌化+平台化"方向趋势发展明显，农业科技、人工智能等正在持续推进农村电商的数字化发展（见图2-3）。

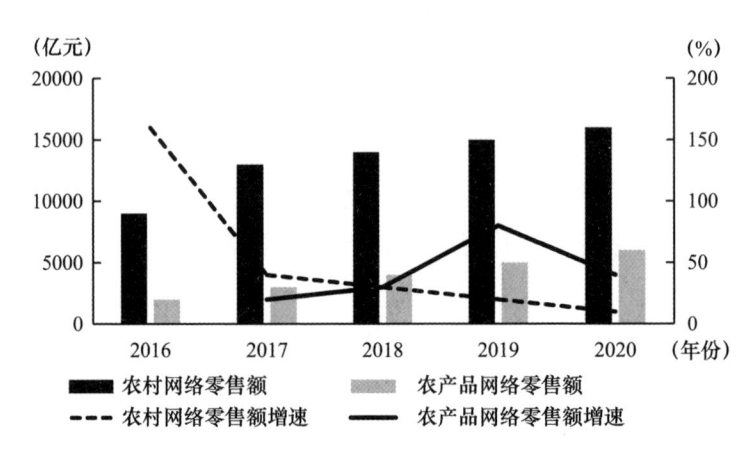

图2-3 2016—2020年中国农村电商发展相关指标情况

近年来，国家及地方各级政府从政策层面大力支持农村电商的发展。在实现从脱贫攻坚更好更快地向乡村振兴过渡的过程中，农村电商起到了至关重要的作用。2021年以来，"中央一号文件"多次提及"培育国产优质品牌""推进农产品区域公用品牌建设""支持地方以优势企业和行业协会为依托打造区域特色品牌""引入现代要素改造提升传统名优品牌""强化品牌保护"等。以拼多多为代表的电子商务平台持续深耕农村市场,助力农产品上行,支持各地立足优势打造各具特色的农业全产业带,建立健全农民分享产业链增值收益机制,形成有竞争力的产业集群,推动农村产业融合发展成为推动区域经济高质量发展的新动能之一。拼多多在农产品上行方面的实践与努力成效显著。经过多年持续深入推进,每天有数千万订单诞生在农村地区,农产品上行每年的新增市场规模超过了千亿级别,在中国乡村助力孵化了海量的就业岗位,助力产业发展。以新电商平台为代表的"最初一公里"战略推动了农业生产要素的重构,打破了农产品规模化的制约,为农产品品牌化打下了扎实的根基。

在乡村振兴背景下,新农人、新业态不断涌现,农产品线上"品牌化+平台化"方向趋势发展明显(见图2-4),农业科技、人工智能等正在持续推进农村的数字化发展,农村电商发展趋势向好,是数字经济的重要组成部分,为乡村振兴提供了新动能、新载体。

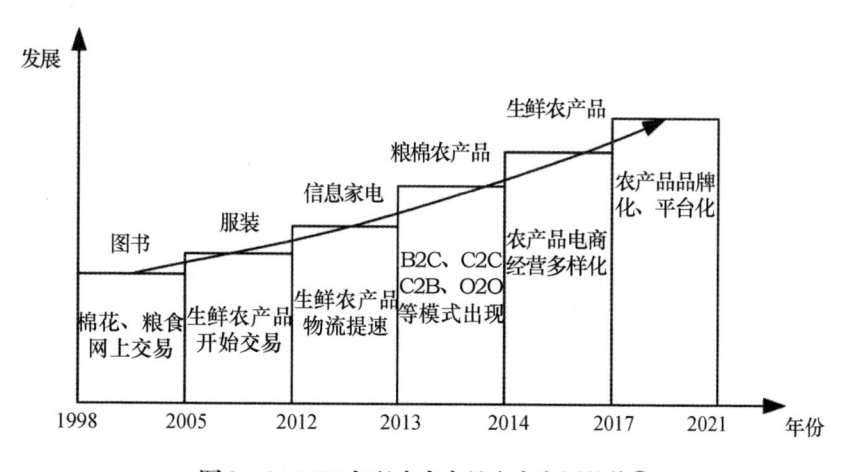

图2-4 1998年以来农产品电商发展趋势[①]

---

① 张嘉真:《2021农村电商发展趋势报告发布》(https://view.inews.qq.com/a/20211126A09MEL00)。

3. 农村产业融合主体

新型经营主体是农业现代化发展的主要力量，主要包括家庭农场、专业大户、农民专业合作社和农业企业。这些主体的基本特征是具有经验规模优势和辐射效应，盈利能力较好，融资渠道多元化，市场导向性较高，并且注重品牌建设，这些经营主体在助推小农户与现代农业有机衔接、拓展小农户收入增长空间方面具有明显优势。在当前工业化、城镇化、信息化、农业现代化的快速发展的情况下，不同类型的新型农业经营主体在农村产业融合发展中有不同的功能和影响。

第一，农业企业。农业企业是从事农业生产经营的企业，具有现代企业制度和独立法人资格，和其他行业企业一样，农业企业以盈利为目的。农业企业体现了现代农业的"大农业"概念，涵盖了一、二、三产业，从"田头到餐桌"整个农业产业链条。根据其生产经营业务或领域，可以划分为以下几种类型的企业，即农业生产型、农产品加工型、农业生产服务型、农业产前服务型以及农业产后服务企业。农业企业由于在技术、人才、设备和资金等多方面要素具有比较优势，能够促进农村产业开展规模化、专业化生产，科学的管理方式，有利于促进产供销发展，提高农产品质量，延长农业产业链价值链，提高农产品附加值，因此是政府重点培育的农村产业融合主体，在联农带农方面具有示范和引领作用。

第二，农民专业合作社。农民专业合作社是一种互助性的经济组织，其产生基础是农村家庭承包经营，运行基本特征是自愿联合和民主管理，能有效提高农户的组织化程度和集约化生产经营水平，带动农户联结市场，增强了农户市场竞争力，是一种有效的配置方式。参与主体主要表现为同类农产品的生产经营者或者同类农业生产经营服务的提供者、利用者。农民专业合作社具有三个方面的特点：一是合作社是农户自主建立、自主经营的经济组织，农户享受入社和退社自由，成员之间地位平等，实行民主管理。合作社的生产经营者和所有者高度统一，实际经营者通常是农业能人、专业大户或家庭农场等"精英农户"。二是农民合作社对内具有公益性和非营利性，其最终的目的是带动内部组成成员的发展，为农户提供农业产前、产中和产后等各环节的一条龙服务。三是农民合作社以市场化经营为目标。世界各国农业发展实践证明，农民合作社与家庭经营共生共长，能够解决单个农户无法解决的问题，但又依赖于家庭经营的发展，其功能定位具有多样性。

农民合作社在农村产业融合中的作用不可忽视，通过土地流转、发展规模经营等方式提高农产品生产的组织化和集约化程度，改变了小农户散、小、弱的弊端，通过带动散户、组织产业大户到对接企业、联结市场等方式提高农业组织化程度，减少了交易成本，提高了农业比较效益。此外，在收益分配上，由于是农户内部的合作组织，相对会实现公平分配，在农地非粮化和非农化利用上，也起到了较好的抑制作用，是农村产业融合的中坚推进主体。

第三，家庭农场。家庭农场的概念来自西方国家，指的是西方国家大规模经营农户。由于人口众多、耕地资源稀缺，中国家庭农场达不到西方国家的规模，并且没有确定家庭农场统一的标准，其规模经营是一个相对概念。一般情况下，将家庭农场认定为家庭成员作为主要劳动力，农业收入作为主要收入来源，经营规模较大、集约化和市场化水平较高，生产经营能力较强的农业经济组织。家庭农场和专业大户在生产经营组织方式上并没有本质区别，市场化的生产经营是它们的共同特征，其主要区别在于专业大户没有专门认定和登记，而家庭农场需要进行登记，纳入企业管理范畴。与专业大户相比，家庭农场的集约化水平较高、经营能力较强，经营状态相对比较稳定。家庭农场兼具家庭经营和农业企业经营特点，其与普通农户的根本区别在于家庭农场的经营目的是市场交换，专业化程度较高，经营能力较强。其与农业企业的根本区别在于自身组织方式不同，农业企业内部按照契约将相关生产经营者组织起来，进行生产经营。家庭农场生产经营者是依靠血缘关系建立的家庭成员，是一个完整的利益共同体，内部成员机会主义动机非常弱，监督成本较低，内生交易费用较低。

家庭农场规模受经济发展水平、自然条件和技术条件的影响较大。在农业经营体系中，家庭农场功能定位是引进先进技术和生产手段，促进各类要素在农业生产过程集约配置，提高农业生产力水平和生产效率，促进传统农业向现代农业转变。并且，家庭农场更加注重成本核算和投入—产出效率，不断激励其提高经营能力。家庭农场是现代农业建设引领者，相对于普通农户具有明显优势，其家庭经营的方式非常契合农业产业特性。在农业现代化发展过程中，家庭农场有可能逐渐替代普通农户，是农村产业融合发展的重要主体。

第四，专业大户。专业大户指的是那些生产经营规模明显高于本地区传统农户的专业化农户。专业大户的经营标准根据各地区自然条件和农业发展水平差异而制定。在平原地区、农业发展水平较高的地区，经营规模标准高一些。在土地资源零碎的山地和丘陵地区等，规模标准明显要低一些。专业大户与普通农户相比，其专业化生产程度较高，且以市场为导向，生产的农产品主要用于市场销售。在实践中，专业大户一般通过土地流转形式来实现规模经营，并雇用一定数量的劳动力与土地经营规模相匹配。由于土地租金和劳动力工资较高，专业大户盈利有限，属于比较初始的规模经营方式，很多时候具有粗放型经营特征，其经营状态不稳定，相对比较容易实现。

第五，普通小农户。普通小农户是当前农村产业融合发展的参与主体，自 2017 年以来，党的十九大提出要加强小农户与现代农业有机衔接，小农户也被纳入现代农业的生产体系。小农户一般指生产规模小、生产手段单一、投入和收益不大的农业微观经营主体，虽然当前中国在大力发展新型农业经营主体，但由于中国实行家庭联产承包责任制，经营规模在50亩以下的小农户依然占据绝对主导地位[①]，共计有2.6亿户，占农户总数的97%左右，因此在关注新型农业经营主体的同时，也不应忽视小农户发展，通过推动小农户发展订单农业、新型产业、使用新技术装备等将其纳入农村产业融合参与主体。

加强农村产业融合主体联合，主要看产业融合主体之间的利益联结机制，农户是否通过参与规模经营，分享到农村二、三产业发展带来的收益，因此，建立稳定的契约关系、合理的利益分配机制是关键。通过建立和完善订单农业机制，以土地、人力资源和技术入股的"保底收益+按股分红"的股份合作机制，"利益共享、风险共担"等多种方式实现利益联结，带动农民就近就业、实现增收[②]。

二 农村产业融合发展的作用层次

1. 农村产业融合与农村经济增长

农村产业融合的本质是基于农业生态系统能够提供产品和服务，农业能够参与更大范围的社会产业间分工，并且分享工业化、信息化发展所带来的果实，进而实现农业现代化和促进农村经济增长（见图2-5）。

农村产业融合能够实现组织对市场的大规模替代，充分发挥农业的经济功能和社会功能。这主要来源于"互联网+农业""物联

[①] 李铜山、张迪：《实现小农户和现代农业发展有机衔接研究》，《中州学刊》2019年第8期。

[②] 杨艳丽：《农村产业融合发展水平评价与驱动因素研究——基于黑龙江省的实证分析》，博士学位论文，东北农业大学，2020年。

网+农业"、农业电子商务、农业景观休闲和农耕文化教育等新业态创造出了新的经济增长点。信息技术的普及,不仅使农业监测预警体系日趋完善,而且粮食、果蔬等农副产品的销售收入可以直接被农民获取。完全的纵向一体化对于农业经营主体来说并不现实,因为一二三产业的纵向延伸要求企业支付高昂的治理成本,因此需要通过作为农业服务体系核心的农民合作社,实现"接二连三",将农业的家庭经营、公司经营有机结合在一起,用工业化的手段使农产品的播种、收割、加工、筛选等一系列环节更加标准化,提高土地产出率。产供销一体化的经营模式,有助于实现产业间分工内部化,根据科斯的交易费用理论,当组织对市场发生替代时,交易成本会降低,因此农村产业融合通过产业之间的内部化分工,使农村经济得到有效的改善。

农业的另一特点是季节性,农忙时生产要素和资产可以得到充分利用,农闲时却闲置了大量的劳动力、资本和土地等生产要素,因此在促进农村经济增长方面具有局限性。但是,农业生态系统除了具有生物产品供给的作用,还提供社会文化服务(如景观、休闲、教育等),这就给农业多功能性弥补季节性这一缺陷提供了机会。比如农民可以在农闲时创办农家乐,作为导游带领游客体验农耕文化和习俗,宜居的乡村环境也可以作为养老产业的疗养胜地。这样,农业通过与其他产业相融合生成的新产业便可以激活闲置的生产要素,实现资源的循环利用,进而发挥出第二、第三产业对农村地区经济发展的带动效应,促进农村经济增长。农业服务业的发展一方面可以解决农村产业融合过程中先进技术扩散迟缓、涉农公共服务效率不高和农村交通设施不完善等问题;另一方面也为农业与其他产业融合提供技术支持和资金补贴,提高科技成果的转化率和财政扶持资金的精准度,进而为农村的产业兴旺与经济发展提供良好的政策和制度环境。

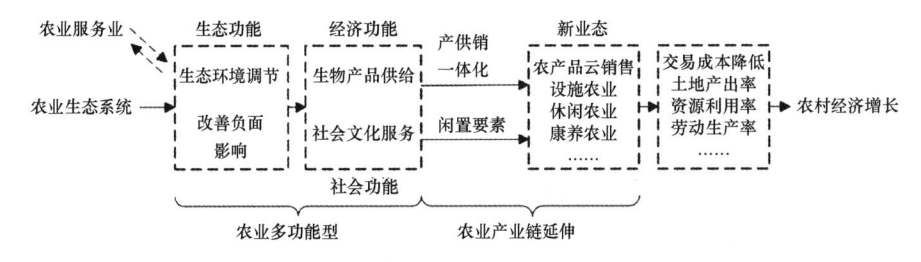

图 2-5 农村产业融合对农村经济增长的影响①

2. 农村产业融合与农户收入增加

农村产业融合影响农民增收主要在于其能够形成农村新的经济增长点，通过影响农民财产性收入、工资性收入、转移性收入和家庭经营性收入来促进农户增收，其内在逻辑如图 2-6 所示。

第一，农业内部重组型融合模式，类似种养结合模式的农业系统在生产上具有很强的互补性，使用种植的饲料粮或作物残茬喂养牲畜，随后将其产生的粪肥作为肥料施用于农田，可大大降低农业生产成本。种养结合的农业系统有助于降低农业经营风险。农业生产经营不仅受到市场、价格等因素的影响，而且受到自然因素的影响，从而造成旱涝等自然灾害频发，影响了农民收入的稳定性。因此，农户采用种养结合的农业系统，通过种植饲料作物、经济作物和牲畜养殖，获得多样化的农业产品，有助于降低农业经济风险，稳定农业收入。

第二，农村产业融合能够通过延伸农业产业链，提高农产品的附加值来让农民享受到农村产业融合所带来的红利。对于农户本身而言，由于其自身的经济和社会地位偏低，在发展中只能处在农业价值链的末端位置，难以享受农产品加工和流通环节中所带来的增加值。而农村产业融合能够以农民为基础，通过地产地销、地域制

---

① 王瑞：《西部地区农村产业融合发展对其经济增长的影响研究》，硕士学位论文，西北农林科技大学，2021 年。

造、企业带动、农业生产方式创新等措施提高农民在农业产业链中的地位,增加其享受红利的权利。

第三,农村产业融合能够拓展农业的经济、文化、生态、旅游等多种功能,吸引工业和服务业的管理、资本、技术、人才等生产要素投入农村现代化生产。不断推进休闲农业、智慧农业、绿色农业等新型农业的发展,拓宽农民的增收渠道。并且,农村产业融合也能够在拓宽农业多种功能、发展新型产业业态中不断推动农村的信息、医疗、教育、文化、环境等公共基础设施建设,为聚集农村人气、培育农村新型经营主体、促进农村和谐发展拉动农户增收营造良好的基础和条件。

第四,农村产业融合能够在培育农村新的增长点中扩大农村的产业规模和就业容量。农业产业链的延伸、生产要素的投入及农业生产方式的转变,使农民收入不再局限于传统的种植业和养殖业。随着土地规模化生产以及合作社经营的实现,农户通过土地出租、入股、转让、合作社等土地流转模式解放农户劳作时间,推进农户

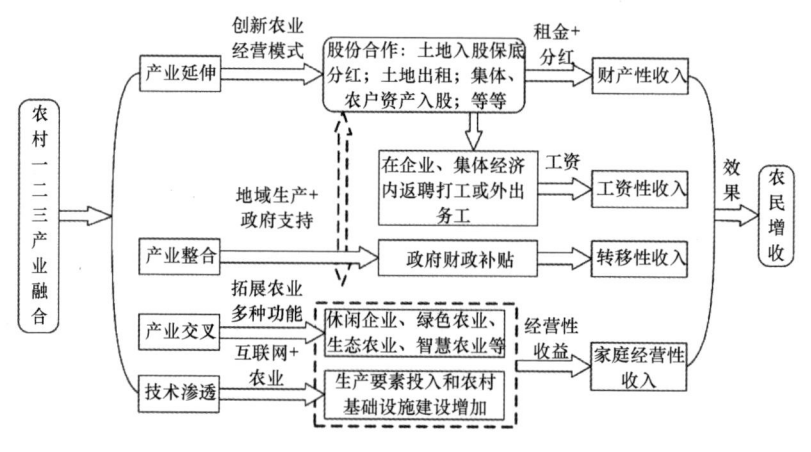

图 2-6 农村产业融合对农民增收的影响机制[①]

---

① 郭军、张效榕、孔祥智:《农村一二三产业融合与农民增收——基于河南省农村一二三产业融合案例》,《农业经济问题》2019 年第 3 期。

外出务工或者返聘打工，不仅可以土地流转推进农业规模化经营以获得租金或分红增加农户财产性收入，而且也能通过从事非农产业增加工资性收入。

3. 农村产业融合与农村生态环境

农村产业融合与农村生态环境的耦合系统构成一个整体，紧密联系、双向促进。农村产业融合主要通过农业内部产业重组型融合、农业产业链延伸型融合、农业功能拓展型融合、农业服务业交叉型融合与高技术对农业的渗透型融合等子融合模式直接或间接地对农村环境与资源产生影响。

第一，农业内部产业重组型融合将农业、林业、牧业、渔业联结起来，通过林养、农牧、农林结合，发展高效、生态、循环种养模式、种养结合方式，既破解了养殖粪污处理难题，又解决了农业秸秆焚烧污染，降低农业与养殖业对环境的污染程度，同时种植业生产的作物给养殖业提供食源，从而将物质和能量在动物和植物之间进行转换形成良好的循环。例如，种养结合农业系统可促进动植物间的能量循环，实现农业废弃物资源化利用，是畜牧业可持续发展的必由之路。种养结合农业系统可为其他生态系统服务，如封存二氧化碳、增加土壤有机碳、改善土壤生物功能、改善水质等。因此，由种养分离造成的这些生态系统的恶化可以用种养结合农业系统加以扭转。种养结合农业系统可以在不损害农业经济的前提下限制农业对环境的负面影响，是实现耕地作物系统和牲畜系统双赢的一个可行解决方案[①]。

第二，农业产业链延伸型融合通过把农业生产资料供应和农产品生产、加工、储运、销售等一系列环节进行有效整合，形成农业

---

① Dumont, B., et al., "Prospects from Agroecology and Industrial Ecology for Animal Production in the 21st Century", *Animal*, Vol. 6, 2013, pp. 1028–1043.

产业化、规模化经营，实现农业产供销一条龙发展，从而对农村资源进行合理利用分配，达到农业产业链延伸与农村生态环境和谐、健康发展；当然，在从农业产业纵向延伸中，也可能因农业资源的过度开发导致农村耕地质量下降、植被破坏和水土流失。

第三，农业功能拓展型融合对自然环境具有较强的依赖性，在发展中必然面临资源（尤其是土地、水、林资源）的开垦，主要体现为将农村资源与休闲娱乐等结合起来，拓宽产业范围催生新兴业态，从而优化农村基础设施建设、美化农村人居环境、改善农村自然生态环境和生活环境；但也可能由于农民在经济利益的左右下，自身环保意识不强，为了短期利益而破坏村庄原有特色和空间，出现破坏生态、不利环境的行为发生。

第四，高技术对农业的渗透型融合则是利用互联网、物联网、云计算、大数据等新一代信息技术和传感器、地理信息系统、卫星导航等设备和软件，将其渗透融合于农业生产、加工、营销和服务等领域和环节，可以改变农业生产中劳动者与生产资料的结合方式，加强生产各个环节中的劳动过程控制，促进农业生产向绿色环保方向转变，以农村电子商务、农产品产地直销、设施个性化定制等新模式，改善了农村传统经济模式，极大程度上带动了绿色产业的发展。

三 农村产业融合发展的影响机制

农村产业融合发展不仅需要创新模式，也需要外在力量、关键条件因子的推动与带动。其主要影响机制包括市场需求、土地流转、人力资本、技术创新、金融服务、基础设施与生态环境等方面。

1. 市场需求

从市场需求层面看，中国社会的矛盾已经转化为人民日益增长的美好生活需要和不平衡不充分的发展之间的矛盾,农村居民不仅要吃饱、穿暖,而且希望在上学、看病、养老等公共服务上均等化,城市居民不仅希望农村提供物质产品、生态产品,还希望农村能为整个社会提供一个优良的生态环境、休闲场所,以满足城市居民在充满传统乡村文化的田园意境中释放自我、还原自我[1]。城乡消费升级是农业多元价值形成[2]、推动农村产业融合的拉力。

乡村振兴战略的实施本质上就是要推动城乡融合发展,构建一种新型城乡关系。在产业融合发展的背景下,农村不再被简单地定义为城市的粮仓或者菜篮子,应该看到农村在培育新型业态方面的潜力。尤其是对于一些山区农村来说,如何发挥和利用生态优势成为农村产业融合发展的关键。

在城镇化发展的早期阶段,城乡关系主要表现为城市对农村资源的汲取,比如对农村劳动力的吸纳、城市区域向农村的扩张。但是,城市主导的发展逻辑也会导致农村"空心化"或者"过疏化",城乡差别也会引发一些社会层面的问题,并最终制约整体的发展进程。日本和韩国在城镇化发展到一定阶段的时候,都开始推动城乡关系的调整,重视乡村发展问题。当前,推动农村产业融合发展是基于对新时期城乡关系的重新认识。因此,除了强调城乡资源配置和公共服务均等化的维度,更应该看到城乡发展在要素上的互补与协作的可能性。城市为农村提供了广阔的消费市场,而农村产业发展也需要外部的资本、技术和人才的输入,乡村振兴并不是单纯依靠城市的反哺,更重要的是建立彼此之间的协作机制,打破城乡边界。

---

[1] 叶兴庆:《如何实施乡村振兴战略》(http://www.drc.gov.cn/xsyzcfx/20171219/4-460-2895098.htm)。

[2] 李洁:《农业多元价值下的农村产业融合:内在机理与实现路径》,《现代经济探讨》2018年第11期。

现阶段城市消费所呈现的一些新特征也为农村产业融合发展提供了新的契机。从各地的实践来看，农村的三种新型业态呈现出了巨大的发展活力。第一，依托农业的观光、采摘体验游。随着城市生活水平的不断改善，居民对农产品的安全与品质提出更高的要求。这就推动了农业朝生态化、农庄化的方向发展，并催生出一些主打农事体验的新业态。观光、采摘农业拓宽了农产品的销路，也极大地提升了其附加值。第二，以自然观光、度假为主的民宿产业。城市居民的休闲旅游需求不断提升，越来越注重升级型、个性化的旅游产品。生态环境良好、靠近城市的村庄成为理想的短途旅游目的地。第三，依托气候、生态条件的康养产业。在人口老龄化的背景下，养老产业呈现出巨大的潜力。农村的青山绿水成为最大的资源，能够满足城市老人养生和休闲的需求。一些海拔相对较高的山区农村，可利用自身气候条件的优势，打造季节性养老服务。相比于走高端、个性化路线的民宿，季节性养老提供一种更加平价的体验，普通村民更有可能成为经营和服务的主体。农业和生态资源作为农村产业融合的基础条件，农村产业布局和发展需要紧盯城市市场的新需求，将城市人的乡愁转化为农村产业发展的新机遇，这也是青山绿水转变为金山银山的重要突破口。

2. 土地流转

土地作为农村产业融合最基本、最重要的生产要素，连片的、大规模的土地供应是新型农业经营主体实现规模化经营、降低成本、提高土地产出效率的前提，通过土地流转实现农业适度规模化经营、促进农村产业融合发展、助推实现乡村振兴成为必然选择。

当前，农村产业融合的表现形式主要有休闲旅游农业、度假康养农业、互联网农业、农产品加工业和规模化种养殖业等。第一，农村第一产业依托土地进行动植物资源利用，是农业的主体和基础。但是，中国的家庭承包经营方式在土地利用效率提升趋势下，农民收入增长越来越接近"天花板",而转向适度规模化的经营则成为必然路径,如果农用地流转不顺畅或者流转效率低下,就不能满足调整种植、养殖结构,积极发展符合社会需求的高品质农产品的需求。这类产业对土地的需求主要是承包农地的规模化利用,提高标准、统一管理。第二,农村第二产业是农村经济的重要支撑,主要体现为农产品粗加工转向精、深加工与仓储。然而,为了保护农村环境,农产品加工业的产业布局需要因地制宜,不可遍地开花,而且从农产品加工业的设施设备及场所要求来看,需要的土地属于建设用地,因此,为了顺应时代发展和人民需要,农产品加工业的用地合理布局应该集中于县城或乡镇的工业园区。农村第三产业种类丰富多彩,是产业融合发展的主要方向,主要包括物流业、中高端仓储、休闲旅游业及度假康养业等,其发展对"三农"的带动作用最为明显,是农村产业融合发展的生力军。未来,物流发展必需的农村道路和仓储设施用地保障,休闲旅游业和度假康养业所需的停车、餐饮、住宿用地需求,以及农耕文化展示、体验场所等用地是主要方向。由此可见,在产业融合视角下,土地流转包括农用承包地、农产品加工用地、乡村康养旅游建设用地。王爱国对2010—2018年全国家庭承包耕地流转比例与休闲农业接待游客规模进行相关性拟合,发现两者存在较显著的相关性,以休闲农业为代表的农村产业融合发展与土地流转规模具有较强的相关性[1]。一定程度上,土地流转率越高,农村产业融合的发展效率和速度就越快。特别是随着互联网与农业的生产、加工、流通、服务等各个环节的深度融合,必将带来农村土地的规模化流转。

---

[1] 王爱国:《农村产业融合发展:对乡村振兴战略中农地流转的再思考》,《重庆理工大学学报》(社会科学版)2021年第11期。

3. 人力资本

不同人力资本水平的农户获取由农业拓展出的关联产业收入的能力高低有别，农户人力资本含量越高，越能够通过从事农业及延伸产业，以新型农业经营主体、企业家的身份提高人力资本回报率，从而使更多乡村人才有动力留在农业，带动农村产业融合。例如，农业经营主体的人力资本含量较高，能够及时和准确获取市场信息，不断接受新技术新知识并提升现代农业经营管理水平。随着现代农业经营管理水平的提升，传统农业经营主体更有能力融入市场竞争，并加快自身从种养殖环节向流通、加工等环节转型发展的步伐，在实现由传统农业经营主体向新型农业经营主体顺利转变的同时，也使农村产业融合主体得到培育和壮大，有利于推动农村产业融合的持续稳定发展[①]。研究发现，能人治村在推动农村产业融合中具有村民支持率高、决策效率高、动力充足的优势，能够全面改善农民的收入结构，且增收效应明显[②]。因此，通过"广聚英才""本土育才"路径，大力培育新型农业经营主体、专业服务型职业农民、吸引返乡下乡人才，加大人力资本开发，能够为农村产业融合发展提供强有力的人才支撑。

4. 技术创新

从技术创新层面看，技术创新能够推进农业产品功能、形态、质量的变化以及农业生产方式的变革，提升农业产业的发展水平和效益，为农村产业融合创造基础条件[③]。尤其以信息、生物、物联网等技术为代表的新兴技术不断渗透、普及到农业生产、生活中，

---

① 王定祥、冉希美：《农村数字化、人力资本与农村产业融合发展——基于中国省域面板数据的经验证据》，《重庆大学学报》（社会科学版）2022年第2期。

② 唐超、胡宜挺：《村治能人推动农村产业融合探析——基于安徽省夏刘寨村的调查》，《湖南农业大学学报》（社会科学版）2017年第1期。

③ 梁立华：《农村地区第一、二、三产业融合的动力机制、发展模式及实施策略》，《改革与战略》2016年第8期。

在延续农业原有生产的技术路线的同时，也丰富了农业产业经营的内容和形式，不断催生出农村电子商务、现代物流等新业态[①]。尤其是随着科学技术发展，各大电商平台正将农业科技、人工智能应用到农村电商的发展，持续推进农产品上行，助力乡村振兴。相比于农村电商发展初始阶段，以阿里巴巴、京东为代表的传统电商平台依靠工业品下乡助力乡村发展，以拼多多为代表的新电商则基于开拓性的分布式人工智能"农地云拼"体系带动农产品大规模上行，让偏远地区的农产品突破传统流通模式的限制，直连全国大市场。此举打破了传统渠道农产品销售的限制，延长了农产品价值链。高新技术的引进可以大大提高农业生产效率和产品质量[②]。

当前，在数字经济的发展浪潮中，一些地区积极主动推动数字技术赋能农村产业融合，强有力地推动了农业系统的智能化和绿色发展，数字经济的颠覆式创新乡村产业链的效果持续呈现。当今，蔬菜工厂棚连接网络数据等新式智能化养殖方式不断涌现，自然环境农作物管理方法关联持续提升，传统农业的规模经济效率不断提高，获得了降低成本、提高质量、提升生产量等各个方面成果。数字科技的自主创新运用，不但可以更改农牧业的传统式外貌，还能强有力推动农村产业融合发展，催生出休闲农业、认种农牧业、农旅融合等业态创新新模式，还能多向鼓励各类人员返乡创业，满足多元化的市场需求。

5. 金融服务

从金融服务层面看，金融支持是推进农村产业融合发展的重要手段，加大金融支持有利于引导农业产业融合发展扶持政策与信贷资金有效对接，发挥政策对信贷支农资金的撬动作用，引导农村金

---

① 张义博：《农业现代化视野的产业融合互动及其路径找寻》，《改革》2015年第2期。
② 潘志超：《国外农村一二三产业融合对山西省的启示与借鉴》，《现代经济信息》2020年第1期。

融系统稀缺的信贷资金向产业融合领域流动。社会资金、工商资本投资于农业、农村，不仅有利于解决农村"融资难、融资贵、融资慢"等问题，而且能够集成利用资源要素促进现代农业产业体系、生产体系和经营体系构建，加大科技创新和人才培养力度，为农村居民提供低成本、高效率、现代化的金融服务，有利于推动农业生产、加工、休闲旅游等一体化融合发展，延伸产业链、提升价值链、重组供应链[1]。

具体而言，随着农村金融服务体系的日益健全与营业网点覆盖率的不断提高，农村金融不断深化发展，农村金融集聚有利于形成农村金融资产、农村金融服务专业化从业人员和金融营业网点等金融资源的聚集，从而提高农村金融机构之间的关联度和金融资金的流动性，并实现更有效的业务分工和资源配置，增强农村金融资源的可获得性，为农村产业融合发展提供融资便利。农村金融集聚一旦实现内部规模经济，在规模报酬递增的情况下，农村金融市场将进一步深化发展，并逐步加强农村金融服务的普惠性[2]。

6. 基础设施

从基础设施层面看，基础设施作为"间接性资本"和"社会先行资本"，能够通过空间溢出效应促进经济增长[3]。供水、供电、道路、通信、仓储物流、垃圾污水处理等农村基础设施的建设，有利于为社会投资主体参与农村产业融合提供良好条件，降低劳动强度，节省劳动力投入，提高劳动生产率，节约生产成本。尤其针对农业产业链延伸型融合发展，农村基础设施的完善有助于拉长农产

---

[1] 张林、温涛：《农村金融发展的现实困境、模式创新与政策协同——基于产业融合视角》，《财经问题研究》2019年第2期。

[2] 聂丽、石凯：《农村金融集聚影响农村经济增长的区域差异与路径选择》，《财贸研究》2021年第5期。

[3] 骆永民、樊丽明：《中国农村基础设施增收效应的空间特征——基于空间相关性和空间异质性的实证研究》，《管理世界》2012年第5期。

品产业链条，尽可能地将各加工环节更多留在乡村进而直接增加农民工资性收入[①]。

7. 生态环境

从农村生态环境质量看，环境是人类生存和发展的基本条件，是关系民生的重大问题。农村环境质量的高低与否直接威胁到城市居民的"菜篮子""米袋子""水缸子"的安全[②]，同时也决定着城市居民在对美好乡愁追求与体验过程中所获得的效用强度。良好的农村自然生态环境是农村环境重要的底色和基础，能够为农村产业融合发展提供稳定的环境和充足的承载力；良好的农村生产环境本身要求由传统粗放、资源消耗型模式向环境友好、资源集约型方式转变，带来资本的引入和政府的投资，良好的农村生活环境内在要求转变农村居民生活方式，运用前沿生态技术、治理政策，通过乡村生活基础设施建设、公共服务完善和农户绿色意识强化，最大限度降低生活系统运行对资源环境的影响[③]，以更舒适的居住条件、更优美的环境，促进乡村产业的多元化发展，为农村产业融合发展提供良好条件和不竭动力。

---

① 张亦弛、代瑞熙：《农村基础设施对农业经济增长的影响——基于全国省级面板数据的实证分析》，《农业技术经济》2018年第3期。
② 吴铀生：《农业生态环境建设是实现农业发展方式转变的基础》，《农村经济》2011年第2期。
③ 程莉、文传浩：《乡村"三生"绿色发展困局与优化策略》，《改革与战略》2021年第1期。

第三章

长江上游地区农村产业融合发展的实践进展

本章基于前文的理论基础,分别基于长江上游重庆、四川、贵州和云南四省(市),从农村产业融合发展模式、农村产业融合主体、利益联结机制等方面研究农村产业融合的实践进展,这对于有效把握长江上游地区农村产业融合发展阶段,进一步推动长江上游地区特色的乡村产业振兴,有效扩充农民的就业渠道以促进农民增收、实现农业农村现代化具有重要引导意义。

第一节 重庆农村产业融合发展实践

重庆作为西部唯一的直辖市,2016年,在竞争立项方式下,重庆成为全国12个农村产业融合发展试点省(市)之一,在市内20个区县(潼南区、荣昌区、江津区、忠县、九龙坡区、大足区、南川县、武隆区、开州区、万盛经开区、铜梁区、渝北区、沙坪坝区、巴南区、云阳县、奉节县、永川区、酉阳县、彭水县、石柱县)进行农村产业融合试点工作。自试点工作开展以来,农业产业化发展不断向纵深推进,涌现出观光农业、休闲农业、农村电商等新型业态,市场空间和发展潜力广阔,对农民增收、经济增长的带动作用日益显现。重庆各相关地区根据当地的资源优势、产业特点及历史文化，以"做优一产、做强二产、带动三产"为导向，全市农村产业融合发展劲头强劲，农业产业链条不断延伸，农业的功能得以挖掘与拓展，并且不断涌现出多种新型业态，日渐形成"各地不同，处处开花"的良好态势，有效带动了全市农民的创新创业热情，有力促进了全市农业的增效、农民的增收与农村的繁荣。

一 融合模式丰富多元

1. 农业内部产业重组型融合

农业内部产业重组型融合模式主要借助农业优势资源，通过调整与优化农业内部农、林、牧、副、渔业产业结构，促进种植业、养殖业、水产业等各子产业相互融合，促进农林、农林牧结合，建立起上下游产业之间的有机联系，有效地整合各类资源，实现保护环境、节约资源、促进农民增收的目的。对于农业内部产业重组型融合模式，以农业循环经济为例，近年来，重庆按照"以用为治、循环利用、变废为宝、化害为利"的思路和设施标准化、资源利用化、处理无害化、利用循环化"四化"路径，有效实现了畜禽粪便的"零排放"；同时，在新技术上，采用与推广秸秆粉碎还田、过腹还田，将秸秆用在养殖饲料、有机肥辅料、生物质天然气原料等方面，推动了资源的综合利用，实现了农作物秸秆露天的"零焚烧"。另外，重庆以发展特色效益农业为核心，探索出"猪—沼—菜""畜—沼—果—渣—饲""果—渣—肥""畜—沼—果—草"等环保节约的立体循环养殖模式，通过产出、利用、出售、再生产循环往复，有效改善了农户家居环境、提升了庭园经济效率、增加了农民收入。

2. 农业产业链延伸型融合

农产品加工业作为农村的第二产业，能够有效衔接农村第一产业与第三产业,其发展状况直接影响着农村产业融合的程度。2018年至2020年,全市农产品加工业总产值从2810.56亿元增加到3163.14亿元,年均增速6.1%[①]。据相关部门统计,截至2021年底,全市培育认定7个100亿级农产品加工区和8个农产品加工业示范园以及400户农产品加工业示范企业,农产品加工业总产值突破3000亿元,为全市农业高质量发展奠定基础。《重庆农产品加工业发展"十四五"规划》提出,"十四五"期间全市农产品加工业产值力争年均增长10%以上,总产值突破6000亿元,加工业产值与农业产值比达到2∶1。此外,重庆已经形成了农产品加工业品牌建设扶助计划,围绕品牌定位、产品规划、形象设计、营销策略等方面,推动农产品加工业品牌形象升级,有效增强了企业的品牌意识,提升了企业的品牌运作管理能力。

3. 农业功能拓展型融合

农业的功能主要体现在经济、生态、社会和文化等多个方面,农业功能拓展型融合模式通过发展乡村旅游、休闲农业、观光农业、农耕体验等新业态,深入挖掘农业的生态、旅游、教育、文化等功能来推进农业功能由生产向生态、生活拓展。近年来,在乡村振兴、旅游兴农的利好政策下,重庆依托大三峡、大库区、大山区、大生态形成的自然田园风光,越来越多的企业家,投身乡村发展,重庆乡村旅游规模壮大、态势良好,观光农业、休闲农业、体验农业次第涌现,通过"农房变客房,产品变商品,产区变景区",乡村旅游发展兴旺。例如,重庆市万州区推进乡村旅游与景区、小城镇、新农村、整村、片区融合,与易地搬迁扶贫、特色农业基地及园区建设结合,探索出"一村一景、一村一韵"的差异化发展模

---

① 郭发祥:《重庆农产品加工业目标:2025年总产值突破6000亿》(https://baijiahao.baidu.com/s? id=1723079867652027156&wfr=spider&for=pc)。

式，形成各村"百花齐放"的良性发展态势。石柱以"五彩乡村、风情土家"为主题，依托一大批特色资源，包括民宿、森林、湖泊、高山、峡谷、梯田、古镇等乡村原始景致，着力打造出一批休闲、观光、采摘、体验、研学等形式多样的旅游景点、观光点和体验点。2020年，全市培育休闲农业主体22407个，休闲农业从业人数64.01万人，实现乡村休闲旅游业经营收入658亿元、接待游客2.11亿人次、游客人均消费水平312元，较2016年分别增长88.5%、38.8%、35.8%。示范精品工程持续推进，累计打造乡村休闲旅游精品线路132条，建成地标项目268个，培育地域产品441个，创建全国休闲农业和乡村旅游示范县12个、全国休闲农业和乡村旅游示范点23个、中国美丽休闲乡村和美丽田园48个，认定市级休闲农业和乡村旅游示范乡镇139个、示范村（社区）338个、示范点506个[①]。

4. 高技术对农业的渗透型融合

高技术对农业的渗透型融合模式以物联网、云计算、大数据等现代信息技术为支撑，通过搭建网络销售平台，推进线上线下的一体化发展，加速农业全产业链的改造升级，实现农产品从"田头—餐桌""初级产品—终端消费"之间的无缝对接。近年来，高技术对重庆农业的渗透发展，主要体现在"互联网+农村"电商发展模式的积极推进，目前，全市围绕"电商+"主体、消费、脱贫、产业、服务五大发展形式，加速推动农村电商发展，具体涉及网上农贸市场、数字农家乐、特色乡村游、特色经济及招商引资等多个领域，总体上呈现出蓬勃发展的良好态势（见表3-1）。

---

① 重庆市农业农村委员：《重庆市乡村休闲旅游业"十四五"规划》（https：//wenku.baidu.com/view/d151fcd4920ef12d2af90242a8956bec0975a5af.html）。

表 3-1　　　　　　　重庆农村电商发展模式举措及成效

类型	举措	成效
电商+主体	第一，引进国内知名平台，发展引领主体。比如大力引进阿里巴巴、京东商城等知名企业，与之签署战略合作协议，不断推进京东帮与农村淘宝等项目落户重庆区县。第二，积极培育本土地方平台，壮大特色主体。例如，不断推动香满圆、天农八部等企业的创新发展，推进其扩大规模、做大做强，提升影响力，走出重庆	重庆借力阿里巴巴、京东、拼多多、抖音等市内外涉农电商平台及新媒体共同促销重庆农特产品。同时，推动全国首个以大数据和交易结算为核心驱动的"村村旺"市级农村电商综合服务平台上线运营，支持"易农惠"全国初级农产品产销对接公益服务平台建设，积极打造全市智慧商务大数据平台，促进产销对接。截至 2021 年，"村村旺"交易结算规模 79.09 亿元，交易大宗农产品 30.9 万余吨，线上注册网点 1308 个、激活门店 554 个、上架商品 4392 个
电商+消费	为了优化农村现代流通网络，推动农村消费结构升级，全市在电商与消费之间建立起市、区（县）、村三级电商体系。第一，通过联合阿里巴巴、京东商城、中国邮政等国内大型企业以开拓和扩大农村市场的边界；第二，在各大区县层面，依托当地效益较好的商贸龙头企业发展农村电子商务，助推线上线下融合发展	截至 2020 年，重庆市主城九区以外已建成集孵化、培训、数据分析、网货生产等功能于一体的农村电子商务公共服务中心 28 个，镇乡及村电子商务服务站点 5940 个，基本形成覆盖全市的公共服务体系。同时完善农村电子商务物流配送体系，重庆已建成电子商务物流公共仓储中心 29 个，乡镇快递覆盖率达到 100%
电商+脱贫	从多个方面推动电商脱贫发展，具体而言，一是在国家示范创建上，优先考虑贫困区县，二是在资金安排上，事先安排贫困村社，三是在电商站点的布局上，优先考虑贫困镇村，四是在农户的电商技术能力上，优先考虑贫困户，五是在特色产品销售上，优先安排贫困区县，六是在就业岗位上，优先考虑困难群众	全市一共安排 2.8 亿元中央专项资金，实现 14 个国家级贫困县全部纳入国家示范创建范围；切块 6000 万元的市级专项资金，优先扶持贫困村的电商扶贫项目；全市一共建立 1264 个贫困村电商服务站点，站点在贫困村覆盖率达到 65.9%。通过电商脱贫，全市培训贫困户总计 2.3 万人次，助力贫困农户销售农产品，销售额达到 5.6 亿元，助推贫困农户增收户达到 2.9 万户

续表

类型	举措	成效
电商+产业	借助网络预售、线上线下联动促销等方式，推动订单农业发展；同时，通过开展形式丰富的节庆活动，让农产品走向市场，扩大需求，以销促产服务现代农业	全市成功培育"天生云阳""三品一标"等22个各种区域性农村产品公共品牌，有效推动了农户增收
电商+服务	因地制宜探索形式多样的物流配送模式，例如形成"本土线下实体店+快递物流"模式，探索建立了乡村末端物流线路共享系统，鼓励区县培育农村物流龙头企业，多方位提高物流配送质量和效率	全市建立形成15个电子商务物流公共仓储中心与网货加工配送中心，有效缓解了农产品上行"最初一公里"、工业品下行"最后一公里"的农村电商发展在物流配送方面的难题

在上述四种农村产业融合发展模式中，相关地区普遍存在两到三种模式，以发展本地特色与优势农产品为重点，有利推进了特色农产品加工业、民族手工业、休闲农业、乡村旅游等产业的发展，各模式又互有交叉、互相补充，多业态复合模式尽显。例如，重庆酉阳县，在其产业融合发展的过程中，将乡村旅游与农村电子商务有机结合，依托当地"桃花源"旅游发展优势，建设起"网上桃花源"。一方面，大力发展农旅融合，打出"桃花源"的招牌；另一方面，打造公共品牌"酉阳淘源"，推销茶叶、禽蛋、大米、蜂蜜等6类网货商品，同时成立县农产品网销联盟，创新农产品线上模式。两种模式相结合，发挥了1+1>2的功效，为当地农民提供了大量就业岗位，促进了农民增收，有的试点区（县）的村镇甚至实现了整村脱贫。

二 融合主体不断壮大

农村产业融合是以农民及其相关生产的经营组织为主体，具体包括专业大户、家庭农场、农业产业化龙头企业及农民专业合作社等。2017年以来，重庆各区（县）、各部门在农村产业融合相关规划引领下，通过贷款贴息、以奖代补、先建后补、搭建平台等方式积极推进新型经营主体建设，在良好环境的营造上有力推动了农村产业融合的深入发展。相关资料显示，2021年，重庆全市农民工创办经济实体超过35万户，培育农村创业创新经营主体4.6万个，累计回引到村挂职、培育创业本土人才超过9000人，农村创业创新人员总数达到了12.6万人，带动就业人数118万人①。大部分经营主体既从事农业生产，同时也从事农产品初加工、农机社会化服务、农业技术服务、休闲农业开发等，有利促进了全市农村经济的发展。

三 利益联结机制日趋完善

紧密的利益联结机制是农村产业融合发展卓有成效的一个重要体现。近年来，重庆通过设立融合试点带动示范、启动项目进行引导、制定政策加以指导等方式，在订单农业上创新发展，目前已经形成了丰富多样的利益联结形式，比如最低保护收购价、股份合作、利润返还等，并且，采取"公司+合作社+农户""公司+基地+农民""农民入股+保底分红"等模式，促进了农户收入的提高。自2014年起，重庆就开始探索试点农业产业项目财政资金股权化改革，在财政支持农业企业、农民合作社的产业发展资金中，拿出一定比例的资金，用于土地流转的农户，或者给予项目所在地集体经济组织以持股参与分红。在主要涉农区县试点村级集体经济，通过混合经营、资源利用、物业管理、提供服务、

---

① 李茂佳、王丹妮：《重庆市农业农村委答封面新闻：2021年，重庆全市农民工创办经济实体超35万户》（https：//baijiahao.baidu.com/s? id =1722839356513002541&wfr = spider&for = pc）。

土地入股等方式,使试点村总收入增长明显。例如,2020年新冠肺炎疫情期间,涪陵41家榨菜企业和197个榨菜股份合作社采取"价格承诺、分散设点、同价同步"等措施,先后设立收购网点2000多个,实现了当地青菜头的应收尽收。而当地企业也通过转型升级、降本增效、研发新品等措施,来提高青菜头价格上涨的承载力。截至2021年,涪陵青菜头累计销售162.6万吨,销售总收入达21.8亿元,同比增长53%;60万菜农人均收入3101元,同比增加62%[①]。

第二节 四川农村产业融合发展实践

随着农业生产方式、组织经营方式、农民择业观念的不断变化,以及城市化进程的不断推动,四川省农村产业融合创新发展通过产业间相互渗透、交叉重组、前后联动、要素聚集、机制完善和跨界配置,不断成长壮大。

一 融合模式丰富多元

四川省发展优势特色产业,加快整合农业产前、产中、产后各领域融合,不断提升农业综合效益。第一,加快农业产业结构优化调整。明确特色优势主导产业,精准定位有机农业、循环农业方向,从源头生产入手,强化农田生态保护,坚持农业标准体系建设,严格生产全过程管理,做强、做大、做精产业,提升产品核心竞争能力。第二,延伸产业链条。支持农产品产地初加工、精深加工发展和冷链物流体系建设。加强政策引导与扶持,鼓励和引进大

---

① 佚名:《重庆涪陵实行利益联结机制 60万菜农人均收入同比增加62%》(http://sannong.cctv.com/2021/03/29/ARTI3igXAY0qwzEZkfFiy2aA210329.shtml)。

型农业企业，投入农产品初加工和精深加工领域。第三，拓展农业多种功能，立足产业、生态、区位优势，提升农业农村生产生活基础设施水平，既保持农村特色的田园风光，又要有舒适、便捷、现代化的生活质量，深入挖掘重要文化遗产传承、美丽乡村建设等农耕文化与农业生态休闲旅游融合发展，提升农业服务业水平。第四，发展新业态，引导产业聚集。综合运用大数据、物联网等现代信息技术，改进检测统计、预警分析，发展电子商务等手段，将加快整合农业产前、产中、产后领域中各类优秀企业进入平台体系，培育各个细分领域的龙头企业，打造服务于有机农业的完整产业体系，形成农业全产业链企业集群[1]。

1. 农业内部产业重组型融合

以农牧结合、农林结合、循环发展为导向，调整优化农业种植养殖结构，发展高效、绿色农业，以高效益、新品种、新技术、新模式为主要内容的"一高三新"发展模式。种植与养殖业相结合重构立体循环经济，同时与工业、物流、电子商务、金融保险、房地产业，以及旅游餐饮养生养老等多种服务业结合起来，增加与丰富乡村产业的多元化业态。扩展并利用现代绿色农业的多种价值与功能，提升农村经济综合协调的附加值。催生"林下养鸡""稻田养鱼（虾、蟹）""鸭稻共生"等业态。对于农业内部产业重组型融合模式，以复合种植生产模式为例，近年来，四川省三台县进行冬麦生产模式创新，复合种植以增产增效。采用"粮—药"复合模式、"粮—药—菜（露地）"复合模式和"粮—药—高架菜—菜"复合模式。以其中"粮—药—高架菜—菜"复合模式为例，全县推广面积5000亩，是经济价值最高的种植模式，实现"一年麦冬、

---

[1] 赵冰、吴政文、李邵：《农村一二三产业融合发展模式研究——以四川省攀枝花市盐边县为例》，《农业科技通讯》2019年第9期。

一季粮食、两季蔬菜"复合种植①。

2. 农业产业链延伸型融合

自四川农产品精深加工产业机制成立以来，在机制办和各成员单位共同努力下，始终聚焦园区建设、企业培育、项目招引、创新驱动、要素保障等关键环节，狠抓产业高质量发展，各项工作取得了积极成效。截至2019年，为做大做强农产品精深加工产业，四川省确定了76个农产品精深加工产业重点项目，76个重点项目涉及川酒、川茶、粮油、调味品、肉奶制品、果蔬加工等多个领域②，总投资达342.7亿元。规模以上农产品精深加工企业实现营业收入4195亿元，增长8.1%。2020年1—8月，全省1842户规模以上农产品精深加工企业实现营业收入2799.8亿元，增长3.1%，农产品精深加工产业总体呈现出稳中有进、稳中提质的态势③。通过大力发展农畜、林产品初加工和精深加工，累计建成产地初加工设施设备1.76万座，产地初加工能力达600余万吨，初加工率达60%。聚焦白酒制造、肉制品加工等"川字号"优势特色产业，四川省做大做强农产品区域公用品牌、推进绿色食品、有机产品、道地药材认证，打造农产品地理标志。大力实施品牌建设工程，"三品一标"总数达5690个，新增全国名特优新农产品13个，纳溪特早茶、四川泡菜等11个产品进入中欧地理标志协定首批保护名录④。

3. 农业功能拓展型融合

四川省依托乡村旅游资源，深入开发农业在观光旅游、养生保

---

① 佚名：《农业农村部乡村产业发展司司长：振兴乡村产业的奥秘——"六向融合"模式；如何振兴？要以"融合"为引领。如何融合？》（https：//www.sohu.com/a/329027648_776128）。

② 李梦洁：《做大做强农产品精深加工产业四川省确定76个重点项目》（https：//www.cf-sn.cn/front/web/mobile.shengnewshow？newsid=2641）。

③ 张明海：《1至8月，四川规上农产品精深加工企业实现营收2799.8亿元》（https：//sichuan.scol.com.cn/ggxw/202011/57945814.html）。

④ 国家发展改革委员会：《经验分享｜四川省推进农村产业融合发展示范园创建经验总结》（https：//baijiahao.baidu.com/s？id=1717493407456508873&wfr=spider&for=pc）。

健、科普教育、环境保护、文化传承等方面的功能，拓宽农业增值空间，全方位提升产业竞争力。四川省推动乡村各类资源景观化，推进农（林）业园区、森林公园、水利风景、古镇新村等各类乡村资源创建各类旅游品牌，鼓励发展民宿旅游和休闲农庄、养生山庄等特色业态经营点。打造省级示范农业主题公园47个，2020年休闲农业与乡村旅游营业收入达1365.8亿元。

突出打造"环成都乡村休闲旅游带""环重庆乡村休闲旅游带""秦巴山森林康养经络带"等。大力发展乡村旅游合作社和乡村旅游创客示范基地。四川省打造了环城市"天府农家"、川西"藏羌风情"、川东北"苏区新貌"、川南"古村古镇"等乡村旅游特色板块。"在乡村旅游从观光式旅游过渡为度假式深度体验游契机下，突出乡村特点，挖掘文化内涵，有力促进了四川乡村旅游提升发展"。[①]

成都作为四川省乡村旅游发展的先驱，2020年乡村旅游接待游客1.33亿人次、总收入515.6亿元。坚持农商文旅体融合发展，促进乡村生态价值转化，具体包括"三个创新"：创新"农业+"产业融合模式，按照"产业功能区+特色镇+林盘（园区、景区）"方式，推动农业与文创、商贸、旅游、会展、体育等产业有机融合；创新市场化运营机制，按照"政府主导、市场主体、商业化逻辑"，引导社会资本与集体经济组织合作联营；创新商业化场景模式，按照"景观化景区化、可进入可参与"，形成以绿道蓝网为纽带，以特色镇、川西林盘、精品民宿互为支撑的高品质生活消费场景[②]。

[①] 官远星：《乡村旅游的四川"经验"：多措并举加速产业提质发展》（http://www.nbd.com.cn/articles/2018-10-25/1266563.html）。

[②] 罗昱、章华维：《成都2020年乡村旅游总收入500多亿元怎么来的》（http://sc.people.com.cn/n2/2021/0612/c379471-34774133.html）。

4. 高技术对农业的渗透型融合

近年来，四川省以农业为基本依托，通过应用现代科学技术和管理理论，对农业、涉农产业生产经营的具体环节进行改造升级，催生新业态，提高生产效率，降低生产经营成本，增加产品的科技含量，实现农业、涉农产业经济效益最大化。例如在四川大凉山深处，"离太阳最近，离城市最远"的国家地理标志产品盐源苹果，已借助电商打造亿级产业。盐源苹果电商产业自2015年起步，经过短短几年发展，苹果线上销售占比跃升至50%左右，从养在大山的"丑苹果"，逐渐成为全国消费者熟知的"网红苹果"。《2021农村电商发展趋势报告》指出，2020年盐源苹果在拼多多"苹果畅销榜"排名第一，打败了其他产区的苹果。

目前，全省围绕"互联网+"制造、农业、主体、交通物流四大发展形式，加速推动农村互联网发展。四川是农业大省，拥有丰富优质的农副产品，资源优势突出，京东、苏宁等国内电商巨头纷纷表示看好。省农业厅牵头推进"互联网+农业"，组织专题培训、深化认识，创建专家团队，培育试点、示范带动，将"互联网+"纳入四川省农业"十五规划"的专题规划，还与百度合作，帮助四川省农业企业转型升级。例如眉山市智慧农业大棚，是西南地区单体面积最先进的智慧农业，项目总规划面积为1283亩，计划投资15亿元，建成6个单体面积在105亩及以上的现代化智能温室连栋大棚。项目一期工程占地202亩，单体大棚面积112.8亩，总投入1.5亿元。项目一期温室中每平方米番茄产量达75公斤左右，一个温室全年产量达5000吨以上，是普通温室大棚产量的5—8倍，是普通温室大棚产值的8—12倍，产值可达到1.2亿元以上[1]。

---

[1] 李媛莉、李庆、王越欣：《每平米产番茄75公斤，看四川东坡区"超级大棚"如何成为成都"菜篮子"》（https://www.toutiao.com/article/6898933995141071373/?wid=1658214701249）。

二 融合主体不断壮大

产业融合必须依赖有带动力的产业化生产主体和有较高素质的经营人才，因此，四川强化对专业大户、家庭农场和合作等新型经营主体的政策支持，把扶持农民工和大学生返乡创业作为重点促进一、二、三产业融合发展，充分发挥新型集体经济组织的引领作用，引导各类主体投资农村产业融合发展。坚持以市场为导向，激发各地培育出一批带动作用突出、产业功能互补、综合竞争力强的农村产业融合经营主体，不断提高产业融合发展的规模和水平。第一，做强龙头企业，发挥引领作用。实施农业产业化龙头企业"排头兵"工程，全省已培育国家级农业龙头企业75个、省级902个、市级2542个，龙头企业实力稳步增强，成为农村产业融合发展的骨干力量。第二，做大专业合作社，发挥带动作用。深入开展农民专业合作社示范社建设行动，创新经营机制，规范运作行为，鼓励支持创建层次更高的联合社。全省累计培育农民合作社10.79万个，其中省级示范社3000个，国家级示范社418个，成为农村产业融合发展的中坚力量。第三，做优家庭农场，发挥基础作用。出台《四川省家庭农场省级示范场评定暂行办法》，深入开展示范场建设行动，在不同产业领域培育一批家庭农场示范典型，建成家庭农场14.61万家，累计命名家庭农场省级示范场2536家，成为农村产业融合发展的新兴力量。第四，做活供销社，发挥纽带作用。充分发挥供销社深入农村、综合服务的优势，不断拓展经营服务领域，积极探索适应农村产业融合发展的社会化服务形式，乡镇供销社覆盖率提升到92%，全省18个市实现乡镇全覆盖，成为农村产业融合发展的重要力量[①]。

---

① 国家发展改革委员会：《经验分享｜四川省推进农村产业融合发展示范园创建经验总结》(https：//baijiahao.baidu.com/s?id=1717493407456508873&wfr=spider&for=pc)。

三 创新利益联结机制

因地制宜，不断探索实践，在订单收购等传统利益联结模式的基础上，大胆创新利益联结机制，引导产业链各环节的参与主体形成利益共同体，确保农民合理分享全产业链增值收益，有力促进农民增收致富。2020年全省第一产业增加值达5556.58亿元，同比增长5.2%，农村居民人均可支配收入为15929元，同比增长8.6%。南充市西充县"元斗桃园"以"合作社+农户"的形式，流转该村土地260亩，吸引80多户当地农户以现金或土地入股，带动群众增收致富，实现每年人均增收1万余元。眉山市仁寿县示范园吸纳示范园内农户入股分红，按时兑现农户分红款3450万元，兑现村集体经济组织分红款600万元，贫困户人均纯收入净增25%，户均增收7500元。

四川省在产业融合发展中充分保障农民获得合理的产业链增值收益，探索构建紧密的利益联结机制，努力实现农民持续增收。积极探索"农业企业+专业合作社+基地+农户""公司+基地+农户""公司+专业合作社+农户""公司+家庭农场+农户""管委会+投资公司""共享农庄"等模式。例如，四川宜宾市翠屏区创新党建引领"三建三带"（建产业党总支带动产业发展、建党员合作社带动农户增收、建幸福和谐大家庭带动新风尚）、"两定一返三包"（定标准、定价格；返利润；包全部现金收购茶农茶鲜叶不打白条、包全程无偿技术培训服务、包茶农合作入股资金保值增值）等利益联结模式，与产业链各方利益主体真正结成产业共同体、利益共同体和命运共同体，共享产业发展成果，助力茶农持续稳定增收。

四 川台农业合作深化发展

近年来，四川农业外向性发展水平不断提升，国际化程度不断提高，农业"走出去"步伐不断加快，开放合作范围不断扩宽，农业合作机制不断建立健全。农博会和四川台湾农业合作步上新台阶，成为四川农业领域开放合作的特色，"跨界"发展成果丰硕。川台农业合作对于推动四川农村三次产业融合发展、助推四川农业的专业化、市场化、国际化、品牌化发展具有深远意义。两地农业互补，理念交会、智力碰撞，交流层次高，涵盖内容广，在交流中互相启发、共同提高，赋予了农业崭新理念。鼓励台资企业通过入股、合作、自建等形式，来川兴办农业新型经营主体，发展农产品精深加工、休闲农业、生态康养、创意农业、乡村旅游、农村电商等产业，投资农村一二三产业融合新业态。支持创办研发中心、生产服务公司、发展投资公司等农业社会化服务机构。在川台资农业项目已达200多个，投资超过20亿美元，涵盖农产品生产加工、生态有机农业、休闲观光农业等多个领域[①]。

第三节 贵州农村产业融合发展实践

2016年，贵州省都匀市，安顺市平坝区、兴义市、麻江县4个县（市、区）入选全国农村产业发展试点示范县，并分别就产业链延伸型、农业内部融合型、功能拓展型和多业态复合型进行试点。随着试点工作的不断开展，产业融合发展趋势不断扩展，长顺县、修文县、绥阳县、江口县、龙里县、西秀区、安龙县、盘州市、铜仁市石阡县园、黔东南州榕江县、铜仁市玉屏侗族自治县、兴仁县、麻江县农村产业融合发展示范园入选国家农村产业融合发展示范园创建名单。贵州省以大扶贫、大数据、大生态三大战略行动为

---

① 钟太刚：《川台农业合作下四川农村三次产业融合发展的思考》，《现代商贸工业》2017年第23期。

统领，以构建现代山地特色高效农业产业体系为基础，以现代高效农业园区为载体，在引导农产品加工业快速发展的同时，推动农业与休闲旅游、教育文化、健康养生等不断融合。随着农业产业化发展向纵深推进，不断涌现出休闲观光农业、农村电商、生态休闲养生等新产业新业态，达到产业跨越式的发展和转型升级，加之市场空间和发展潜力广阔，对农民脱贫增收、经济增长的带动作用日益显现。

一 融合模式丰富多元

农业除了为社会提供粮食和棉油糖、肉蛋奶、果菜茶等重要农产品的基本功能外，还具有供给工业原料的经济功能、农村就业与农民养老的社会保障功能、传承农业文化的文化功能、提供田园景观与体验场所的休闲功能、保护水土资源和生物多样性的资源保护功能、提供绿地与维持生态平衡的环境保护功能[①]。不同功能的拓展为农业内部产业之间、农业与外部产业之间的融合提供了"融点"，从而衍生出农村产业发展的新要素、新模式和新业态。贵州探索出多种比较典型的"园区＋"农村产业融合发展模式，如以湄潭县茶文旅一体化为代表的农文旅一体融合发展模式、以水城县猕猴桃产业"三变"改革为代表的股份合作型融合发展模式、以兴仁县产城景互动为代表的复合型融合发展模式以及技术渗透型融合模式等，贵州省农村产业融合发展路径可以归纳为图3-1。

1. 农业内部产业重组型融合

农业内部产业重组型融合是充分发挥当地资源优势，以新品种、新模式和新技术为支持，形成具有本地特色的，种植业、养殖

[①] 李俊岭：《我国多功能农业发展研究——基于产业融合的研究》，《农业经济问题》2009年第3期。

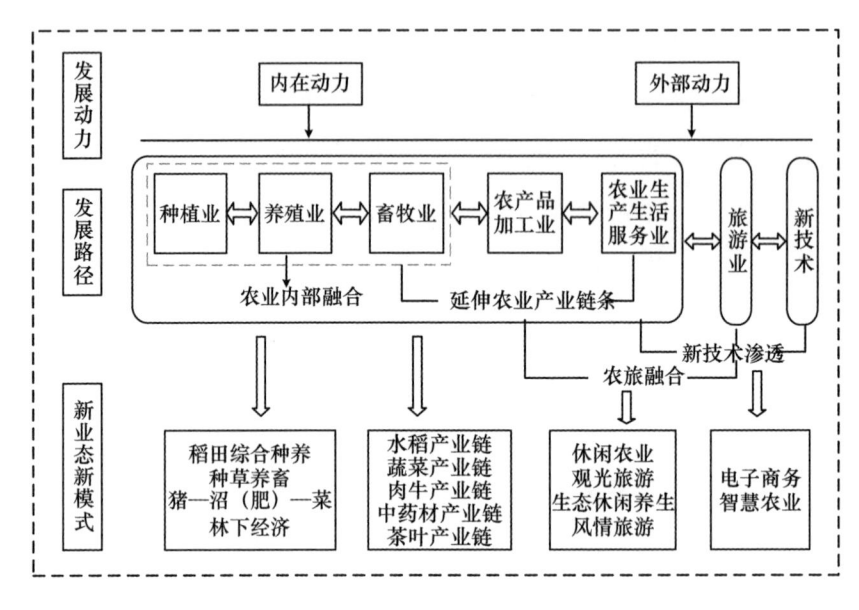

图 3-1　贵州省农村产业融合发展实践

业、畜牧业紧密联系的"减量化、资源化、再利用"的循环产业链,以绿色、环保、节能减排、资源综合开发和循环利用的理念贯彻整个模式的实践过程。近年来,贵州省以农牧结合、农林结合、循环发展为导向,以区域农业废弃物"零排放和全消纳"为目标,大力发展种养结合循环农业,以沼气工程和有机肥工厂为纽带,通过生物链重新整合,发展粮食、蔬菜、水果、茶叶、中药材等绿色种植业和生猪、肉牛、灰鹅等生态养殖业,实现种植业与养殖业相互融合、区域农业废弃物生态消纳和循环利用,形成生态农业等新型产业形态。例如,以稻田综合种养为主导模式,发展稻—鱼(虾、蟹、鸭)立体生态农业模式,构建水稻与田鱼(鸭)共生的自我平衡生态系统,生产绿色有机农产品;以种草养畜为主导模式推进"粮改饲",发展饲用枸树、青贮玉米、皇竹草、羊草等牧草,支撑以肉牛为主的草食畜牧业发展;以猪—沼(肥)—菜为主导模式,建设集中连片标准菜园,推进规模化生猪养殖场标准化改造,发展蔬菜和生猪产业；以林下经济为主导模式，建设精品果园和生态茶园，充分利用林下资源，发展林下养殖绿壳蛋鸡、猪、山羊、牛、药用动物等，开展林下种植食用菌、蔬菜、药材等，发展特色林果和畜禽产业。

2. 农业产业链延伸型融合

"十三五"时期，贵州在保持粮食生产稳定的同时，农村产业全面发展，推动全省第一产业增加值年均增速达 6.2%，位居全国前列，特别是辣椒、茶叶、蓝莓、李子、猕猴桃、百香果、火龙果、刺梨等产业规模名列全国前茅，蔬菜、食用菌产业规模进入全国第一方阵，形成了较强的知名度和影响力，为农产品加工业提升发展奠定了坚实基础[1]。例如，平坝县建设育秧工厂、高端水稻原料生产基地、稻作文化博览园、石碾米加工厂等项目，打造"种植、观光—加工、体验—品牌销售、健康养生—文化传承"水稻产业链；建设集约化育苗、生产加工、集中交易、冷链物流和电商展示等蔬菜产业化服务项目，构建从田园到餐桌的绿色蔬菜供应体系，打造"集约化育苗—规模化种植、农耕休闲—采后加工、美食体验—冷链销售"蔬菜产业链；建设优质肉牛养殖原料供应基地、全清真肉牛屠宰加工中心项目，打造"养殖育肥、牧场观光—专业特色交易、屠宰加工、工业观光—线上线下品牌化销售"肉牛产业链；建设牡丹花园、百草园、道地中药材种植基地、加工交易市场、养生药谷等项目，打造"药材种植—加工—交易物流—健康养生"中药材产业链；开展生态茶园标准化改造，推广茶艺进茶园模式，建设茶韵休闲农庄，打造以精致茶园、精品茶叶、精湛茶艺为特色的"种茶、茶园观光—采茶、采茶体验—制茶、制

---

[1] 苟红礼：《大力发展农产品加工业 为农业现代化提供强大引擎》，《贵州日报》2021年9月22日第5版。

茶体验—品茶、茶膳—茶艺表演"茶叶产业链。"十三五"时期，贵州农产品加工规上企业达到1217家，农产品加工业实现总产值6669亿元①。

贵州坚持补链、延链、强链相结合，着力延长产业链条，加快发展农产品加工业。以县域为重点，因地制宜、分级分类推进农产品加工业，引导其合理布局、适度集中。同时，加强重点加工企业原料基地建设，引导加工企业向农业优势产业、优势区域聚集发展，建设一批农产品加工强县、强镇和加工园区。支持农民合作社、家庭农场和中小微企业等发展农产品产地初加工，提高产品质量和生产效益。引导大型农业企业加快生物、工程、信息等技术集成应用，加强产学研深度合作，发展农产品精深加工，开发加工新产品新工艺，实现多次增值。除此之外，选择一批成长性好的企业和具有精深加工潜力的单品，集中力量进行重点打造。推进综合利用加工，推进加工副产物循环利用、全值利用、梯次利用，提升增值空间②。

3. 农业功能拓展型融合

农业功能拓展型融合打破传统农村三大产业相互隔离的状态，依靠各个产业环节的功能互补进而整合，使产业形成有利互补，主要体现在农业与旅游、教育、文化、大健康医药等产业融合，衍生出农业观光、休闲农业等新业态以满足日新月异的市场需求。近年来，贵州高度重视乡村旅游发展，贵州依托绿水青山、田园风光、乡土文化等资源，以推进"四在农家·美丽乡村"基础设施建设六项行动计划为抓手，培育打造了一批具有贵州山地特色的休闲农业

---

① 杨茜:《"十三五"期间：贵州农产品加工业实现总产值6669亿元》(http：//www.gz.chinanews.com.cn/zxgz/2021-10-28/doc-ihasizte3699005.shtml)。

② 刘悦等:《贵州：做强农产品加工业 推动特色产业全产业链发展》(https：//baijiahao.baidu.com/s? id=1714831892577471719&wfr=spider&for=pc)。

和乡村旅游村寨，建设一村一品、一村一景、一村一韵的魅力村庄和宜游宜养的景区景点，实现产村景旅融合、打造宜居宜业宜游的美丽乡村，为拓展农业功能、发展休闲农业和乡村旅游奠定了坚实基础。

各地充分利用自然资源条件和农业特色优势，把生态、绿色、高效理念融入休闲农业和乡村旅游的发展，从市场需求入手，把休闲农业和乡村旅游作为探索"绿色生态+"特色产业、产业扶贫等发展模式的重要抓手，注重把握重点、挖掘亮点、突破难点，有效促进了休闲农业和乡村旅游转型升级和快速发展。贵州乡村休闲旅游业发展呈现出多模式、多载体的发展特点。一方面是多种模式运行，包括"农家乐"模式、农民与市民合作模式、连片开发模式、产业带动模式、休闲农场或观光农园模式、科普教育模式、民俗风情旅游模式、休闲度假模式等；另一方面是多种载体并用，包括以知名产地为载体、以特色产品为载体、以优美环境为载体、以节庆活动为载体、以民俗文化为载体、以农业科技观光为载体等。

有关资料显示，贵州休闲农业与乡村旅游整体呈现"井喷"式增长，截至2020年底，全省休闲农业与乡村旅游经营主体10552个，比2019年同期增加503家；接待人次近11159.26万人次，同比增长14.3%；实现营业收入120.4亿元，同比增长10.3%；实现利润31.4亿元。休闲农业经营主体从业人数达到25.5万人，其中农民就业人数达到23万人，从业人员年均工资额2.51万元，带动农户22.5万户[①]。

据贵州省文化与旅游厅数据，截至2021年，贵州开展乡村旅游的自然村寨突破3500个，有全国休闲农业与乡村旅游示范县10

---

① 邓钺洁：《贵州原生态自然风光和民族风情成增收"富矿"——把乡村旅游产业建在农民利益链上》，《贵州日报》2021年4月10日第2版。

个、全国休闲农业与乡村旅游示范点20个、全国乡村旅游重点村38个，乡村旅游接待人次占到全省旅游业的比重不断提升。2021年，贵州6个案例入选文化和旅游部发布的《体验脱贫成就·助力乡村振兴全国乡村旅游扶贫示范案例选编》100个示范案例，并列全国第一；2个案例入选世界旅游联盟发布的《2021世界旅游联盟——旅游助力乡村振兴案例》50个案例。

截至2022年4月，贵州省已创建省级以上乡村旅游重点村镇323个，入选全国乡村旅游重点村镇49个，排全国并列第3位。贵州评选标准级以上乡村旅游村寨、客栈、农家乐（经营户）7150家，其中甲级村寨、精品级客栈和五星级经营户达420家。累计投放贷款超过84.65亿元，支持超过6.36万户乡村旅游经营户发展。在民宿发展方面，形成万峰林、梵净山、黄果树等民宿集群，涌现出水东乡舍、花都里、群山之心等一批本土民宿品牌，兴义市峰兮半山、荔波县瑶池小七孔等2家民宿入选全国首批31家甲级旅游民宿并列全国第一[①]。

随着乡村旅游景区规模、接待人数以及产品服务品质的提升，贵州乡村旅游收入不断增加，乡村旅游发展改变了传统依赖农业生产的经济发展方式，推动了农村经济多元化发展。下一步，贵州将实施乡村旅游品牌创建工程、标准建设工程、民宿发展工程、融合发展工程，乡村旅游差异化、品牌化、特色化、高质量发展。在民宿发展方面，将通过强化顶层设计、强化政策扶持、强化标准支撑、强化资金支持、强化宣传推广五个方面的措施，推动集约化、集群化、规范化、规模化、品牌化发展和民宿旅游目的地打造。

---

① 张义兰：《贵州入选全国乡村旅游重点村镇49个，排全国并列第3位》（https：//www.sohu.com/a/544669355_121123690）。

4. 高技术对农业的渗透型融合

贵州充分利用作为全国首个大数据综合试验区的优势,将大数据、互联网等新技术渗透农业产业发展过程。为实现农业新技术融合实施"互联网+现代农业"专项行动计划,利用互联网提升农业生产、经营、管理和服务水平,培育精准、便捷、特色鲜明的现代山地生态农业新模式,在辣椒、茶叶、食用菌、生态家禽、农业园区等重点产业和区域,组织开展基于物联网和知识模型的智慧农业建设,逐步建立农产品、农资质量安全追溯体系,推动互联网与农业领域各环节深度融合。此外,强力推进农村电子商务发展,开展电子商务进农村示范工作,着力培育农村电子商务市场主体,搭建农村电子商务发展平台,加快构建农村电子商务服务体系和人才支撑体系,推动黔货出山、网货下乡。

目前,已经形成了"大数据+"园区、产业、服务、追溯、销售五大发展模式,借助大数据推动智慧农业的发展,促进以大数据为代表的新技术对农村产业的渗透型融合。随着大数据等新型技术手段的广泛普及,2018年以来,贵州省共培育70个国家级电子商务进农村示范县和23个省级电子商务进农村示范县,建成县级电商运营服务中心60余个、村级电商服务站点1.02万个,快递物流覆盖全省80%的乡镇[①],并先后在猕猴桃、蓝莓、马铃薯、茶叶生产基地试点开展农业大数据应用,推广部署环境实时监测系统,实现环境实时感知和控制,提升便捷化、精准化生产管理水平。同时,建成"果蔬生产管理信息服务平台",实现"生产数据分析""产地准出管理""检测数据自动上传""标签自动打印"等功能,借力大数据不断推动智慧农业发展实现重大突破。"大数据+"具

---

① 刘久锋:《"农业云"结出智慧果——数字乡村建设的贵州探索》,《农民日报》2019年6月4日第1版。

体发展模式情况见表3-2。

表3-2　　　　贵州农村"大数据+"发展模式举措及成效

类型	举措	成效
大数据+园区	"大数据+园区"打造"可视园",应用5G、物联网、大数据、云服务等技术建设可视化观光园,打造园区的"耳目",让农业生产变得"高大上"。打造可视化大数据观光体验园,使消费者可通过App、微信小程序、微信公众号等进行认购,随时查看认购果树的实时环境数据	例如,灵林农业在修文县谷堡镇折溪村打造了占地1000亩的可视化大数据猕猴桃观光体验园;谷堡镇折溪村打造3300亩可视化大数据观光体验园,2020年,修文县建立42个采摘园区,3.6万株猕猴桃树被游客认购
大数据+产业	探索大数据赋能特色农业产业,将农产品种植接入互联网大数据平台;数字技术赋能民族文化与旅游融合发展,以乡村旅游为载体振兴乡村经济	"一码游贵州"收录全省415家A级景区、酒店、文化场馆、餐饮、民宿、景区手绘地图、精品路线、攻略指南等两万多条基础数据,全面覆盖门票预约、旅游咨询、语音讲解、公服定位、投诉建议等多项服务,使游客享受到快捷方便的旅游服务;形成了覆盖茶叶、食用菌、蔬菜、牛羊、特色林业、水果、生猪、中药材、刺梨、生态渔业、辣椒、生态家禽12个特色优势产业的农村产品公共品牌
大数据+服务	通过各大数据平台,搭建"线下+线上"的农资供需平台为农户提供农业服务、农业专家咨询服务、农产品订单式销售服务;建立从农资供应、种植养殖、专家服务、农产品采收的全产业闭环服务链	截至2020年,全省建成益农信息站点13290个,其中标准社8310个,专业社1437个,简易社3543个,共培训信息员合计13290人

续表

类型	举措	成效
大数据+追溯	大力推广国家农产品质量安全追溯管理信息平台推广应用,常态化开展基地巡查,引导种植企业完成智慧农业改造,规范企业生产规范,对产品的生产、仓储、物流运输、销售终端等环节采集数据并追踪,切实提高农业生产数字化、精准化、可视化和智能化水平	截至2020年,全省共有6114家农产品生产经营主体入驻国家平台、入驻数量位居全国第三,2020年以来开展巡查检查808次
大数据+销售	强化大数据在农产品销售上的应用,运用大数据技术对全国、周边省份和全省相关农产品价格、成本等市场情况开展动态监测,发展农村电商,借鉴"通村村"农村客运服务平台人车配对模式,做好目标市场的精确定位、销售价格的精确评估、销售数量的精确预报,实现产销有效对接	2018年上半年,全省网络零售额实现69.84亿元,同比增长36%

在上述四种农村产业融合发展模式中,相关地区普遍存在两到三种模式,依据各地特色,遵循经济发展规律,有序推进特色农产品加工业、休闲农业、乡村旅游、康养等产业的发展,各模式互有交叉、互相补充,多业态复合模式尽显。例如,贵州兴仁市立足"中国薏仁米之乡"和"中国长寿之乡"优势,紧紧围绕薏仁米这一特色产品,打造了世界独有的"兴仁薏仁米"品牌。在产业融合发展过程中,兴仁以薏仁米为主导产业,形成了以红心猕猴桃、有机茶、五星枇杷、树莓等特色产业为辅的现代农业发展示范园区,并在此基础上实现薏仁米加工业等产业链的延伸。此外,将薏仁米与农旅、康养结合,一方面,通过"薏品田园"小镇、凤凰小镇和屯脚"苗村水乡"小镇建设,形成薏仁生态产业园区、易地移民搬

迁安置区、乡村旅游区三区互动，实现了"多业态复合发展"的农村产业融合发展示范园，创造出多层次、多人次、多时段增收的立体扶贫模式和脱贫攻坚与产业发展、城镇发展、山地精品农业发展良性互动的新常态社会开发模式；另一方面，以"薏博会"为平台，实现薏仁米产业会盟，借助薏仁产业特色及黔西南山地旅游优势，将兴仁多业态复合型国家农村产业融合发展示范园打造成山地旅游夜归地。多业态复合型国家农村产业融合发展示范园成为兴仁市退出国家级贫困县、巩固脱贫成效的重要载体和经济社会发展的重要引擎。截至2019年，示范园接纳易地扶贫搬迁和扶贫生态移民安置6319户26240人，其中建档立卡贫困户4708户19552人，吸纳就业13902人，薏仁米产品营业性收入达26亿元；接待游客200万人次，实现休闲农业和乡村旅游综合收入6000万元[①]。

二 融合主体不断壮大

农村产业融合是以农民及其相关生产经营组织为主体，具体包括专业大户、家庭农场、农业产业化龙头企业及农民专业合作社等。近年来，贵州通过招商引资、财政奖补、金融扶持、集群发展等一系列政策措施，积极培育龙头企业和职业农民，不断发展壮大合作社、家庭农场等新型经营主体。截至2017年，国家级龙头企业25个，省级龙头企业711个，农民专业合作社60211户[②]；截至2018年底，全省家庭农场数量达8447家，其中县级以上示范家庭农场3236家；家庭农场经营收入23.07亿元，平均每个家庭农场27.31万元；家庭农场雇用贫困户劳动力6125人，辐射带动贫困人

---

① 罗振飞：《兴仁农村产业融合发展示范园入选国家首批示范园创建单位》（http://www.ldqxn.com/news/xingren/20190213/449262.htm）。

② 佚名：《青山绿水为羽翼 产融助力飞更高》（http://nynct.guizhou.gov.cn/ztzl/nccyfz/201811/t20181120_25657934.html）。

口 2.37 万人①。不少地区采用"家庭农场＋合作社""家庭农场＋企业""家庭农场＋社会化服务"等方式发展联合合作，苗乡风情家庭农场不但领办合作社和公司，而且带动了附近几个村50多个小农户发展，通过"家庭农场＋合作社（公司）""核心家庭农场＋小农户"的方式，把猕猴桃做成了当地农户脱贫致富的特色产业。此外，"公司＋合作社（基地）＋农户"等产业化运行方式不断丰富，成为拉动产业融合发展的关键力量，遵义市以"龙头公司＋合作社＋农户"发展模式，大力发展蔬菜产业，年亩均产值超3万元。施秉县通过推广"企业＋合作社＋基地＋农户"模式，统筹引导企业、合作社下沉资源，发挥基地辐射作用，带动周边散户增收致富，实现从集群式发展到规模化生产的新突破，确保各利益主体共享农村产业融合带来的增值收益。贵安新区桥头村经过实践经验探索出"政府＋公司＋合作社＋基地"的农村产业融合发展新模式，使全村折耳根规模化生产达400亩，村民年人均净收入约12000元，更好地发挥了资金的价值、发挥了市场导向作用、发挥了农民主体的积极性，取得了显著的经济效益。各大经营主体通过从事农业生产、农产品初加工、农机社会化服务、农业技术服务、休闲农业开发等，促进农村经济发展。不同市、区（县）根据自然条件、资源禀赋和当地特色选择适应于其发展的产业并采取通过一系列的政策措施、技术服务等使各经营主体间形成符合当地发展要求的主体合作模式，进而更好地促进农村经济发展。

三　利益联结机制日渐完善

农户、农民专业合作社与龙头企业等多元主体在获取信息、争

---

① 农业农村部政策与改革司：《全面实施好家庭农场培育计划——贵州省家庭农场调查》，《农民日报》2019年9月23日第7版。

取政策支持的能力上存在差异，权责利和收益分配模式不够明晰，这使各经营主体在利益分配和风险分担方面存在差异，构建有效的利益联结机制，激发多元主体的活力，形成优势互补、风险共担的发展格局显得至关重要。近年来，贵州充分发挥"龙头企业+合作社+农户""龙头企业+家庭农场""龙头企业+社会组织+农户"的经营模式，通过"订单收购+利润分红"利益联结方式，"保底收益+按股分红""保底收益+按股分红+按交易分红""保底收益+按股分红+劳务收入"等分配方式，明确资本参与利润分配的上限，充分维护农民利益，构建企业与农户之间紧密的利益联结机制，实现"资源变资产、资金变股金、农民变股东"改革，把产业发展落实到促进农民增收上来。

第四节　云南农村产业融合发展实践

近年来，云南省深入贯彻落实习近平总书记关于"三农"工作重要论述和考察云南重要讲话精神，按照国家发展改革委的安排部署，把国家农村产业融合发展示范园作为推进乡村产业振兴、培育农村发展新动能的重要载体，充分发挥示范引领作用，以完善利益联结机制为核心，加快高原特色现代农业与全域旅游、教育文化、大健康等产业的深度融合，强化农村产业融合发展与乡村振兴、特色小镇、美丽县城等工作联动协调推进，拓展产业发展潜力和空间，努力构建农业与二、三产业深度融合的现代农业产业体系，推进全省农村产业融合发展。

一　融合模式丰富多元

1. 农业内部产业重组型融合模式

农业内部产业重组型融合模式主要依靠种植业、养殖业、畜牧业等子产业依据产业链基本原理在经营主体内或主体之间建立起产业上下游之间的有机关联，采用循环产业链，提高资源综合利用率。云南位于西南边疆，少数民族众多，农业主要是小规模的自给自足的山区农业。从20世纪90年代初开始，云南就积极实施生态农业建设示范工程，结合各地的实际，按照"整体、协调、循环、再生"的要求，和"农、林、田、水、路"综合治理的原则，各地均建立了一些生态农业示范点，为大面积发展生态农业积累了许多宝贵的经验。例如，云南省红河哈尼族彝族自治州元阳县立足资源优势，紧跟现代农业发展步伐，采取"种养结合、资源循环"的生态农业发展模式，积极调整种植养殖结构，继稻鱼鸭综合种养模式成功之后，摸索出养猪种辣椒的种养结合生态产业。探索走出了一条循环利用、绿色生态、科技创新的可持续发展之路。

云南省建立起了"资源—产品—废弃物—再生资源"完整的农业生物产业链。宏观层面的循环农业模式多以区域为整体单元，将种植业、养殖业、农产品加工业、农村服务业等相关产业链条间的耦合关系，通过合理的生态设计及农业产业化优化升级构建区域循环农业闭合圈。微观层面的循环农业模式多以专业大户为对象，通过科技创新和技术进行农业生产，以提高资源利用效率和减少污染物排放。

2. 产业链延伸型融合模式

在产业链延伸型融合模式上，云南省立足农村地区产业基础和高原特色资源优势，以畜牧、果蔬、茶叶、薯类、生物药、蔗糖、花卉、木本油料、橡胶、林产业、咖啡、蚕桑等特色优势产业为重点，培育壮大农产品加工业龙头企业，推进了农产品加工业快速发展。并且，云南省依托低纬高原丰富多彩的自然资源和生态环境优势，举全省之力打造"绿色食品牌"。茶叶、花卉、水果、蔬菜、坚果、中药材、牛肉、咖啡等"云品"正在被越来越多的消费者喜爱，云南高原特色现代农业出口额连续多年位居西部第一，绿色农产品产业基础较好。另外，农产品区域品牌具有质地识别、地理标志、印象隔离等特点，云南民族地区特色农产品品牌具有很强的推广力，通过使用其区域品牌、云南少数民族地区整合各种特色农产品资源，可以通过原生态、民族性、奇特性等一系列特征，推广到全国乃至世界各地，避免了其他国际知名品牌的影响，实现了品牌和产品的打包销售，进一步扩大了销售和管理渠道，并形成了连锁效应。

2020年，全省共有农业龙头企业4440户，全省农产品加工业经营组织有89万个，其中农产品加工企业突破1万户，全省农产品加工产值9600亿元，加工产值比为1.68∶1，远低于全国平均水平2.4∶1[①]，农业产业链条短是云南农产品加工业发展的软肋。不少地区由于农产品加工业发展滞后，产后储藏、保鲜、包装、分等分级和商品化处理能力不足，大量农产品集中上市，往往造成价格下跌、产品"卖难"，既影响农民增收，又造成很大的浪费，例如核桃产业。

当前，云南正在将周边国家进口农产品和云南省高原特色农产品（原料端）精准对接到外商投资（台资）农产品生产企业（生产端），促进双向合作，推动农产品加工项目落地到开放平台、园区、县区，将云南打造为南亚东南亚农产品精深加工中心。云南正通过内引外联的区位优势，日渐密集的公路、铁路、航空、水路国际大通道，着力推进物流、人流和资金流等关键性要素的聚集，云南大通道优势正在向产业优势、经济优势转化。发展壮大农产品加工是用好大通道、促进大开放的重要环节。比如周边国家的进口农

---

① 佚名：《昆明加快推进农产品精深加工 推动农产品加工产业高质量发展》（https://baijiahao.baidu.com/s?id=1730805586036440864&wfr=spider&for=pc）。

产品，老挝通过中老铁路向中国运输橡胶、薏仁米、木薯粉等农产品，其中木薯粉尤为醒目，四川、湖南需求量巨大。要让木薯粉落地云南，第一是消费，第二是加工，开展木薯淀粉加工项目，逐步实现从农业资源大省向特色产业大省的转变。

3. 农业功能拓展型融合模式

农业功能拓展型融合模式主要体现为农业发挥其文化、休闲生态等功能，通过建立和发展农产品种植、加工、观光、休闲、旅游农业等来大力推进特色农业，帮助消费者实现休闲、观光、品尝、采摘等农业生产体验。近年来，云南省为推进休闲农业和乡村旅游快速发展，建设了一批特色旅游示范村镇和精品线路，以此提升休闲农业与乡村旅游影响力和文化软实力。培育了一批生态美、环境美、人文美的乡村旅游目的地，形成了乡村民宿带动型、民俗文化依托型、景区发展辐射型、生态资源依托型、田园观光休闲型、旅游扶贫成长型等多种乡村旅游发展模式，打造了一批有特色、有内涵、有品位的乡村旅游精品线路，带动了一大批农村脱贫人口共享发展成果、实现增收致富，为脱贫攻坚、乡村振兴事业做出积极贡献。"十三五"期间，全省乡村旅游累计接待游客11.65亿人次，实现乡村旅游总收入8600亿元，全省具备旅游接待能力的脱贫村超1000个，乡村旅游累计带动80.85万人增收脱贫，占全省脱贫人口的12.3%[①]。

截至2022年，全省共创建全国乡村旅游重点村43个、全国乡村旅游重点镇3个，推出省级旅游名村213个、旅游名镇101个。玉龙县甲子村、丘北县仙人洞村、澜沧县老达保村入选《2022世界旅游联盟——旅游助力乡村振兴案例》；普洱市"世界茶源·养

---

① 李航：《云南大力发展乡村旅游 带动脱贫人口持续增收》（https：//xw.qq.com/cmsid/20220623A07Z0D00？pgv_ref=amp）。

生养心"之旅、丽江市"柔软时光·亲近纳西"之旅、西双版纳州"热带雨林·梦回傣乡"之旅等3条乡村旅游线路入选文旅部"乡村四时好风光——春生夏长，万物并秀"全国乡村旅游精品线路专题；大理市古生村、元阳县阿者科村等入选文旅部与央视联合摄制的大型文旅乡村探访类节目《山水间的家》。依托云南特有的自然资源、民族文化，培育出元阳哈尼梯田、景迈山古茶林、世外桃源坝美、亚洲花都斗南、泸沽湖摩梭人家等在全国（乃至全世界）知名的乡村旅游品牌。随着云南乡村旅游产品供给不断丰富，特别是在新冠肺炎疫情防控常态化形势下，乡村旅游成为"云南人游云南"的首选，成为推动旅游市场复苏、带动旅游消费恢复的增长点和亮点。2020年，全省乡村旅游接待游客2.4亿人次左右，实现乡村旅游总收入1200亿元左右，综合带动5.75万人增收脱贫，占全省脱贫人口的13%[①]。

4. 高技术对农业的渗透型融合模式

高技术对农业的渗透型融合模式主要是以互联网、大数据等现代信息技术为依托，向农业经营领域渗透、扩散，通过发展电子商务，将供应链、产业链、价值链等现代经营管理理念融入农业，推动农业生产向以市场为导向、以消费为中心转变，向优质高效、绿色生态农业方向发展，助推农业发展方式的根本转变。近年来，云南省通过"互联网+"的电商扶贫开发新模式，充分挖掘贫困地区优质资源、提升资源价值，打造特色产业、培育支柱财源，增强贫困农户的技能，提高其致富能力，还带动当地交通、仓储、物流等基础设施发展，真正实现"造血式扶贫"，有力地推动了数字云南和农村产业转型升级。比如通过"直播+农业"、"农产品电子商

---

① 钱霓:《云南：提质乡村旅游　助力乡村振兴》(https：//yn.yunnan.cn/system/2020/12/10/031170913.shtml)。

务综合平台"和地方特色的直播带货,淘宝商城旗舰店,京东自营店及其他各类形式,在很大程度上将民族地区的优质特色农产品推到全国甚至国际市场。同时,积极推进"农产品和超市对接",促进农产品进超市进程,鼓励和支持农产品批发市场。依托场内加工配送中心、生产配送中心和田头市场,进行线上线下相结合的产销一体化经营。

2015年至2020年,全省共争取105个县(市、区)列为电子商务进农村综合示范县,数量居全国前列,率先在全国实现贫困县乡镇电子商务服务站点全覆盖;2017年7个州市的33个国家级贫困县、2018年6个州市的25个国家级贫困县、2019年4个州市的15个国家级贫困县实现电子商务进农村综合示范全覆盖;2019年,云南电商扶贫工作贯彻落实精准扶贫要求,按照新主体、新平台、新模式的思路,实施电商扶贫"五个一"工程,即打造一批贫困地区地标农产品电商品牌,培育一批电商扶贫企业和个体网商,对接一批线上线下渠道,总结推广一批电商扶贫模式,带动一批贫困户脱贫致富[1]。截至2020年底,云南共建成96个县级电商公共服务中心,993个乡镇电商服务站,6433个村级服务网点,81个县级物流配送中心,3400个乡镇快递网点,覆盖率99.6%;共培育96家电商扶贫企业,电商扶贫服务网络覆盖建档立卡贫困村3378个,建档立卡贫困人口564.22万人次,带动贫困人口就业创业68.95万人。2019年,全省农村网络零售额达到517.98亿元,增长36.36%,高于全国10.75个百分点,农村网络零售额五年来增长了近20倍[2]。

---

[1] 刘会芳:《全国率先 云南贫困县是如何搭上电商快车的?》(https://www.sogou.com/link?url=hedJjaC291Ok-E9WTygIKi9E_rVjakvlMHqMzArEZ6LrX2Eo_OeCal08tLVUddi7)。

[2] 龙彦:《贡献电子商务力量,打造105个电子商务进农村综合示范县》(https://www.sogou.com/link?url=LeoKdSZoUyCGQ9zp1CvSrxTbAvmjC6sgAunU6JWLF—f8CUyLaZsu2MMhnJhn-i5SxlyiVX6QABAh5nxpDb3WRg)。

二 融合主体发展壮大

自2013年提出"新型农业经营主体"后,云南省依托农业龙头企业、家庭农场、农民专业合作社等新型农业经营主体,立足当地资源禀赋,在党中央、国务院和省委、省政府一系列强农惠农政策的鼓励引导下,着力培育"一县一业""一村一品"成效明显,新型农业经营主体无论是发展基础、发展层次还是发展活力,都呈现出蓬勃朝气,为云南省现代农业发展提质增效注入了强劲动力。截至2021年底,云南省实有农业企业74983户,同比增长7.95%;农业产业化龙头企业共计5240户,同比增加800户,同比增长18%;农业产业化龙头企业实现销售收入3646.06亿元,同比增长8.2%,支付劳动者报酬178.44亿元,带动农户899.25万户次,带动农户增收511.17亿元。农业产业化龙头企业呈现蓬勃发展态势,为农业农村持续发展、农民增收和推动脱贫攻坚成果巩固和乡村振兴注入了强劲动能①。

农业龙头企业方面。云南省通过项目扶持、贷款贴息、名品名企评选推介、绿色有机认证和投资奖补、强化服务管理等一系列有力措施,促进企业数量快速增长、实力显著增强。一是从龙头企业数量上看,云南省农业龙头企业自2015年到2020年,平均每年增加300户左右,龙头企业数量在全国排名第11位,位居西南五省首位。二是从龙头企业销售收入上看,由1967亿元增加到3371亿元,年均增长11.38%。销售收入全国排名第17位,在西南五省排名第2位,仅次于四川。三是从促进农民就业增收上看,全省农业龙头企业支付劳动者报酬由111亿元增加到171亿元,年均增长

---

① 曹松:《云南:实施市场主体倍增计划 培育壮大新型农业经营主体》(http://www.jingjiribao.cn/static/detail.jsp?id=411814)。

9.03%，农户从事农业产业化经营增加收入由252亿元增加到502亿元，年均增长14.78%。四是从带动重点产业上看，积极落实省打造世界一流"绿色食品牌"等系列工作部署，重点培育"8+1"产业的领军龙头企业，到2020年，在全省900户省级以上重点龙头企业中从事"8+1"产业的有624户，占69.33%。

农民合作社方面。基于各项政策支持，云南省农民合作社发展起步早，且收效显著，较其他新型农业经营主体而言已取得了较为丰富的经验。从其发展过程来看，云南省农民合作社的发展主要经历了3个阶段：一是起步发展阶段（1978—2007年），1982年全省首个农民研究会——蒙自县余家寨水稻研究会成立，而后，农村专业技术协会（研究会）得到进一步发展，从以提供技术、信息服务为主，合作形式较单一的合作组织，逐步向提供产前、产中、产后全过程和系列化服务延伸方向发展，但也还存在功能简单、组织结构松散、利益机制不完善等问题；二是快速发展阶段（2007—2017年），自2007年起《中华人民共和国农民专业合作社法》颁布实施，云南省出台了系列政策举措引导、支持、规范发展农民合作社，极大提高了广大农民兴办农民合作社的积极性，使全省农民合作社蓬勃发展；三是规范提升阶段（2018年至今），云南省围绕"规范发展、质量提升"发展思路，通过"加强业务指导、强化示范引领、加大项目扶持、推进整县试点、开展培训交流、深化农邮惠农合作项目"等举措，全省农民合作社呈现出数量不断扩大、组织化程度不断提升、运行质量不断提升、引领作用不断凸显、利益联结方式不断丰富等特点与成效。

家庭农场方面。云南省较早提出支持家庭农场发展，自2013年起先后出台《云南省家庭农场工商登记注册试行办法》《关于加快发展家庭农场的意见》《关于实施家庭农场培育计划的实施意见》等文件，全省家庭农场呈多元化态势快速发展。云南省主要通过采取"出台政策、指导发展方向，规范家庭农场数据采集、完善家庭名录系统管理，组织省级评定、形成示范带动，主动靠前服务，加强指导服务、提高农场经营者的能力素质"等系列举措，稳定推进家庭农场培育发展工作。截至2021年底，全省共有76454个家庭农场纳入名录系统管理，县级以上的示范家庭农场4024家，其中省级示范家庭农场401家。目前，全省家庭农场发展呈现出一系列特点：一是广分布、小聚集的态势，全省76710个家庭农场分布在16个州（市）的129个县（市、区），其中昆明、玉溪、大理占比达到49%；二是集中在优势特色产业，其中从事种植产业方面的占比56.62%，又以种植蔬菜、水果、花卉为主；三是经营规模适中，根据其经营收入划分，经营收入50万元以上的大型和超大型家庭农场仅占6.78%；四是示范家庭农场呈现向现代化经营管理方式方向发展的特点，以省级示范农场情况来看，在农机装备、节水灌溉设施配备方面及科学种养殖方面都采取了系列措施。

专业大户方面。发展新型农业经营主体，云南省主要从"三个提升"和"一个对接"入手，着力培育和壮大专业种养大户，在政策、技术、信息、信贷等方面给予扶持，强化其与龙头企业的对接。其中"三个提升"：提升种养大户的科技支持力度，运用新技术；提升专业合作化组织程度；提升对种养大户的扶助力度，切实解决产业发展中的困难和问题。"一个对接"，就是把现有种养大户与农业龙头企业相对接，使现代农业品牌优势得以最大限度发挥，使传统农业向现代农业转变。而后，因有关专业种养大户和养殖规模的界定没有明确的标准，与其他主体有重叠可能，且自2018年中央出台的各类文件较少提及专业大户，云南省内各界对专业大户的关注也逐渐弱化。

与此同时，农业社会化服务组织逐步受到关注。2019年

"中央一号文件"中强调"加快培育各类社会化服务组织,为一家一户提供全程社会化服务"。目前,云南省正在探索完善社会化服务组织体系,促进资源配置更加合理,使农民素质和农业专业化程度有效提升、最新科技成果能够快速推广应用、农业效益显著提高[①]。

三 利益联结不断完善

正确处理农业企业、工商资本和农民的利益关系,是农民在土地经营权流转、农产品购销、社会化服务、利益兜底、收益分成等环节上利益的保障。近年来,云南积极推行"公司+合作社+基地+农户"生产经营模式,促使农业企业以合同、订单等模式与农民或农民合作社建立了稳定合理的购销关系。支持农业企业以保底价收购、现金或实物返还、土地入股、资金入股、利润分成、保底分红、二次分红、二次返利等方式,让农户提高了在加工销售环节的收益。自2016年起,云南开展了对贫困人口实行资产收益扶贫制度试点,财政专项扶贫资金和其他涉农资金投入设施农业、养殖、水电、乡村旅游等项目形成的资产,具备条件的可折股量化给贫困村、贫困户,确保了资产收益及时回馈持股贫困户。同时,探索贫困村集体资产折股量化到户,引导贫困村将集体资源资产资金、贫困户将农村土地承包经营权和个人资产入股,采取委托经营、合作经营等多种模式,提高了资产收益,增加了贫困户入股资金分红、土地租金等收入。

总体上,通过大力培育市场主体,规范提升合作社,持续推动新型经营主体与农户建立稳定利益联结。以订单生产、土地流转、

---

① 周晓琴、韩斌:《云南省新型农业经营主体发展的主要探索与实践成效》,《云南经济日报》2022年7月14日第3版。

就业务工、生产托管、股份合作、资产租赁等联结方式，进一步完善了利益联结机制，形成了产业链优势互补、分工合作的格局，让农民分享到全产业链的增值收益。

第 四 章

长江上游地区农村产业融合发展水平定量测评

本章基于农业内部产业重组型融合、农业产业链延伸型融合、农业功能拓展型融合、高技术对农业的渗透型融合四个指针农村产业融合的核心模式，围绕循环生态农业、农产品加工业、农旅融合、农村电商四大具体模式发展程度，从重庆、四川、贵州、云南四个省（市）级宏观层面构建长江上游地区农村产业融合的评价指标体系，测算出总体农村产业融合系数与各融合模式发展的分项系数，并进行横向比较分析。

第一节 指标体系构建

农村产业融合模式主要包括农业内部产业重组型融合、农业产业链延伸型融合、农业功能拓展型融合、高技术对农业的渗透型融合四类[1][2][3]。农业内部产业重组型融合模式，以农业优势资源为基

---

[1] 姜长云、李乾、芦千文：《引导农业产业化组织推动农村产业融合的现状、问题和对策建议》，《经济研究参考》2017年第66期。

[2] 李洁：《农业多元价值下的农村产业融合：内在机理与实现路径》，《现代经济探讨》2018年第11期。

[3] 唐超、胡宜挺：《村治能人推动农村产业融合探析——基于安徽省夏刘寨村的调查》，《湖南农业大学学报》（社会科学版）2017年第1期。

础，以农业生态循环技术应用为核心，以涉农组织为主体，将农、林、牧、副、渔业连接起来，强调种养结合、农牧结合，通过种植、畜牧的循环发展，实现农业生产环节的智能化、精准化、可视化。农业产业链延伸型融合模式从农业单一产业纵向延伸，整合农业产业资源，将种子、农药、肥料供应与农业生产连接起来，或将农产品加工、销售与农产品生产连接起来，强调农业产业化、规模化经营，组建农业产供销一条龙发展。农业功能拓展型融合模式指依托农村特有的自然、文化和生态资源，将农业与休闲娱乐、教育融合起来，彰显农业社会、生态、文化、经济等功能，以观光、采摘、餐饮、度假等形式为主，通过设施农业、创意农业发展休闲农业和乡村旅游。高技术对农业的渗透型融合模式，则以信息技术为支撑，以电子交易平台为载体，通过农业信息化特有的全产业链、全价值链、全生态链核心优势，使农业生产、加工、管理、运输、交易等各个环节无缝对接，推动农业发展。因此，综合既有研究，本书从指针农村产业融合发展的以上四个维度创新与构建长江上游地区农村产业融合发展评价指标体系（见表 4 – 1）。

表 4 – 1　　长江上游地区农村产业融合发展的评价指标体系

目标层	准则层	指标层	计算方法	单位	方向	权重
农村产业融合	农业内部产业重组型融合	种养结合程度	种植业与养殖业的耦合协调度	—	+	0.04157
		林养结合程度	林业与养殖业的耦合协调度	—	+	0.02682
	农业产业链延伸型融合	农产品加工业发展水平	规模以上农产品加工业企业主营收入	万元	+	0.14646
			农产品加工业总产值/农林牧渔总产值	%	+	0.11492
		农林牧渔服务业比重	农林牧渔服务业总产值/第一产业总产值	%	+	0.11492

续表

目标层	准则层	指标层	计算方法	单位	方向	权重
农村产业融合	农业功能拓展型融合	休闲农业比重	休闲农业年营业收入/第一产业总产值	%	+	0.10744
		设施农业水平	设施农业总面积/耕地面积	%	+	0.12510
	高技术对农业的渗透型融合	农村电子商务发展水平	农民家庭平均每百户移动电话拥有量	部	+	0.03959
			农村宽带接入用户占比＝互联网接入口数/农村总人口数	%	+	0.12028
			农业机械总动力/第一产业就业人数	千瓦/人	+	0.02943
			农村邮政业营业网点数	处	+	0.12532
			农村投递路线长度占比（农村投递线路/总投递线路）	%	+	0.00814

第二节　研究方法与数据来源

一　熵值法

熵值法赋权法通过分析指标间的相关度和信息来决定指标的权重，能在一定程度上避免主观影响带来的偏差。采取熵值法分别测算出农业内部产业重组型融合、农业产业链延伸型融合、农业功能拓展型融合、高技术对农业的渗透型融合等四个准则层的综合水平，分别采用 A、B、C、D 表示。然后，根据各准则层结果再次用熵值法拟合成一个综合指数 T，用来衡量农村产业融合发展的综合水平。具体计算如下。

第一,数据标准化。为消除各指标之间量纲和正负取向的影响,采用极差标准化的方法对原始数据矩阵进行无量纲化标准处理,公式如下。

正向指标:$y_{ij} = \dfrac{x_{ij} - \min(x_{ij})}{\max(x_{ij}) - \min(x_{ij})}$,负向指标:$y_{ij} = \dfrac{\max(x_{ij}) - x_{ij}}{\max(x_{ij}) - \min(x_{ij})}$

式中,x_{ij}为指标原始数据矩阵;y_{ij}为标准化处理后的数据矩阵;$\max(x_{ij})$和$\min(x_{ij})$分别为第j项指标的最大值和最小值。

第二,指标熵值计算。具体计算公式为$e_j = -k \sum\limits_{i=1}^{m} p_{ij} \ln(p_{ij})$,式中,$e_j$为指标熵值,$0 \leq e_j \leq 1$;$k = 1/\ln m$,其中,$m$为评价对象个数;$p_{ij} = y_{ij} / \sum\limits_{i=1}^{m} y_{ij}$。

第三,熵值法权重确定:$w_{ij} = (1 - e_{ij}) / \sum\limits_{i=1}^{n}(1 - e_{ij})$,式中:$w_{ij}$为指标权重;$e_{ij}$为指标熵值;$n$为指标数量。

第四,得分计算:$Y_i = \sum w_{ij} \times y_{ij}$,式中,$Y_i$为得分;$w_{ij}$为指标权重。

二 耦合协调度模型

为测度长江上游地区农村产业融合发展水平,指标体系中涉及多产业间融合发展水平的测算,在此采取王丽芳[①]的做法。具体而言,X与Y为两大产业系统,计算两者之间的耦合协调度。首先,需要计算耦合度。两大系统耦合度评价模型公式如下。

---

① 王丽芳:《山西省农业与旅游业融合的动力机制与发展路径》,《农业技术经济》2018年第4期。

$$C = \left\{ \frac{U \times V}{[U+V]^2} \right\}^{\frac{1}{2}}$$

式中，C 表示 X 与 Y 行业的耦合度，C 的数值大小可以直观反映 X 和 Y 两个系统的耦合程度，C 的取值范围是 [0，1]。C 的数值越趋近于 1，表明 X 与 Y 的耦合性越好，反之，说明产业耦合性越差。其中，变量 U 和 V 是经线性加权求和得到的 X 和 Y 所有参量的总贡献值，具体计算方法如下所示。

$$U = \sum_{i=1}^{n} \omega x_i, V = \sum_{i=1}^{n} \varphi y_i$$

其中，n 表示 X 和 Y 系统中的指标个数，ω 与 φ 分别表示 X 和 Y 行业指标的权重，xi、yi 表示经过无量纲化处理后的 X 和 Y 的值。在确定指标权重时，采用熵值赋权法得到。无量纲化值 = （原始数据 – 平均值）/ （最大值 – 最小值），即，

$$x_i = \frac{x - \bar{x}}{x_{\max} - x_{\min}}, \quad y_i = \frac{y - \bar{y}}{y_{\max} - y_{\min}}$$

其次，计算 X 和 Y 的耦合协调度。耦合协调度计算公式为：$H =$（C×T）1/2，其中，H 为耦合协调度，C 为前文计算的耦合度；T 为综合评价指数，T = $\alpha U + \beta V$，α 为 X 行业权重，β 为 Y 行业权重，我们一般认为，X 和 Y 的重要性相当，因此，取 $\alpha = \beta = 0.5$；H 的取值范围为 [0，1]，H 的值越靠近 1，说 X 与 Y 两大系统的协调程度越高，反之，协调度越差。

三　数据来源

鉴于农产品加工业缺失 2004 年之前相关数据，故本研究时间段为 2004—2019 年，原始数据来源于中经网统计数据库、《中国农村统计年鉴》(2005—2020)、《重庆统计年鉴》(2005—2020)、《四川统计年鉴》(2005—2020)、《贵州统计年鉴》(2005—2020)、《云南统计年鉴》(2005—2020)。

第三节 总体水平与异质性

根据上述研究方法,采用熵值法分别测算出 2004—2019 年长江上游地区重庆、四川、贵州、云南的农村产业融合发展总体综合水平 T,以及农业内部产业重组型融合(A)、农业产业链延伸型融合(B)、农业功能拓展型融合(C)、高技术对农业的渗透型融合(D)四类分项融合模式的综合水平。然后,进一步计算出 2004—2019 年四类分项融合模式综合水平与总体综合水平的平均值作为整个长江上游地区(不区分地区)农村产业融合发展的综合水平评价结果(见表 4-2)。

表 4-2　　长江上游地区重庆、四川农村产业融合发展综合水平评价结果(Ⅰ)

年份	重庆农村产业融合水平					四川农村产业融合水平				
	A	B	C	D	T	A	B	C	D	T
2004	0.01109	0.01331	0.01503	0.03642	0.07586	0.05589	0.03147	0.01236	0.11492	0.21464
2005	0.01090	0.01684	0.01817	0.04319	0.08910	0.05554	0.03768	0.01461	0.12783	0.23566
2006	0.00467	0.02232	0.02302	0.04342	0.09344	0.05411	0.03181	0.01547	0.12037	0.22176
2007	0.01376	0.01634	0.02616	0.04870	0.10495	0.05918	0.03626	0.02312	0.12061	0.23918
2008	0.01549	0.01379	0.01233	0.05405	0.09567	0.06213	0.04292	0.02194	0.12341	0.25041
2009	0.01512	0.01609	0.01382	0.05636	0.10140	0.06234	0.04871	0.02710	0.12870	0.26686
2010	0.01972	0.01412	0.01623	0.06259	0.11267	0.06253	0.05903	0.03762	0.13098	0.29016
2011	0.02078	0.01250	0.03350	0.07128	0.13806	0.06313	0.05553	0.04519	0.14045	0.30431
2012	0.02084	0.01435	0.01913	0.08029	0.13462	0.06373	0.07055	0.06219	0.15063	0.34709
2013	0.02096	0.02313	0.13701	0.08884	0.26995	0.06465	0.10505	0.12544	0.16054	0.45567
2014	0.01979	0.03269	0.13418	0.10510	0.29177	0.06485	0.08377	0.10406	0.19557	0.44825
2015	0.02166	0.04125	0.14237	0.12739	0.33267	0.06684	0.08937	0.11692	0.21793	0.49106
2016	0.01850	0.04568	0.11719	0.14465	0.32602	0.06677	0.12213	0.11068	0.21476	0.51434
2017	0.01783	0.04548	0.12902	0.16251	0.35484	0.06770	0.13863	0.11052	0.23354	0.55038
2018	0.01923	0.04802	0.13451	0.18622	0.38798	0.06499	0.16109	0.11152	0.25175	0.58935
2019	0.01941	0.04929	0.13883	0.19444	0.40198	0.06554	0.18399	0.12137	0.26510	0.63601

表4-3　长江上游地区贵州、云南农村产业融合发展综合水平评价结果（Ⅱ）

年份	贵州农村产业融合水平					云南农村产业融合水平				
	A	B	C	D	T	A	B	C	D	T
2004	0.00522	0.20351	0.00082	0.00971	0.21926	0.02485	0.00416	0.00855	0.02658	0.06413
2005	0.00680	0.20850	0.00130	0.01270	0.22931	0.02540	0.00475	0.00942	0.03009	0.06966
2006	0.00592	0.23007	0.00150	0.01590	0.25340	0.02275	0.00376	0.01031	0.03198	0.06881
2007	0.00608	0.21586	0.00342	0.01955	0.24490	0.02455	0.00183	0.01237	0.03472	0.07346
2008	0.01270	0.18860	0.00707	0.02218	0.23054	0.02899	0.00528	0.01135	0.03966	0.08527
2009	0.01450	0.18888	0.00891	0.02500	0.23730	0.03360	0.00713	0.01735	0.04379	0.10187
2010	0.01582	0.17732	0.00828	0.02968	0.23110	0.03649	0.01081	0.02372	0.04936	0.12038
2011	0.01760	0.17231	0.01458	0.04276	0.24725	0.04026	0.00853	0.02585	0.06155	0.13619
2012	0.02008	0.15393	0.02333	0.04768	0.24502	0.04154	0.00673	0.02744	0.07048	0.14620
2013	0.02338	0.15027	0.02600	0.05346	0.25310	0.04335	0.01309	0.03047	0.06807	0.15498
2014	0.02743	0.12802	0.03171	0.07271	0.25987	0.04402	0.01911	0.03047	0.07773	0.17133
2015	0.02769	0.11151	0.02893	0.08637	0.25450	0.04505	0.04650	0.03394	0.08917	0.21466
2016	0.02697	0.11020	0.03265	0.09066	0.26047	0.04446	0.06916	0.03481	0.10325	0.25168
2017	0.03124	0.11089	0.08650	0.10106	0.32969	0.04559	0.07697	0.03853	0.10551	0.26661
2018	0.02716	0.11668	0.10867	0.11227	0.36478	0.04241	0.07863	0.04198	0.10897	0.27199
2019	0.02659	0.13039	0.07170	0.12400	0.35269	0.04518	0.06639	0.04617	0.11421	0.27195

表4-4　长江上游地区整体农村产业融合发展综合水平（Ⅲ）

年份	A	B	C	D	T	年份	A	B	C	D	T
2004	0.09705	0.25245	0.03677	0.18763	0.57390	2012	0.14619	0.24556	0.13209	0.34908	0.87292
2005	0.09864	0.26777	0.04350	0.21382	0.62372	2013	0.15233	0.29154	0.31892	0.37091	1.13370
2006	0.08746	0.28796	0.05031	0.21168	0.63740	2014	0.15609	0.26359	0.30042	0.45112	1.17123
2007	0.10356	0.27029	0.06507	0.22358	0.66250	2015	0.16125	0.28863	0.32215	0.52085	1.29288
2008	0.11932	0.25059	0.05268	0.23930	0.66189	2016	0.15670	0.34716	0.29533	0.55332	1.35252
2009	0.12557	0.26081	0.06718	0.25386	0.70743	2017	0.16236	0.37197	0.36457	0.60262	1.50152
2010	0.13457	0.26127	0.08585	0.27262	0.75431	2018	0.15379	0.40442	0.39668	0.65921	1.61410
2011	0.14178	0.24888	0.11912	0.31604	0.82582	2019	0.15673	0.43007	0.37808	0.69775	1.66263

（1）根据表4-4，从长江上游地区整体农村产业融合发展综合水平的A栏来看，长江上游地区农业内部产业重组型融合水平持续提升，从0.09705提升到0.15673，提升了0.05968。结合表4-2和表4-3的A栏，经济发展水平较高且生态资源优良的四川省农业内部产业重组型融合最高，重庆市由于独特的地理地形加上较少的省域面积使其农业内部产业重组型融合水平排名靠后，其中云南省比长江上游地区农业内部产业重组型融合的平均水平稍高一点，位居第二，贵州省略低于长江上游地区农业内部产业重组型融合的平均水平，排名第三。

（2）根据表4-4，从长江上游地区整体农村产业融合发展综合水平的B栏来看，长江上游地区农业产业链延伸型融合水平从0.25245提升到0.43007，提升了0.17762。结合表4-2和表4-3的B栏地区差异看，四川省农业产业链延伸型融合水平一直高于长江上游地区平均水平，四川省作为农业大省，一直致力于实现由农业大省向农业强省跨越，近年来持续推进农产品加工业的创新发展、投资项目建设以及市场开拓，积极推进农产品加工业深入发展。贵州省的农业产业链延伸型融合水平略高于长江上游地区平均水平，但处于一个下降的趋势，在2018年才出现回升的趋势。云南省和重庆市的农业产业链延伸型融合水平都低于长江上游地区农业产业链延伸型融合平均水平。

（3）根据表4-4，从长江上游地区整体农村产业融合发展综合水平的C栏来看，长江上游地区农业功能拓展型融合水平从0.03677提升到0.37808，提升了0.34131。结合表4-2和表4-3的C栏地区差异看，重庆市与四川省的农业功能拓展型融合水平高于云南省、贵州省。云南省农业功能拓展型融合水平则处于平均水平之下但稳步增长，贵州省的农业功能拓展型融合水平于长江上游地区平均水平左右徘徊且增长速度较快。贵州省囿于整体经济发展的相对落后,在农业功能拓展型融合上发展受到一定制约,但由于其旅游资源60%以上分布在相对贫困的乡村,近年来,在政府推动下,通过开发乡村旅游,将景区景点、现代农业、民俗文化、餐饮住宿等相关产业有机融合,已成为贵州脱贫攻坚的有效路径,有效促进了农民增收与经济增长,以农旅融合为重点的农业功能拓展型融合发展态势良好。

(4)根据表4-4,从长江上游地区整体农村产业融合发展综合水平的D栏来看,在高技术对农业的渗透型融合上,长江上游地区整体水平从0.18763提升到0.69775,提升了0.51012,结合表4-2和表4-3的D栏地区差异看,四川省与重庆市高技术对农业的渗透型融合水平高于长江上游地区高技术对农业的渗透型融合平均水平,贵州省与云南省略低于平均水平,但处于逐年稳步增长阶段。农业大省四川正在加快发展数字农业,释放数字经济对农业经济的放大、叠加、倍增效应,重点是推动物联网、地理信息系统、大数据等信息技术在农业生产中的应用,精准监控土壤墒情、作物苗情、病虫害情、自然灾情等,使高技术对农业的渗透型融合水平得到迅速提高。

综上,长江上游地区农村产业融合水平一直在提高,其总体综合水平从0.57390提升到1.66263,农村产业融合水平发展向好。长江上游地区分异特征明显,四川省、重庆市农村产业融合水平较高,而云南省、贵州省农村产业融合发展水平则相对较低。四川省坚持以市场为导向,推动农村产业深度融合,不断拓展乡村多种功能,培育农村新产业新业态,发展特色小镇,以完善多形式利益联结机制为核心,以制度、技术和商业模式创新为动力,发展壮大乡村产业,逐步提升农村产业融合水平。重庆市以构建农业和二三产业交叉融合的现代产业体系为重点,以完善利益联结机制为核心,以制度、技术和商业模式创新为动力,以培育多元化产业融合主体为关键，延伸产业链条，拓展农业功能，培育新型业态，引导产业集聚，促进农业增效、农民增收和农村繁荣，实现农村产业融合水平的飞速发展。

第 五 章

长江上游地区农村产业融合发展的经济、社会与生态效应

农村产业融合将给农业、农村与农民带来资源的有效利用、交易成本的降低及经济能量倍增的效应,农村产业融合通过改善农村经济结构、提高农村经济发展水平,进而影响农户收入,是经济迈向高质量发展的关键一环[1]。不仅如此,随着现代生物技术、信息技术、生物链技术等技术的应用,生态农业、现代农业、现代食品加工业等新产业新业态快速发展,减少了农业生产对自然资源和环境的依赖,降低了农业资源消耗和排放,减少对农村水、土、气等自然环境的污染,有利于保护农村生态环境,促进农业优质、高效及可持续发展[2]。本部分基于长江上游地区农村产业融合发展测度结果,采用固定效应模型实证检验农村产业融合发展总体水平及分异融合发展水平对经济增长、农户收入、生态环境的影响效应,为长江上游地区农村产业融合发展提供合理依据。

---

[1] 谭燕芝、姚海琼:《农村产业融合发展的农户增收效应研究》,《上海经济研究》2021年第9期。

[2] 靳晓婷、惠宁:《乡村振兴视角下的农村产业融合动因及效应研究》,《行政管理改革》2019年第7期。

第一节　农村产业融合对农村经济增长的影响

一　模型设定与变量选取

本研究基于 2004—2019 年长江上游四省（市）的面板数据，以农村产业融合作为解释变量，检验农村产业融合发展对农村经济增长的作用效果。构建面板数据计量模型进行分析，如下所示。

$$\ln pgdp_{it} = c + \alpha \ln T_{it} + \beta \ln X_{it} + u_i + \theta_t + \varepsilon_{it}$$

模型中，对每个变量取对数的主要原因在于变量的差分近似地等于该变量的变化率，在不改变数据性质和关系的基础上，可以消除异方差和指数趋势的影响。下标 i 和 t 表示第 i 个省份的第 t 年，u 为地区效应，θ 为时间效应，ε 为随机扰动项。被解释变量为农村经济增长（$pgdp$），选取人均农林牧渔总产值（万元/人）衡量农村经济增长[①]，在此，使用长江上游地区四省（市）各年度 CPI 指数折算成 2004 年不变价的数值。解释变量 T，表示农村产业融合发展水平，在实证中，将农村产业融合总体发展水平（nrh）、农业内部产业重组型融合水平（nbr）、农业产业链延伸型融合水平（clr）、农业功能拓展型融合水平（gnr）、高技术对农业的渗透型融合水平（tsr）依次带入检验，以前文已测算出的各融合发展的耦合协调度为基础予以衡量。

X 表示影响农村经济增长的控制变量集合，在此选取与经济增长有较大影响的变量——农村人力资本（hum）、政府支农水平（gov）、卫生环境（med）和市场化程度（mar）为控制变量。第一，农村人力资本，采用农村地区平均受教育年限（年/人）来衡量当地的人力资本状况。农村人均受教育年限 = 小学人口比重×6 + 初中人

---

① 程莉：《城镇化、乡村旅游与农村经济增长》，《农业经济与管理》2020 年第 1 期。

口比重×9+高中及中专人口比重×12+大专及大专以上人口比重×16，其中6、9、12、12与16年对应的是小学、初中、高中、中专、大专及以上的受教育年限①。大多数的文献研究结论认为，农村人力资本是农业经济增长的重要源泉，对农业经济增长有着显著的正向推动效应。第二，政府支农水平（gov），采用农业支出占财政总支出比重（%）衡量。财政支农是国家支持农村、农民、农业发展的主要手段，能够有效降低农业生产成本、鼓励农民生产、促进经济增长。第三，卫生环境（med），采用农村卫生环境基础设施，选择村卫生室数量作为代理指标。村卫生室可使农村居民疾病得到全面防控和及时医治，农业劳动者健康得以有效保障，从而促进农业经济发展②。第四，市场化程度（mar），本书采用私营企业和个体企业的就业人口占地区总就业人口比例表示。市场化有高度商品化、高度商业化、高度专业化三个共同特征，市场化改革将推进资源配置效率的改善，进而极大促进经济发展③。

二 数据来源与统计性描述

研究选取2004—2019年长江上游地区的省级面板数据进行实证分析，共计64个样本观测值。原始数据主要来源于《中国统计年鉴》、《中国环境统计年鉴》、《中国农村统计年鉴》和中经网统计数据库。主要变量原始数据描述性统计见表5-1。

---

① 程莉、周芳雅、王琴：《农业与服务业融合发展及其农户增收效应研究——以长江上游地区为例》，《西安财经大学学报》2021年第3期。

② 张亦弛、代瑞熙：《农村基础设施对农业经济增长的影响——基于全国省级面板数据的实证分析》，《农业技术经济》2018年第3期。

③ 何一波：《我国农业市场化程度分析和对策研究》，2008年5月，中国知网（http://kns-cnki-net-s.sslvpn.ctbu.edu.cn：8118/kns8/AdvSearch？dbcode=CDMD）。

表 5-1　　各变量的描述性统计

变量	符号	样本数	均值	标准差	最大值	最小值
农村居民家庭人均农林牧渔总产值	lnpgdp	64	-0.207	0.668	0.813	-1.702
农村居民家庭人均纯收入	lninc	64	8.234	7.451	7.871	0.209
农村产业融合总体发展水平	lnnrh	64	-1.535	0.582	-0.453	-2.747
农业内部产业重组型融合水平	lnnbr	64	-3.600	0.701	-2.693	-5.366
农业产业链延伸型融合水平	lnclr	64	-3.151	1.209	-1.469	-6.304
农业功能拓展型融合水平	lngnr	64	-3.580	1.166	-1.949	-7.102
高技术对农业的渗透型融合水平	lntsr	64	-2.592	0.761	-1.328	-4.634
农村人力资本	lnhum	64	2.024	0.0681	2.159	1.847
财政支农	lngov	64	-2.289	0.507	-1.784	-5.520
卫生环境	lnmed	64	9.890	0.620	10.94	9.187
市场化程度	lnmar	64	2.322	0.750	3.802	0.726

为了便于在直观上先验判断农村产业融合与农村经济增长之间的关系，本研究构建农村产业融合与农村经济增长之间关系的散点图（见图 5-1—图 5-5）。农村产业融合总体发展水平、农业内部产业重组型融合水平、农业产业链延伸型融合水平、农业功能拓展型融合水平、高技术对农业的渗透型融合水平与农村经济增长之间呈现

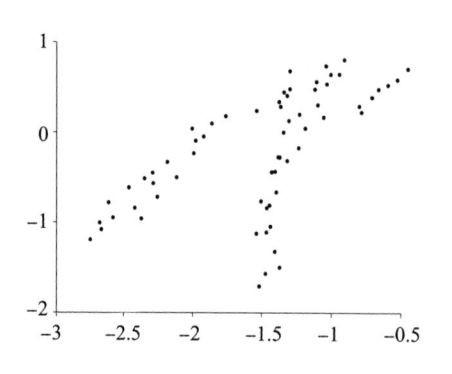

图 5-1　农村产业融合总体发展水平与农村经济增长

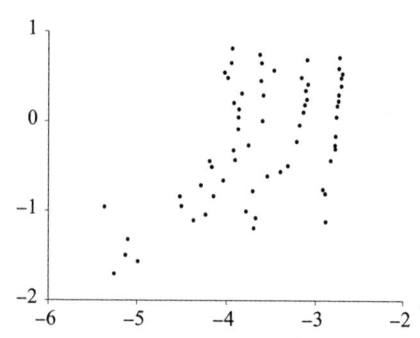

图 5-2　农业内部产业重组型融合水平与农村经济增长

图 5-3　农业产业链延伸型融合
　　　　水平与农村经济增长

图 5-4　农业功能拓展型融合
　　　　水平与农村经济增长

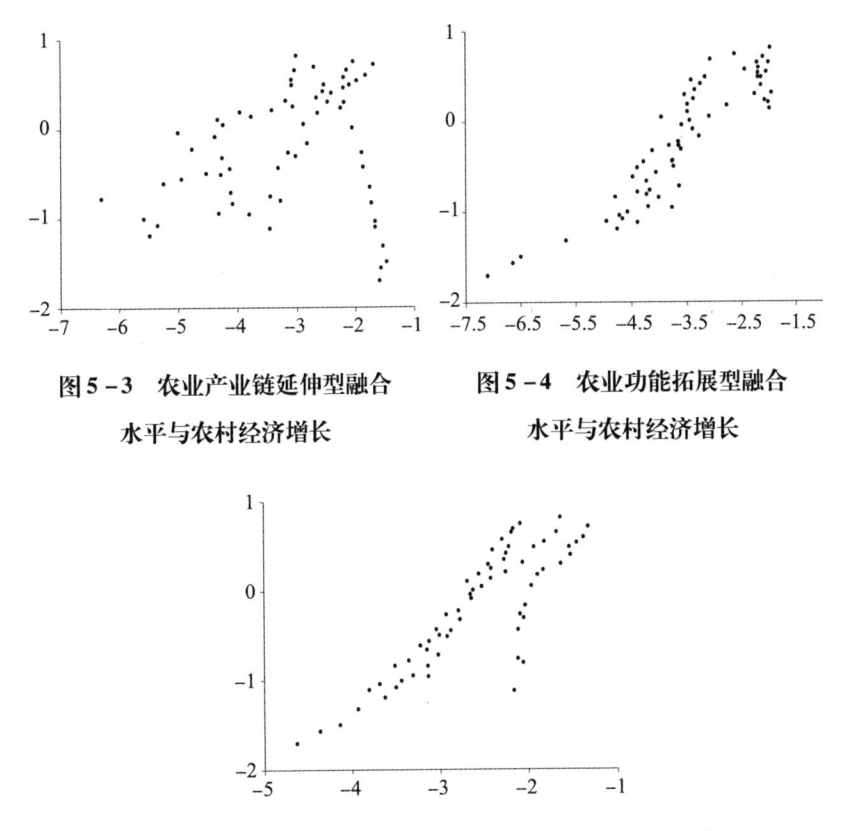

图 5-5　高技术对农业的渗透型融合水平与农村经济增长

一定正相关关系，即农村产业融合总体发展水平、农业内部产业重组型融合水平、农业产业链延伸型融合水平、农业功能拓展型融合水平、高技术对农业的渗透型融合水平能够促进农村经济增长。

三　实证研究与结果分析

1. 单位根检验与协整关系检验

在探究农村产业融合对农村经济增长的影响效应之前，采用 LLC（Levin, Lin and Chu）、IPS（Im Pesaran, and Shin）、Fisher-ADF 和 Fisher-PP 检验法对各指标的平稳性分别进行检验。检验结果见表 5-2。从表 5-2 可见，各变量均为非平稳序列，而所有变量的一阶差分在1%、5%、10%的显著性水平上均拒绝含有单位根的原假设,因此各变量都是一阶单整序列,即均为Ⅰ(1),可以进行面板数据的协整检验。解析来,对解释变量分别为 ln*nrh*、ln*nbr*、ln*clr*、ln*gnr*、ln*tsr* 模型方程各序列的协整关系进行 Kao ADF 检验,结果见表5-3。从表5-3可见,Kao ADF 统计量在1%或5%显著性水平下拒绝了原假设(不存在协整关系),表示各序列间存在显著的协整关系。

表5-2　　　　　　　　变量单位根检验综合结果

变量与检验方法	原值				一阶差分			
	LLC	IPS	Fisher-ADF	Fisher-PP	LLC	IPS	Fisher-ADF	Fisher-PP
ln*pgdp*	-2.40***	-1.92**	7.86	9.46	-1.51*	-2.77***	20.09***	36.26***
ln*nrh*	-1.82**	-1.22	20.70***	6.60	-3.17***	-3.32***	38.80***	27.15***
ln*nbr*	-1.24	-2.34**	25.84***	17.88**	-14.33***	-4.35***	68.46***	81.20***
ln*clr*	-2.91***	-1.46*	19.94***	5.73	-2.61***	-2.72***	35.37***	16.10**
ln*gnr*	-1.88**	-1.67**	19.75**	5.97	-3.22***	-3.79***	40.00***	42.10***
ln*tsr*	-1.92**	0.80	26.19***	0.90	-4.71***	-3.55***	35.38***	33.27***
ln*hum*	-2.12**	-2.46***	4.49	6.43	-6.46***	-3.77***	78.07***	66.67***
ln*gov*	-6.19**	-3.91***	7.32	26.66***	-16.6***	-4.85***	139.46***	157.71***
ln*med*	-6.15***	-0.70	63.73***	32.42***	-2.03**	-3.44***	26.89***	34.37***
ln*mar*	-4.28***	-2.00**	7.70	6.55	-4.74***	-2.60***	42.14***	27.73***

注:*、**、*** 分别表示10%、5%、1%的显著性水平。

表5-3　　　　　　　　变量单位根检验综合结果

解释变量	t-Statistic	P 值	解释变量	t-Statistic	P 值
M1	-2.0665	0.0194	M2	-2.7018	0.0034
M3	-2.1480	0.0159	M4	-4.4909	0.0000
M5	-4.6908	0.0000			

2. 模型检验与估计

对长江上游地区四省（市）农村产业融合发展影响农村经济增长效应检验所构建的五个面板模型进行 Hausman 检验，得到五个面板模型的 Hausman 检验值分别为 32.96、12.34、25.51、24.42、20.30，且均在 1% 的显著水平拒绝了原假设，说明应采用固定效应模型进行估计。具体结果见表 5-4，其中，模型 $M1—M5$ 所示：$M1$ 为农村产业融合的经济增长效应，$M2$ 为农业内部产业重组型融合的经济增长效应，$M3$ 为农业产业链延伸型融合的经济增长效应，$M4$ 为农业功能拓展型融合的经济增长效应，$M5$ 为高技术对农业的渗透型融合的经济增长效应。

从表 5-4 可见，模型 $M1—M5$ 为控制相关变量后，农村产业融合总体发展水平、农业内部产业重组型融合水平、农业产业链延伸型融合水平、农业功能拓展型融合水平、高技术对农业的渗透型融合水平分别对农村经济增长的影响结果。其中，模型 $M1$、$M2$、$M3$、$M4$、$M5$ 的回归结果显示，农村产业融合总体发展、农业内部产业重组型融合、农业功能拓展型融合、高技术对农业的渗透型融合对于长江上游地区四省（市）农村经济增长的提升具有显著影响，而农业产业链延伸型融合对农村经济增长的提升具有一定的抑制作用，但这种影响较小，且并不显著。

第一，模型 $M1$ 显示，农村产业融合对农村经济增长具有显著的正效应，弹性系数为 0.1715，这说明农村产业融合对农村经济增长的促进作用明显。随着现代生物技术、信息技术、生物链技术等技术的应用，逐步形成有机种养和发展餐饮经济结合的"前餐后种""前餐后养"商业模式，电商平台和农业跨界融合的互联网＋农业电商模式，物联网和大数据等信息技术和农业融合的智慧农业，农业和休闲旅游融合的休闲农业和体验农业等新业态。生态农业、休闲农业、现代食品加工业等新产业新业态是具有更高价值形态和更高附加值的现代农业，将成为新的经济增长点，进而推动农村经济增长。

第二，模型 $M2$ 显示，农业内部产业重组型融合对农村经济增长具有显著的正效应，弹性系数为 0.2003，这说明农业内部产业重组型融合对农村经济增长的促进作用明显。以循环农业发展为例，畜禽养殖产生的粪污、垫料等废弃物施用于稻田、果园和菜地等处，有助于显著改良土壤结构，提升耕地地力，在生产出更多绿色、安全、生态的优质农产品的同时缓解了资源短缺，保障农业综合生产能力和农产品质量安全，促进农村经济增长。

第三，模型 $M3$ 显示，农业产业链延伸型融合对农村经济增长的影响不显著，且系数为负。可能的原因是农产品产业精加工、深加工程度不足，无法充分实现农产品附加值，加之农产品产业的生产、加工、销售等环节空间分布松散，初级农产品的加工、储存、运输、装卸、销售中产业配套技术含量较低，农产品腐烂、损耗严重，从而对于农村经济增长表现出一定的抑制作用。

第四，模型 $M4$ 显示，农业功能拓展型融合对农村经济增长具有显著的正效应，弹性系数为 0.1515，这说明农业功能拓展型融合对农村经济增长的促进作用明显。农业功能拓展型融合打破传统农业的边界并与其他的产业之间经过产业链的调整、协调而融合，实现产业与产业间的要素渗透。在农业生产的基础上，发展休闲观光、农事体验等一些新型业态，激发新的消费市场，提升农业产品的价值，将传统农业种植养殖业与旅游等服务业相结合，实现农产品直接从田头到餐桌，进而减少产业链中附加值的损失，极大促进农村经济发展。

第五，模型 M5 显示，高技术对农业的渗透型融合对农村经济增长具有显著的正效应，弹性系数为 0.7525，这说明高技术对农业的渗透型融合对农村经济增长的促进作用明显。现代先进技术引入农业生产，一方面可以实现精准农业，降低单位成本，提高单位产量；另一方面可以实施信息化管理、规模化生产，提升经营效率、获取规模效益。此外，"互联网+农业"还能在催生巨大数据搜集、信息平台建设等技术服务需求的同时拓宽当地特色农产品的销售渠道，降低了交易成本，增加了农业效益。

表 5-4　　长江上游地区产业融合发展的经济增长效应估计结果（被解释变量：ln$pgdp$）

	M1	M2	M3	M4	M5
lnnrh	0.1715** (2.1364)				
lnnbr		0.2003** (2.1416)			
lnclr			-0.0008 (-0.0203)		
lngnr				0.1515*** (2.8854)	
lntsr					0.7525*** (6.6055)
lnhum	4.4244*** (3.8334)	5.4204*** (5.4363)	5.7086*** (4.7123)	5.1400*** (5.2541)	2.3155** (2.5078)
lngov	0.2618*** (4.9890)	0.2784*** (5.4645)	0.2917*** (5.4098)	0.2426*** (4.6748)	0.2436*** (6.0937)
lnmed	1.7328*** (2.7764)	2.0316*** (3.3179)	1.9952*** (3.0712)	1.1083 (1.6587)	1.2596** (2.5785)

续表

	M1	M2	M3	M4	M5
lnmar	0.3772***	0.2908***	0.3591***	0.2392***	0.0437
	(4.9354)	(3.5246)	(4.2547)	(2.8245)	(0.5757)
常数项	-24.5747***	-29.2466***	-30.0075***	-19.9263**	-14.7419**
	(-3.2656)	(-4.1202)	(-3.8152)	(-2.5858)	(-2.4681)
N	64	64	64	64	64
R^2	0.9416	0.9416	0.9367	0.9451	0.9647
Hausman 检验值	32.96***	12.34***	25.51***	24.42***	20.30***
F 统计量	177.30	177.37	162.87	189.18	300.80
P 值	0.0000	0.0000	0.0000	0.0000	0.0000

注：*、**、***分别表示10%、5%、1%的显著性水平。

第二节 农村产业融合对农民增收的影响

一 模型设定与变量选取

本研究基于2004—2019年长江上游四省（市）的面板数据，以农村产业融合作为解释变量，检验农村产业融合发展对农民收入的作用效果。构建面板数据计量模型进行分析，表达形式如下所示。

$$\ln inc_{it} = c + \alpha \ln T_{it} + \beta \ln X_{it} + u_i + \theta_t + \varepsilon_{it}$$

模型中，对每个变量取对数的主要原因在于变量的差分近似地等于该变量的变化率，在不改变数据性质和关系的基础上，可以消除异方差和指数趋势的影响。下标 i 和 t 表示第 i 个省份的第 t 年，u 为地区效应，θ 为时间效应，ε 为随机扰动项。被解释变量为农民收入（inc），选取农村居民家庭人均纯收入衡量农村居民的增收水平和增收能力，能够体现农民的真实收入水平及其对生活的改善能力，在此，使用长江上游地区四省（市）各年度CPI指数折算成2004年不变价的数值。解释变量T，表示农村产业融合发展水平，在实证中，将农村产业融合总体发展水平（nrh）、农业内部产业重组型融合水平（nbr）、农业产业链延伸型融合水平（clr）、农业功能拓展型融合水平（gnr）、高技术对农业的渗透型融合水平（tsr）依次带入检验，以前文已测算出的各融合发展的耦合协调度为基础予以衡量。

X 表示影响农民收入的控制变量集合，在此选取与农民收入有较大影响的变量——农业产业结构（$stru$）、农村人力资本（hum）、政府支农水平（gov）与农村固定资产投资（fix）为控制变量。第一，农业产业结构，采用种植业产值占农林牧渔总产值的比重（%）来反映农业内部产业结构的调整。农业内部结构由以粮食作物占主导逐步向粮食与经济作物并重、经济作物占主导的方向转变，种植业占比不断下降有利于推动农业市场化发展，促进农民增收[1]。第二，农村人力资本，采用农村地区平均受教育年限（年/人）来衡量当地的人力资本状况。农村人均受教育年限 = 小学人口比重×6 + 初中人口比重×9 + 高中及中专人口比重×12 + 大专及大专以上人口比重×16，其中6、9、12、12 与16 年对应的是小学、初中、高中、中专、大专及以上的受教育年限。大多数的文献研究结论认为，农村人力资本对农民收入具有正向的影响作用[2]，农村人力资本不仅对于提高农民绩效、增加农民收入具有重要影响，也是构成农村技术进步对增收效应异质性的重要因素。第三，政府支农水平（gov），采用农业支出占财政总支出比重（%）衡量。财政支农是国家支持农村、农民、农业发展的主要手段，也是国家对农民实施收入再分配的重要形式之一，能够有效降低农业生产成本、鼓励农民生产、促进其增收[3]。第四，农村固

---

[1] 陈锴：《农业结构调整、农业多功能性与农民收入变化——基于长三角苏、浙、沪地区的实证研究》，《经济问题》2011 年第 11 期。

[2] 宋英杰：《受教育程度与农民增收关系的实证研究——基于省际面板数据的分析》，《农业技术经济》2010 年第 10 期。

[3] 刘振彪：《我国财政支农支出促进农民收入增长的实证分析》，《财经理论与实践》2011 年第 3 期。

定资产投资（fix），采用农村固定资产投资总额（亿元）来表示，并利用价格指数进行了平减处理。农村固定资产投资作为劳动经济增长的"三驾马车"之一，在促进农业发展和农民增收中也扮演着重要角色，固定资产投资于农田水利设施以及农村道路交通等基础设施的发展中对经济、社会发展有着重要的作用，农户亦可从中获益，从而激发农村潜在的经济生产要素，提升农村经济发展的活力，促进农村居民增收[①]。

二　数据来源与统计性描述

本研究选取2004—2019年长江上游地区的省级面板数据进行实证分析，共计64个样本观测值。原始数据主要来源于《中国统计年鉴》、《中国环境统计年鉴》、《中国农村统计年鉴》和中经网统计数据库。主要变量原始数据描述性统计见表5－5。

表5－5　　　　　　　各变量的描述性统计

变量	符号	样本数	均值	标准差	最大值	最小值
农村居民家庭人均纯收入	lninc	64	8.234	7.451	7.871	0.209
农村产业融合总体发展水平	lnnrh	64	－1.535	0.582	－0.453	－2.747
农业内部产业重组型融合水平	lnnbr	64	－3.600	0.701	－2.693	－5.366
农业产业链延伸型融合水平	lnclr	64	－3.151	1.209	－1.469	－6.304
农业功能拓展型融合水平	lngnr	64	－3.580	1.166	－1.949	－7.102
高技术对农业的渗透型融合水平	lntsr	64	－2.592	0.761	－1.328	－4.634
农业产业结构	lnstru	64	－0.600	0.113	－0.398	－0.942

---

① 张志新、林立、黄海蓉：《再论技术进步的农民增收效应：来自中国14个农业大省2000—2017年的证据》，《湖南社会科学》2020年第2期。

第五章 长江上游地区农村产业融合发展的经济、社会与生态效应 / 137

续表

变量	符号	样本数	均值	标准差	最大值	最小值
农村人力资本	lnhum	64	2.024	0.0681	2.159	1.847
财政支农	lngov	64	-2.289	0.507	-1.784	-5.520
农村固定资产投资	lnfix	64	5.397	0.679	6.640	4.443

为了便于在直观上先验判断农村产业融合与农民增收之间的关系，本研究构建农村产业融合与农村居民家庭人均纯收入关系的散点图（见图5-6至图5-10）。农村产业融合总体发展水平、农业内部产业重组型融合水平、农业产业链延伸型融合水平、农业功能拓展型融合水平、高技术对农业的渗透型融合水平与农村居民家庭人均纯收入之间均呈正相关关系，即农村产业融合总体发展水平、农业内部产业重组型融合水平、农业产业链延伸型融合水平、农业功能拓展型融合水平、高技术对农业的渗透型融合水平能够促进农民收入增长。

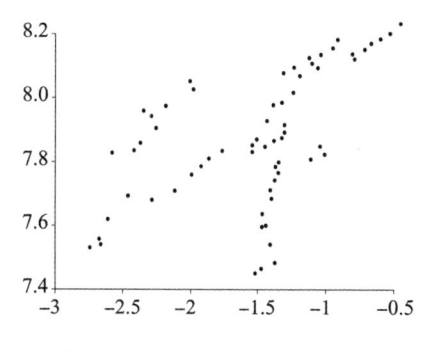

图5-6 农村产业融合总体发展水平与农民收入

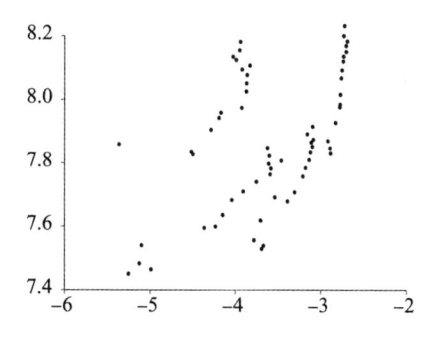

图5-7 农业内部产业重组型融合水平与农民收入

图5-8 农业产业链延伸型融合
水平与农民收入

图5-9 农业功能拓展型融合
水平与农民收入

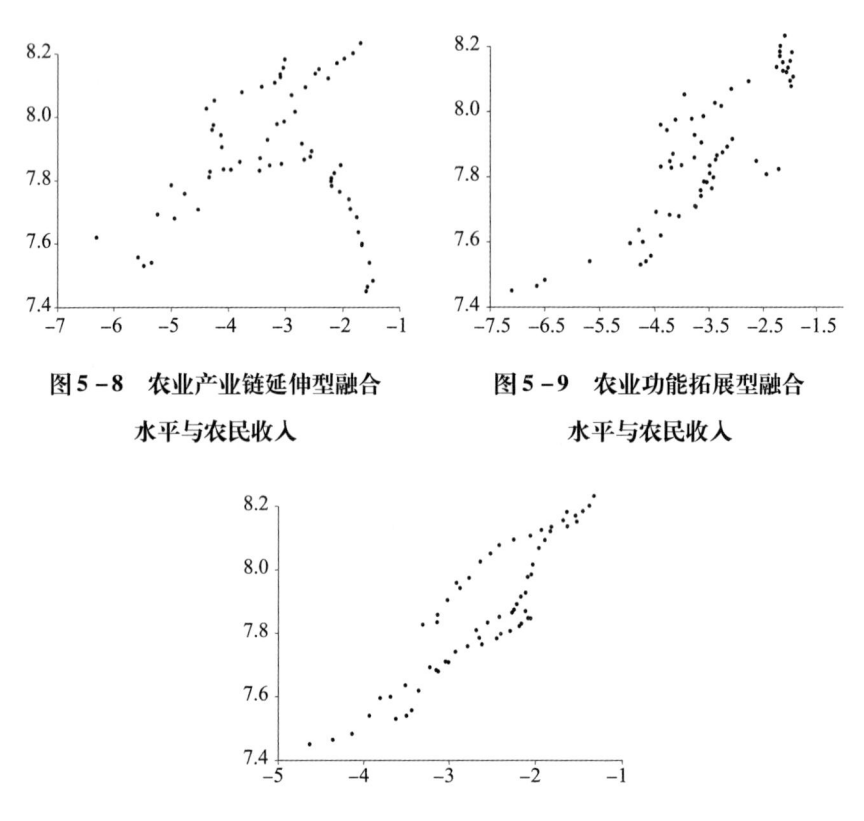

图5-10 高技术对农业的渗透型融合水平与农民收入

三 实证研究与结果分析

1. 单位根检验与协整关系检验

在探究农业与服务业融合发展的农户增收效应之前，采用 LLC（Levin，Lin and Chu）、IPS（Im Pesaran, and Shin）、Fisher – ADF 和 Fisher – PP 检验法对各指标的平稳性分别进行检验。检验结果见表5-6。从表5-6可见，各变量均为非平稳序列，而所有变量的一阶差分在1%或5%的显著性水平上均拒绝含有单位根的原假设，因此各变量都是一阶单整序列，即均为Ⅰ（1），可以进行面板数据的协整检验。对解释变量分别为 lnnrh、lnnbr、lnclr、lngnr、lntsr 模型方程各序列的协整关系进行 Kao ADF 检验，检验结果见表5-7。从表5-7可见，Kao ADF 统计量在1%、5%、10%显著性水平下拒绝了原假设（不存在协整关系），表示各序列间存在显著的协整关系。

表 5-6　　变量单位根检验的综合结果

变量与检验方法	原值 LLC	原值 IPS	原值 Fisher-ADF	原值 Fisher-PP	一阶差分 LLC	一阶差分 IPS	一阶差分 Fisher-ADF	一阶差分 Fisher-PP
ln*inc*	-0.81	-0.94	11.96	12.37	-3.99***	-3.75***	25.83***	55.83***
ln*nrh*	-1.82**	-1.22	20.70***	6.60	-3.17***	-3.32***	38.80***	27.15***
ln*nbr*	-1.24	-2.34***	25.84***	17.88**	-14.33***	-4.35***	68.46***	81.20***
ln*clr*	-2.91***	-1.46*	19.94***	5.73	-2.61***	-2.72***	35.37***	16.10**
ln*gnr*	-1.88**	-1.67**	19.75***	5.97	-3.22***	-3.79***	40.00***	42.10***
ln*tsr*	-1.92**	0.80	26.19***	0.90	-4.71***	-3.55***	35.38***	33.27***
ln*stru*	-3.08***	-1.43*	26.51***	6.53	-3.61***	-3.04***	44.52***	21.89***
ln*hum*	-2.12**	-2.46***	4.49	6.43	-6.46***	-3.77***	78.07***	66.67***
ln*gov*	-6.19**	-3.91***	7.32	26.66***	-16.6***	-4.85***	139.46***	157.71***
ln*fix*	-2.91***	-1.58*	16.88	13.28	-6.46***	-2.79***	34.95***	31.01***

注：*、**、*** 分别表示 10%、5%、1% 的显著性水平。

表 5-7　　Kao ADF 面板协整检验结果

解释变量	t-Statistic	P 值	解释变量	t-Statistic	P 值
*N*1	-1.4569	0.0726	*N*2	-1.8675	0.0309
*N*3	-3.4778	0.0003	*N*4	-1.8345	0.0333
*N*5	-1.7376	0.0411			

2. 模型检验与估计

对长江上游地区四省（市）农村产业融合发展影响农民收入

效应检验构建的五个面板模型进行 Hausman 检验，得到五个面板模型的 Hausman 检验值分别为 44.48、42.13、43.73、47.30、48.60，且均在 1% 的显著水平拒绝了原假设，说明应采用固定效应模型进行估计。具体结果见表 5-8，模型 $N1$—$N5$ 所示：$N1$ 为农村产业融合的增收效应，$N2$ 为农业内部产业重组型融合的增收效应，$N3$ 为农业产业链延伸型融合的增收效应，$N4$ 为农业功能拓展型融合的增收效应，$N5$ 为高技术对农业的渗透型融合的增收效应。

从表 5-8 可见，模型 $N1$—$N5$ 为控制相关变量后，农村产业融合总体发展水平、农业内部产业重组型融合水平、农业产业链延伸型融合水平、农业功能拓展型融合水平、高技术对农业的渗透型融合水平分别对农民收入的影响结果。其中，模型 $N1$、$N2$、$N3$、$N4$、$N5$ 的回归结果显示，农村产业融合总体发展水平、农业内部产业重组型融合、农业产业链延伸型融合、农业功能拓展型融合、高技术对农业的渗透型融合对于长江上游地区四省（市）农户收入的提升具有显著影响。

第一，模型 $N1$ 显示，农村产业融合对农户收入具有显著的正效应，弹性系数为 0.0308，这说明农村产业融合对农户收入的促进作用明显。农村产业融合新产业和新业态的出现，实现市场规模扩大，创造更多农村就业机会，为当地农民提供更多就业岗位和社会福利，农民在从事农业生产的同时，还可在农产品加工、销售、服务、农村旅游等领域就业，实现增收。以四川为例，2019 年，全省休闲农业与乡村旅游经营主体个数达 4.42 万个，美丽休闲乡村 1700 多个，休闲农业与乡村旅游综合收入达 1605 亿元，占全省旅游总收入的 13.8% 以上，接待游客 4.41 亿人次，占全省国内游客接待人次的 58.8% 以上，乡村旅游推动扶贫试点村达 500 个以上，带动 17.04 万农村贫困人口脱贫、1500

万农民就业增收。

第二，模型 N2 显示，农业内部产业重组型融合对农户收入具有显著的正效应，弹性系数为 0.0239，这说明农村产业融合对农户收入的促进作用明显。农业内部产业重组型融合能够使农业、林业、牧业、渔业相互融合，形成循环农业，将以往资源—产品—废弃物的农业生产方式，转变为资源—产品—废弃物—资源或产品的生产方式，发展生态循环种养模式，优化农业内部种养结构，合理分配自然资源，提高物质循环效率，促进农业资源节约利用、可持续利用，促进农户增收。

第三，模型 N3 显示，农业产业链延伸型融合对农户收入具有正效应，弹性系数为 0.0066，这说明农业产业链延伸型融合对农户收入具有促进作用。农业产业链延伸型融合将农业生产与加工、流通、销售等环节连接在一起，提高农产品附加值，增加农民收入。但是由于目前农业产业链各个环节空间分布松散，农村地区农产品加工、销售产业群比较鲜见，且以生产环节为主，产品附加值低，且大多农产品加工企业选择一次性买断农产品，农户所能分享的由农产品深加工所带来的价值增值较低，农业产业链延伸型融合的农户增收效应微弱。

第四，模型 N4 显示，农业功能拓展型融合对农户收入具有显著的正效应，弹性系数为 0.0240，这说明农业功能拓展型融合对农户收入的促进作用。农业功能拓展型融合吸引资本、技术、人才等生产要素投入农业现代化，促进休闲农业、生态农业等新型农业的发展，通过发展休闲农业、乡村旅游等途径，激活农业农村的生活和生态功能，转型提升农业的生产功能，增强农业适应需求、引导需求、创造需求的能力，拓展农业的增值空间，促进生态资源向生态资产的转换，使农民收入不再局限于种养殖业，有效带动农民增收。

第五，模型 N5 显示，高技术对农业的渗透型融合对农户收入具有显著的正效应，弹性系数为 0.0797，这说明高技术对农业的渗透型融合对农户收入的促进作用明显。"互联网+"农业的发展，通过鼓励发展依托农业的主导产业和特色产业，指引更多的乡村企业、合作组织、农村大学生从事农村电商，开展农产品网上营销，提高了农产品附加值；订单农业模式、网上团购模式等兴起将生产者与消费者通过信息技术连接起来，减少二者之间信息不对称问题，使消费者能以较低的价格购买到新鲜的农产品的同时，也拓宽了种植者的销售渠道，极大促进农村发展及农民增收。2019 年，云南全省农村网络零售额达 517.98 亿元，增长 36.36%，高于全国 10.75 个百分点；2015 年以来，农村网络零售额增长了近 20 倍，电商扶贫服务网络覆盖建档立卡贫困村 3378 个，建档立卡贫困人口 564.22 万人，带动贫困人口就业创业 68.95 万人。此外，农户可能由于在产业融合中采用新技术、保护生态环境、推动当地经济发展等行为得到政府补贴，提高农户转移性收入，进而进一步促进农户增收[①]。

表 5-8　　长江上游地区产业融合发展的农户增收效应估计结果（被解释变量：lninc）

	N1	N2	N3	N4	N5
lnnrh	0.0308 ** (2.2468)	—	—	—	—
lnnbr	—	0.0239 * (1.7099)	—	—	—
lnclr	—	—	0.0066 (1.1212)	—	—

---

① 李姣媛、覃诚、方向明：《农村一二三产业融合：农户参与及其增收效应研究》，《江西财经大学学报》2020 年第 5 期。

续表

	N1	N2	N3	N4	N5
ln*gnr*	—	—	—	0.0240 *** (4.1073)	
ln*tsr*	—	—	—	—	0.0797 *** (5.3223)
ln*stru*	0.1416 ** (2.3063)	0.2048 *** (3.4790)	0.1743 *** (2.8549)	0.1518 *** (2.8515)	0.1207 ** (2.3942)
ln*hum*	0.5764 *** (4.0625)	0.6477 *** (4.7683)	0.6645 *** (4.7591)	0.5187 *** (4.1157)	0.1178 (0.7549)
ln*gov*	0.0137 (1.4597)	0.0152 (1.5793)	0.0128 (1.2993)	0.0122 (1.4185)	0.0194 ** (2.4108)
ln*fix*	0.6740 *** (9.1624)	0.6521 *** (8.3037)	0.7026 *** (9.2964)	0.6068 *** (8.6582)	0.5944 *** (9.1775)
常数项	3.2308 *** (10.2510)	3.2846 *** (8.6776)	2.8892 *** (10.6424)	3.7513 *** (11.5072)	4.7484 *** (11.2264)
N	64	64	64	64	64
R^2	0.9643	0.9630	0.9619	0.9701	0.9742
Hausman 检验值	44.4800 ***	42.1300 ***	43.7300 ***	47.3000 ***	48.6000 ***
F 统计量	285.9300	296.8200	416.1500	357.4200	277.3900
P 值	0.0000	0.0000	0.0000	0.0000	0.0000

注：*、**、*** 分别表示 10%、5%、1% 的显著性水平。

第三节 农村产业融合对农村生态环境的影响

一 模型设定与变量选取

本研究基于 2004—2019 年长江上游四省（市）的面板数据，以农村产业融合作为解释变量，检验农村产业融合发展对农村生态环境的作用效果。农村生态环境以农村生态空间质量、生产空间质量、生活空间质量"三生"环境质量改善为目标构建评价指标体系，共 3 个子系统 17 个具体指标，用于表征农村生态环境综合发展水平（见表 5-9）。

表 5-9　　　　　　　　农村生态环境评价指标体系

目标层	准则层	指标层	计算方法	单位	方向	权重
农村生态环境	生态空间环境质量	森林覆盖率	森林覆盖率	%	+	0.03831
		人均耕地面积	耕地面积/农村人口数	公顷/人	+	0.05282
		人均水资源拥有量	水资源拥有量/乡村人口数	立方米/人	+	0.03478
		自然保护区	自然保护区个数	个	+	0.07574
		水土流失	水土流失治理面积	千公顷	+	0.06674
		人均造林面积	当年造林总面积/农村人口数	平方米/人	+	0.08532
			林业重点生态工程建设	公顷	+	0.03754
	生产空间环境质量	化肥施用强度	化肥使用量/农作物总播种面积	千克/公顷	−	0.04966
		农药使用强度	农药使用量/农作物总播种面积	千克/公顷	−	0.03519
		农膜使用强度	农膜使用量/农作物总播种面积	千克/公顷	−	0.02121
		农作物受灾率	农作物受灾面积/农作物总播种面积	%	−	0.03867
	生活空间环境质量	卫生厕所普及率	改厕受益户数/农村总户数	%	+	0.02768
		饮用水安全程度	累计已改水受益人口/农村人口数	%	+	0.03771
		农村自来水普及率	农村自来水普及率	%	+	0.17886
		人均生活污水净化池	生活污水净化池/农村人口数	个/万人	+	0.01951
		生活垃圾无害化处理率	生活垃圾无害化处理率	%	+	0.03983
		人均沼气池产气总量	沼气池产气总量/农村人口数	立方米/人	+	0.11116
		人均太阳能热水器	太阳能热水器/农村人口数	平方米/人	+	0.03720

注：权重的具体数值由熵值法确定。

选取对农村生态环境影响较大的因素作为控制变量。第一，农业产业结构（stru），采用种植业产值占农林牧渔总产值的比重（%）来反映农业内部产业结构的调整。第二，环境规制（ei），采用环境污染治理投资占GDP的比重来衡量对环境保护的重视程度。第三，农业现代化（alp），采用农林牧渔业总产值除以第一产业从业人数来反映农业的发展程度。第四，农业经济发展水平（pgdp），采用农林牧渔业总产值除以乡村人口数来表示农村经济发展状况。第五，技术进步（tec），用农村互联网普及率来表示农村科技发展程度。

由于农村生态环境的综合评价值范围为（0，1）属于受限变量，采用普通最小二乘法会造成偏误，而Tobit模型可以很好地解决受限因变量的回归问题，本书采用面板Tobit模型对农村生态环境综合评价值的影响程度进行分析，模型设定如下。

$$y*_{it} = x_{it}\gamma + \varepsilon_{it}$$

$$\begin{cases} y_{it} = y_{it}^*, & if\ 0 < y_{it} \leqslant 1 \\ y_{it} = 0, & if\ y_{it} < 0 \\ y_{it} = 1, & if\ y_{it} > 1 \end{cases}$$

其中，y_{it}^*为潜变量，y_{it}为观测到的因变量，x_{it}为自变量，γ为自变量系数，下标i和t表示第i个省份的第t年，ε_{it}为随机扰动项。

二 数据来源与统计性描述

数据来源于《中国统计年鉴》（2004—2020）、《中国环境统计年鉴》（2004—2020）、《中国农村统计年鉴》（2004—2020）、中经网统计数据库、EPS统计数据库。农产品加工业、休闲农业以及农林牧渔服务业数据来源于历年《中国农业统计年鉴》《中国环境统计年鉴》《中国农村统计年鉴》以及各地区年鉴和政府网站，个别缺失数据采用线性插值法予以补齐处理。主要变量数据描述性统计见表5-10。

表 5-10 变量的描述性统计

变量	符号	均值	标准差	最大值	最小值
农村产业融合总体发展水平	lnnrh	-1.535	0.582	-0.453	-2.747
农业内部产业重组型融合水平	lnnbr	-3.600	0.701	-2.693	-5.366
农业产业链延伸型融合水平	lnclr	-3.151	1.209	-1.469	-6.304
农业功能拓展型融合水平	lngnr	-3.580	1.166	-1.949	-7.102
高技术对农业的渗透型融合水平	lntsr	-2.592	0.761	-1.328	-4.634
农业产业结构	lnstru	-0.600	0.113	-0.398	-0.942
环境规制	lnei	0.0590	0.0100	0.952	-0.654
技术进步	lntec	3.374	3.433	4.113	2.389
农业现代化	lnalp	9.184	0.477	10.13	8.013
农业经济发展水平	lnpgdp	9.011	0.668	10.02	7.508

为了便于在直观上先验判断农村产业融合与农村生态环境之间的关系，本研究构建农村产业融合与农村生态环境关系的散点图（见图 5-11 至图 5-15）。农村产业融合总体发展水平、农业内部产业重组型融合水平、农业产业链延伸型融合水平、农业功能拓展型融合水平、高技术对农业的渗透型融合水平与农村生态环境之间均呈正相关关系，即农村产业融合总体发展水平、农业内部产业重组型融合水平、农业产业链延伸型融合水平、农业功能拓展型融合水平、高技术对农业的渗透型融合水平能够改善农村生态环境。

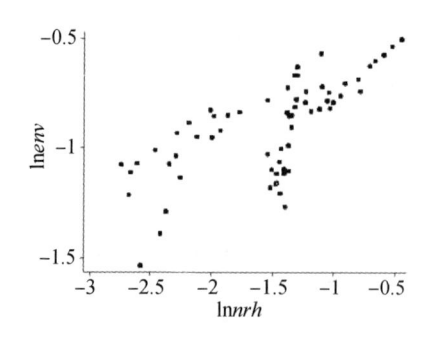

图 5-11 农村产业融合总体发展水平与农村生态环境

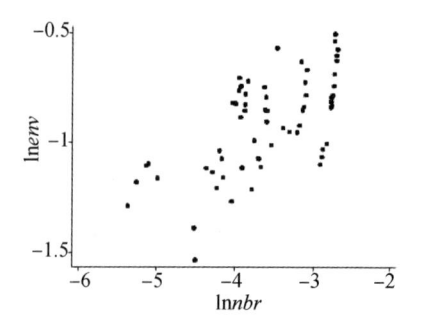

图 5-12 农业内部产业重组型融合水平与农村生态环境

图5-13 农业产业链延伸型融合水平与农村生态环境

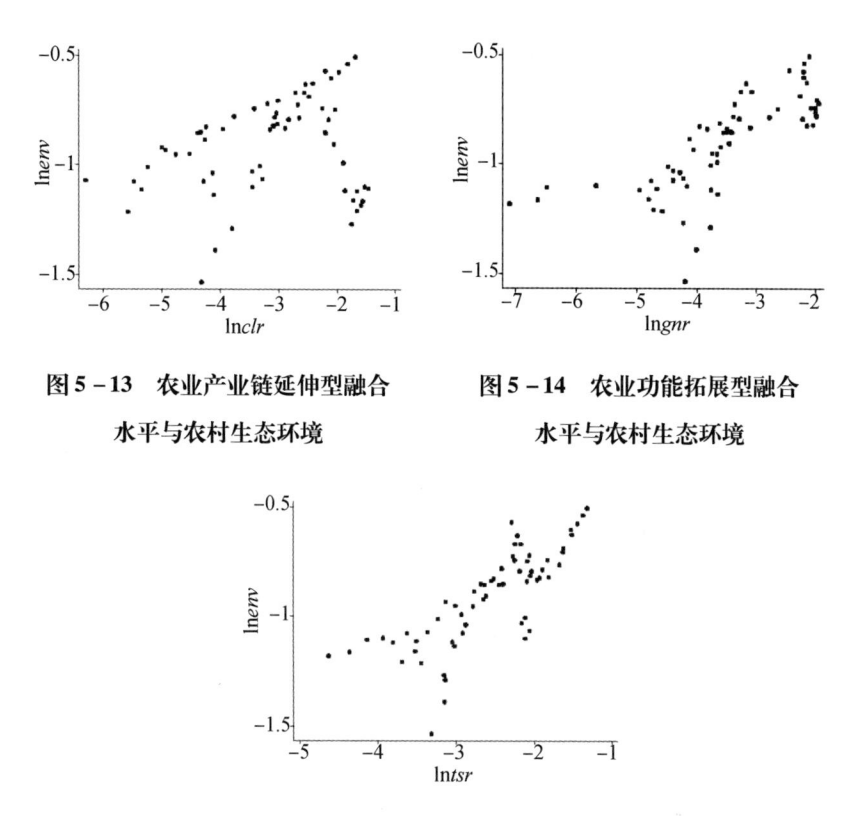

图5-14 农业功能拓展型融合水平与农村生态环境

图5-15 高技术对农业的渗透型融合水平与农村生态环境

三 实证研究与结果分析

1. 单位根检验与协整关系检验

在探究农业与服务业融合发展的农户增收效应之前，采用 LLC（Levin, Lin and Chu）、IPS（Im Pesaran, and Shin）、Fisher-ADF 和 Fisher-PP 检验法对各指标的平稳性分别进行检验。检验结果见表5-11。从表5-11可见，变量 lnenv、lntec、lnalp、ln$pgdp$ 为平稳序列，剩余变量均为非平稳序列，且剩余变量的一阶差分在1%的显著性水平上均拒绝含有单位根的原假设，因此各变量都是一阶单整序列，即均为 I（1），可以进行面板数据的协整检验。对解释变量分别为 lnnrh、lnnbr、lnclr、lngnr、lntsr 模型方程各序列的协整关系进行 Kao ADF 检验，结果见表5-12。从表5-12可见，

Kao ADF 统计量在 1% 显著性水平下拒绝了原假设（不存在协整关系），表示各序列间存在显著的协整关系。

表 5-11　　　　　　　　　变量单位根检验结果

变量与检验方法	原值 LLC	原值 IPS	原值 Fisher-ADF	原值 Fisher-PP	一阶差分 LLC	一阶差分 IPS	一阶差分 Fisher-ADF	一阶差分 Fisher-PP
ln*env*	-2.39***	-1.99**	38.16***	16.15**	—	—	—	—
ln*nrh*	-1.82**	-1.22	20.70***	6.60	-3.17***	-3.32***	38.80***	27.15***
ln*nbr*	-1.24	-2.34***	25.84***	17.88***	-14.33***	-4.35***	68.46***	81.20***
ln*clr*	-2.91***	-1.46*	19.94***	5.73	-2.61***	-2.72***	35.37***	16.10**
ln*gnr*	-1.88**	-1.67**	19.75***	5.97	-3.22***	-3.79***	40.00***	42.10***
ln*tsr*	-1.92**	0.80	26.19***	0.90	-4.71***	-3.55***	35.38***	33.27***
ln*stru*	-3.08***	-1.43*	26.51***	6.53	-3.61***	-3.04***	44.52***	21.89***
ln*tec*	-4.08***	-2.36***	22.50***	14.34*	—	—	—	—
ln*alp*	-2.71***	-1.62*	15.24*	13.78*	—	—	—	—
ln*ei*	-2.57***	-1.22	20.08**	4.82	-4.21***	-3.31***	40.95***	28.76***
ln*pgdp*	-1.87**	-2.25**	16.03**	25.47***	—	—	—	—

注：*、**、*** 分别表示 10%、5%、1% 的显著性水平。

表 5-12　　　　　　　　Kao ADF 面板协整检验结果

被解释变量	t-Statistic	Prob	被解释变量	t-Statistic	Prob
*P*1	-4.4622***	0.0000	*P*4	-3.2974***	0.0005
*P*2	-3.8751***	0.0001	*P*5	-4.1210***	0.0000
*P*3	-4.4758***	0.0000	—	—	—

注：*、**、*** 分别表示 10%、5%、1% 的显著性水平；没有趋势项，滞后次数自动选择为 1，采用 Bartlett 进行核估计。

2. 模型检验与估计

以变量农村生态环境（*env*）为被解释变量，以农村产业融合总体发展水平（*nrh*）、农业内部产业重组型融合水平（*nbr*）、农业产业链延伸型融合水平（clr）、农业功能拓展型融合水平（gnr）、高技术对农业的渗透型融合水平（tsr）各为解释变量进行面板 tobit 回归分析构建 5 个模型进行分析，P1 为农村产业融合总体发展水平对农村生态环境的影响，P2 为农业内部产业重组型融合水平对农村生态环境的影响，P3 为农业产业链延伸型融合水平对农村生态环境的影响，P4 为农业功能拓展型融合水平对农村生态环境的影响，P5 为高技术对农业的渗透型融合水平对农村生态环境的影响（见表 5 – 13）。

表 5 – 13　　长江上游地区产业融合发展对农村生态环境影响结果估计（被解释变量：env）

	P1	P2	P2	P4	P5
lnnrh	0.062*** (0.0010)	—	—	—	—
lnnbr	—	0.032** (0.0440)	—	—	—
lnclr	—	—	0.017** (0.0116)	—	—
lngnr	—	—	—	-0.021** (0.0414)	—
lntsr	—	—	—	—	0.016 (0.4719)
ln$stru$	0.213*** (0.0022)	0.211*** (0.0067)	0.222*** (0.0025)	0.217*** (0.0027)	0.166** (0.0338)
lnalp	-0.005 (0.9419)	0.039 (0.1117)	0.063 (0.2091)	0.079 (0.1099)	0.032 (0.3273)
ln$pgdp$	0.115*** (0.0025)	0.126*** (0.0057)	0.137*** (0.0005)	0.125*** (0.0036)	0.182*** (0.0000)
lnei	0.016 (0.3232)	-0.022 (0.1975)	0.012 (0.4804)	-0.005 (0.7889)	-0.018 (0.2911)
lntec	-0.085 (0.1501)	-0.101 (0.1530)	-0.136** (0.0386)	-0.065 (0.3110)	-0.172*** (0.0052)

续表

	P1	P2	P2	P4	P5
常数项	-0.069 (0.8920)	-0.499 (0.1280)	-0.763** (0.0223)	-1.164*** (0.0010)	-0.797* (0.0577)
组间标准差	0.034* (0.0817)	0.000 (1.0000)	0.027* (0.0602)	0.029** (0.0336)	0.000 (1.0000)
组距标准差	0.030*** (0.0000)	0.036*** (0.0000)	0.032*** (0.0000)	0.032*** (0.0000)	0.037*** (0.0000)
N	64	64	64	64	64

注：p-values in parentheses * $p<0.1$, ** $p<0.05$, *** $p<0.01$。

从表 5-13 模型 P1 中可见，农村产业融合总体发展水平（lnnrh）的影响系数为 0.062，说明对农村生态环境存在正向影响，且通过 1% 的显著性水平检验。在长江上游地区物质资源丰富，农村产业融合得到有力发展，同时国家所倡导的低碳绿色发展之路，使生态发展与经济发展形成良性互动，带动了农村产业发展和改善了农村环境。例如，近年来，四川省依托长江上游重要生态屏障和水源涵养区资源优势，在"生态优先、绿色发展"的理念下，通过实施生态扶贫战略，大力推进绿色扶贫"三次产业"特色生态产业、大众生态创业、稳定生态就业项目，大力推进生态产业化和产业生态化，从林草种植业、养殖业向生态服务业延伸和拓展，实现农村产业生态融合发展。仅 2018 年，四川省借助大熊猫特色 IP，发展大熊猫、森林、湿地等生态旅游，接待游客 3 亿多人次，直接收入超 1144 亿元，带动社会收入 2750 亿元[①]。

在模型 P2 中，农业内部产业重组型融合水平（lnnbr）的影响系数为 0.032，通过了 5% 的显著性水平检验，说明农业内部产业重组型融合对农村生态环境存在正向影响。种植业、林业与养殖业

---

① 刘宏葆：《实施生态"三业"工程，推进绿色脱贫攻坚》，《四川日报》2019 年 11 月 18 日第 3 版。

的合理规划，降低了农村生态环境的承载压力，而且种养结合的循环发展模式，有利于从根本上解决畜禽养殖、村屯养殖污染问题和农村养殖违建乱建等问题，不仅能提高养殖质量和种植业效益，而且有助于养殖业废物科学化利用。

在模型 $P3$ 中，农业产业链延伸型融合水平（$lnclr$）的影响系数为 0.017，通过了 5% 的显著性水平检验，说明农业产业链延伸型融合对农村生态环境存在正向影响。农业产业链的整合与延伸，加快了农产品加工对低碳、低耗、循环、高效加工体系的应用，减少农村资源消耗以及污染排放。例如，四川省大力发展农畜、林产品初加工和精深加工，累计建成产地初加工设施设备 1.76 万座，产地初加工能力达 600 余万吨、初加工率达 60%。并通过建立各类形式的产销联合体，发展农超、农社、农企、农校等产销对接的新型流通业态，农村电商销售额达 455 亿元。农产品加工业与生态环境保护结合较好，用工业化理念全产业链推进农产品加工业绿色化、优质化、标准化、规模化、名牌化发展，有利于提高资源利用效率，减少对环境的污染，维持生态平衡，推进农产品加工业高质量发展。

在模型 $P4$ 中，农业功能拓展型融合水平（$lngnr$）的影响系数为 -0.021，通过了 5% 的显著性水平检验，说明农业功能拓展型融合对农村生态环境存在负向影响。这主要在于以乡村旅游为典型模式的农业功能拓展型农村产业融合对自然环境具有较强的依赖性，在发展中必然面临资源（尤其是土地、水、林资源）的开垦，主要体现为将农村资源与休闲娱乐等结合起来，拓宽产业范围催生新兴业态，从而优化农村基础设施建设、美化农村人居环境、改善农村自然生态环境和生活环境；但也可能由于农民环保意识不强，在顾及自身利益的情况下出现破坏环境和村庄独有特色的行为。例如，重庆作为西南片区和长江上游地区的重要经济城市，其区位和资源都存在优势，随着交通设施的健全，重庆郊区游客量大增，乡村旅游出现集聚发展的趋势。然而，农村基础设施不足，生活垃圾处理和生活污水排放都未得到及时有效的解决，使农村污水横流、垃圾遍地的现象时有发生。

在模型 $P5$ 中，高技术对农业的渗透型融合水平（lntsr）的影响系数为 0.016，虽未通过显著性水平检验，但其系数为正值，可看出高技术对农业的渗透型融合发展对农村生态环境仍存在积极作用。近年来，长江上游地区通过"数商兴农"，充分释放数字技术和数据资源对农村商务领域的赋能效应，全面提升农村商务领域数字化、网络化、智能化水平，推动农村电子商务高质量发展，支持和促进农业产业融合发展，推进乡村产业振兴。以农村电商发展为核心的高技术对农业的渗透型融合发展模式本身具有生态化的本质，具有节能降耗、资源的循环利用等多方面的优质特征。

第 六 章

长江上游地区农村产业融合发展的
驱动因素与现实困境

长江上游地区要实现高质量的农村产业融合发展，不仅需要发挥本身的内生力量，也需要外在力量、关键条件因子的推动与带动。因此，本部分基于居民消费需求、农村土地流转、人力资本、技术进步、财政支农、农村基础设施、农村环境质量、农业现代化等八个方面，进一步构建面板计量经济模型，对影响长江上游地区农村产业融合发展的各种因素进行实证检验，为制定长江上游地区农村产业融合发展的推进策略给予依据。

第一节 农村产业融合发展的驱动因素

一 模型设定与变量选取

基于居民消费需求、农村土地流转、人力资本、技术进步、财政支农、农村基础设施、农村环境质量、农业现代化等八个方面，构建面板计量经济模型，对影响长江上游地区农村产业融合发展的各种因素进行实证检验，具体模型设定如下所示。

$$Y_{it} = a_0 + a_1 \ln dem_{it} + a_2 \ln land_{it} + a_3 \ln tec_{it} + a_4 \ln gov_{it} + a_5 \ln alp_{it} + a_6 \ln env_{it} + a_7 \ln hum_{it} + a_8 \ln inf_{it} + a_9 \ln stru_{it} + u_i + \theta_t + \varepsilon_{it}$$

其中，u_i 表示地区效应，θ_t 为时间效应，ε_{it} 为随机扰动项。a_i

为待估参数。式中，下标 i 表示地区，t 表示年份。Y_{it} 为一组被解释变量，涵盖农业内部产业重组型融合发展水平（nbr）、农业产业链延伸型融合发展水平（clr）、农业功能拓展型融合发展水平（gnr）、高技术对农业的渗透型融合发展水平（tsr）以及农村产业融合总体发展水平（nrh），分别根据前文计算的综合指数，即 A、B、C、D、T 加以度量；dem 是居民消费需求，采用城乡居民人均消费性支出（元/人）加以衡量；$land$ 是农村土地流转，使用人均耕地面积（亩/人）加以衡量；tec 是农业技术进步，采用各地区的互联网普及率（%）衡量；inf 是农村基础设施，采用公路里程占省域面积比重（km/km²）来衡量；env 是农村环境质量，采用单位耕地面积上的农药、化肥使用量之和（kg/m²）进行衡量；hum 是农村人力资本，采用人均受教育年限（年）衡量，具体计算公式为：农村人口平均受教育年限 = 小学人口比重×6 + 初中人口比重×9 + 高中及中专人口比重×12 + 大专及大专以上人口比重×16；alp 是农业现代化，采用农、林、牧、渔业总产值与第一产业从业人数的比值（元/人）来衡量；gov 是财政支农，采用人均财政支农支出（元/人）来衡量。为了减缓异方差的影响，对上述所有变量取对数。

由于农村金融发展数据缺失，收集了 2004—2019 年长江上游地区四省（市）的相关统计数据，原始数据来源于中经网统计数据库、《中国农村统计年鉴》（2004—2020）、《中国金融统计年鉴》（2004—2020）、《重庆统计年鉴》（2004—2020）、《四川统计年鉴》（2004—2020）、《贵州统计年鉴》（2004—2020）、《云南统计年鉴》（2004—2020）、《中国统计年鉴》（2004—2020）、《中国环境统计年鉴》（2004—2020）。研究涉及变量的统计性描述见表 6-1。

表 6-1　　　　　　　　　　变量的描述性统计

变量	符号	均值	标准差	最大值	最小值
农村产业融合总体发展水平	lnnrh	-1.535	0.582	-0.453	-2.747
农业内部产业重组型融合水平	lnnbr	-3.600	0.701	-2.693	-5.366
农业产业链延伸型融合水平	lnclr	-3.151	1.209	-1.469	-6.304
农业功能拓展型融合水平	lngnr	-3.580	1.166	-1.949	-7.102
高技术对农业的渗透型融合水平	lntsr	-2.592	0.761	-1.328	-4.634
农业现代化	lnalp	9.184	0.477	10.13	8.013
技术进步	lntec	3.374	0.457	4.113	2.389
财政支农	lnfinsa	-2.210	0.235	-1.784	-2.752
人力资本	lnhum	2.024	2.040	2.159	1.847
农村环境质量	lnenv	5.676	5.771	6.072	5.127
居民消费需求	lndem	9.057	9.154	9.941	7.995
农村基础设施	lninf	4.291	4.186	5.354	3.147
农村土地流转	lnland	2.908	0.202	3.215	2.431

二　实证研究与结果分析

1. 序列的平稳性检验

为了减少伪回归，在进行实证分析之前应对变量进行单位根检验，常见的单位根检验方法有 LLC、IPS、Fisher-ADF、Fisher-PP 等。因此为了避免伪回归，我们综合使用这四种方法对各变量进行单位根检验，检验结果见表 6-2。

表 6-2　　　　　　　　　　变量单位根检验结果

变量与检验方法	原值 LLC	原值 IPS	原值 Fisher-ADF	原值 Fisher-PP	一阶差分 LLC	一阶差分 IPS	一阶差分 Fisher-ADF	一阶差分 Fisher-PP
lnnrh	-1.82**	-1.22	20.70***	6.60	-3.17***	-3.32***	38.80***	27.15***
lnnbr	-1.24	-2.34***	25.84***	17.88***	-14.33***	-4.35***	68.46***	81.20***

续表

变量与检验方法	原值 LLC	原值 IPS	原值 Fisher-ADF	原值 Fisher-PP	一阶差分 LLC	一阶差分 IPS	一阶差分 Fisher-ADF	一阶差分 Fisher-PP
lnclr	-2.91***	-1.46*	19.94**	5.73	-2.61***	-2.72***	35.37***	16.10**
lngnr	-1.88**	-1.67*	19.75**	5.97	-3.22***	-3.79***	40.00***	42.10***
lntsr	-1.92**	0.80	26.19***	0.90	-4.71***	-3.55***	35.38***	33.27***
lnalp	-2.71***	-1.62*	15.24*	13.78*	—	—	—	—
lnhum	-2.12**	2.45***	15.45*	15.28*	—	—	—	—
lngov	-1.24	-1.84*	26.80***	8.07	-3.59***	-2.98***	43.92***	21.49***
lndem	-2.29**	-1.22	25.70***	5.61	-3.09***	-3.32***	36.82***	26.44***
lninf	-24.08***	-1.92*	102.61***	12.93	-24.14***	-3.61***	113.85***	41.99***
lnland	-2.79***	-1.01	29.37***	4.08	-3.56***	-3.98***	29.86***	47.45***
lnenv	1.13	0.19	14.89*	2.25	-4.31***	-3.60***	35.26***	36.33***
lntec	-4.08***	-2.36**	22.50***	14.34*	—	—	—	—

注：*、**、*** 分别表示 10%、5%、1% 的显著性水平。

从表 6-2 可见，lnalp、lntec、lnhum 序列原值通过单位根检验，属于平稳序列。lnclr、lngnr、lninf 在 Fisher-PP 检验中不能拒绝"存在单位根"的原假设，lnenv 在 LLC、IPS、Fisher-PP 中不能拒绝"存在单位根"的原假设，lnnrh、lndem、lnland、lntsr 在 IPS 和 Fisher-PP 检验中不能拒绝"存在单位根"的原假设，lnnbr 在 LLC 检验方法中不能拒绝"存在单位根"的原假设，lngov 在 LLC 和 Fisher-PP 检验中不能拒绝"存在单位根"的原假设，因此，这些变量原值序列都不平稳；但对这些非平稳的相关数据进行一阶差分处理后均平稳，各序列为一阶单整变量。

2. 序列的协整关系检验

协整检验的前提首先要求所有变量是非平稳：若模型中仅有2个变量，如果要进行协整检验，需同阶单整；如果模型存在多个变量，单位根检验甚至可能得到有的变量平稳、有的变量不平稳（如1个被解释变量平稳、多个解释变量不平稳），如果要进行协整检验，必须要求最高单整阶数对应的变量个数≥2。根据表6-2的分析可知，ln*alp*、ln*tec* 两个独立的解释变量序列均为平稳序列，单整阶数为0，其余11个变量（包括独立的5个被解释变量，以及6个解释变量）属于1阶单整序列，单整阶数为1。因此，变量 ln*alp*、ln*tec* 为0阶单整序列，它作为解释变量时，被解释变量的单整阶数1高于解释变量的单整阶数0，且被解释变量有5个，剩余单整阶数1的解释变量有6个，符合协整检验条件，可以进行协整检验。因此，5个被解释变量各自与解释变量形成的计量模型能够进行协整检验。在此，使用 Kao ADF 对变量之间是否存在协整关系进行检验，检验结果见表6-3。结果显示，农村产业融合发展总体水平、农业内部产业重组型融合水平、农业产业链延伸型融合水平、农业功能拓展型融合水平、高技术对农业的渗透型融合水平分别作为被解释变量的模型，在1%的显著水平下拒绝了原假设（不存在协整关系），表示各序列间存在显著的协整关系，因此可以进行回归估计。

表6-3　　　　　　　Kao ADF 面板协整检验结果

被解释变量	t-Statistic	Prob	被解释变量	t-Statistic	Prob
ln*nrh*	-4.6681***	0.0000	ln*gnr*	-3.0308***	0.0012
ln*nbr*	-2.0110**	0.0222	ln*tsr*	-1.7522**	0.0399
ln*clr*	-3.2627***	0.0006	—	—	—

注：*、**、***、分别表示10%、5%、1%的显著性水平；没有趋势项，滞后次数自动选择为1，采用 Bartlett 进行核估计。

3. 面板回归

考虑到面板数据模型的回归存在截面相关、异方差和序列相关等三种误差结构，我们使用（Feasible Generalized Least Squares Method，FGLS）估计方法进行估计，该方法可以同时考虑异方差、序列相关和截面相关的问题，结果见表6-4。

表6-4　　　　　　　　　　　　面板数据的 FGLS 估计

解释变量	被解释变量				
	Q1	Q2	Q3	Q4	Q5
	ln*nrh*	ln*nbr*	ln*clr*	ln*gnr*	ln*tsr*
ln*alp*	-0.304	0.985	-2.151	2.226	2.238 ***
	(0.4822)	(0.2701)	(0.2545)	(0.1741)	(0.0000)
ln*gov*	-0.224	0.364	0.406	-0.326	0.068
	(0.1483)	(0.3303)	(0.4538)	(0.5894)	(0.8034)
ln*hum*	2.305 *	4.104 *	4.310	7.858 *	-2.711
	(0.0522)	(0.0874)	(0.1820)	(0.0850)	(0.2159)
ln*env*	-0.990	0.920	3.262 **	-2.720	-0.521 *
	(0.1451)	(0.4847)	(0.0139)	(0.3244)	(0.0965)
ln*dem*	0.865 ***	-0.031	0.010	2.123 **	0.435 *
	(0.0028)	(0.9592)	(0.9886)	(0.0441)	(0.0901)
ln*inf*	0.195 *	-0.861 ***	0.461	0.553	0.238 **
	(0.0755)	(0.0013)	(0.2795)	(0.1675)	(0.0479)
ln*tec*	-2.283 ***	1.553 ***	0.624	1.162	0.875 ***
	(0.0000)	(0.0000)	(0.7741)	(0.2021)	(0.0000)
ln*land*	-0.011	1.310 ***	-1.550 ***	-0.188	-1.384 **
	(0.9376)	(0.0003)	(0.0073)	(0.7300)	(0.0499)
常数项	-0.355	-30.688 ***	-10.756	-48.884 ***	-18.461 **
	(0.9396)	(0.0007)	(0.6613)	(0.0041)	(0.0102)
观测值	64	64	64	64	64

注：*、**、*** 分别表示10%、5%、1%显著性水平，括号内为 t 值。

根据面板回归模型估计结果，农业现代化（ln*alp*）在模型 Q5 中，通过了1%的显著性水平检验，说明农业现代化对高技术对农业的渗透型融合存在显著的正向影响。同时，农业现代化在模型 Q2、Q4 中不显著，但仍有正向影响。这是因为农、林、牧、渔业总产值与农村产业融合的发展是息息相关的，农、林、牧、渔业的发展态势良好也会促进农村产业科技的不断研发，会带动种养、林养结构的不断完善，会加快休闲农业设施建设。但农业现代化在模型 Q1、Q3 中不显著,存在负向效应,这是由于农村产业的日益壮大,对人才需求也不断加大,使第一产业就业人数持续增加,从而显示出对农村产业融合存在负向影响。

财政支农（lngov）在模型 Q2、Q3、Q5 中不显著,但仍存在正向影响。是因为国家资金投入,推动农业产业化发展,不断完善基础设施建设,加快产业融合发展。近年来,在乡村振兴政策支持下,种养结合等生态循环农业得到大力发展,因地制宜开展了多种形式生态高效的种养结合模式,推动农牧业向规模化、标准化、生态化转型升级,实现农牧业的高质量循环发展。在政府的引领下,对生产工具进行改造升级和整合完善产业链,大幅提升了农业生产效率。但财政支农在模型 Q1、Q4 中不显著,但存在负向影响。可能是因为财政对生态环境保护投入,会加大环境监管力度,从而限制休闲农业的设施建设和污染排放,使农村产业融合发展速度放缓。

人力资本（lnhum）在模型 Q1、Q2、Q4 中,通过了 10% 的显著性水平检验,说明人力资本对农村产业融合发展总体水平、农业内部产业重组型融合水平、农业功能拓展型融合水平存在显著的正向影响,同时人力资本在模型 Q3 中虽不显著但仍存在正向影响。说明农村居民知识水平的提升会加速农村产业新模式的生成,会提高对农用机器器械的使用程度,从而助力农业增产、农民增收和农村稳定。但长江上游地区处于西部内陆地区,城乡二元结构显著,剩余劳动力较多,大量有能力的劳动力都转移到城镇,农村发展的内生动力不足,普遍缺少懂三农、懂市场、懂管理且能扎根农村干事创业的实用型人才参与农村产业融合发展项目建设。但人力资本在模型 Q5 中不显著且存在负向影响。可能原因是在长江上游地区经济发展不发达地区,学历高有技术的人员为追求生活品质,大都向经济较为发达的地区转移,致使农村缺乏农业人才,从而限制农村产业融合的发展。

农村环境质量（lnenv）在模型 Q3 中，通过了 5%的显著性水平检验，说明农村环境质量对农业产业链延伸型融合有显著性正向影响，同时在 Q2 模型中虽不显著但也存在正向影响。但土地中施用化肥、农药等会增加农作物的产量，从而给农村产业带来直接的经济利益，使产业拥有更多的资金去发展壮大经营规模。农村环境质量在模型 Q5 中通过了 10%的显著性水平检验，说明农村环境质量对高技术对农业的渗透型融合发展水平有显著性负向影响，同时在模型 Q1、Q4 中虽未通过显著性水平检验但仍存在负向影响。由于乡村的村容整洁和生态宜居是农村产业融合发展的前提，尤其是以乡村旅游为主的农旅融合发展，自觉减少化肥、农药、农膜的过量使用，提高农村生活垃圾、污水污染农业面源问题的有效治理能力，把乡村的生态效益转化为经济效益，推动农村产业融合发展。

居民消费需求（lndem）在模型 Q1、Q4、Q5 中，分别通过1%、5%和10%的显著性水平检验，说明居民消费需求对农村产业融合总体发展水平、农业功能拓展型融合发展水平以及高技术对农业的渗透型融合发展水平有显著的正向影响，同时在模型 Q3 中虽不显著但也存在正向影响。这是因为无论是农产品还是休闲农业，其主要依赖于居民的消费欲望，农村产业发展和居民消费需求是相辅相成的，居民的需求旺盛，才会不断引导农村产业向好发展。但在模型 Q2 中未通过显著性水平检验，但存在负向效应，可能的原因是长江上游地区的农村多以乡村旅游来发展经济，居民对休闲观光度假场所、各类庄园、农家乐这一类的需求致使种植业、养殖业的发展受到限制，进而影响农业内部产业重组型融合水平。

基础设施建设（lninf）在模型 Q1、Q5 中，分别通过 10%和5%的显著性水平检验，说明基础设施建设对农村产业融合总体发展水平和高技术对农业的渗透型融合发展水平有显著的正向影响，在模型 Q3、Q4 中虽未通过检验但也存在正向影响。基础设施的健全可以带动农村经济的发展，增加当地的劳动力，提高产业链创新，提升货物运输速度，加快城镇化的发展进程。但基础设施建设在模型 $Q2$ 中通过 1% 的显著性水平检验，说明基础设施建设对农业内部产业重组型融合发展水平有明显的抑制作用。可能是由于农村基础设施建设会占用农业可用耕地，甚至影响周边农作物的产量，进而制约农业内部产业重组型融合发展水平的提升。

技术进步（lntec）在模型 $Q2$、$Q5$ 中，通过了 1% 的显著性水平检验，说明技术进步对农业内部产业重组型融合发展水平、高技术对农业的渗透型融合发展水平有明显促进作用，同时在模型 $Q3$、$Q4$ 中虽未通过检验但也存在正向影响。农业技术进步能够改善和提高现有农业生产技术装备水平，提高劳动生产率，也可扩大农业资源的利用范围，提高农业资源的质量和单位资源的利用效率，物联网、大数据、无人机等新型技术的融入，必然为农业创新发展注入新活力，促进农村产业融合发展。技术进步在模型 $Q1$ 中，通过 1% 的显著性水平检验，说明技术进步对农村产业融合总体发展水平有明显的抑制作用。可能由于长江上游地区属于欠发达地区，网络基础设施建设滞后，光纤、网络覆盖不全面，在一定程度上制约着农村产业融合的发展。

土地流转（lnland）在模型 $Q2$、$Q3$ 中通过了 1% 的显著性水平检验，在模型 $Q5$ 中通过了 5% 的显著性水平检验，说明土地流转对农业内部产业重组型融合发展水平、农业产业链延伸型融合发展水平、高技术对农业的渗透型融合发展水平有明显抑制作用，而在模型 $Q1$、$Q4$ 中虽未通过检验但仍有负向影响。可能由于在长江上游地区农村产业的发展大多依赖于乡村旅游，不似长江中下游地区的粮食主产区，对土地耕作有强烈需求，更多依靠休闲康养场所来发展农村经济，从而推动农村产业繁荣发展。

第二节　农村产业融合发展的现实困境

在长江上游地区农村产业融合发展进程中，人们对农村产业融合的认识不断深化，相应的政策配套也在不断完善，取得了显著的发展成效。但是，相关顶层等制度设计还不完善，因地制宜的融合发展模式创新性不足、个性化不够，在融合主体的多元性培育上还需要进一步突破，土地、资金、劳动力等要素的瓶颈制约有待进一步破解，融合环境与条件有待进一步优化。

一　农村土地流转机制碎片化

在农村产业融合进程中，以乡村旅游为核心发展业态的农业功能拓展型融合，必然要求以休闲观光度假场所、各类庄园、农家乐等为依托，以农产品加工业为核心的农业产业链延伸型融合则需要一定的加工场所和展销场所，而这些都会因为建设用地指标的不足在发展上受到制约，导致有的项目难以实施，甚至出现违规上马的情况。农村产业融合发展对土地流转的需求包括农用承包地、农产品加工用地、乡村康养旅游建设用地三个方面。当前，长江上游地区农村产业融合发展在土地流转方面的障碍突出表现在承包土地流转不顺畅和休闲旅游建设用地供给不足上。土地流转有形市场及服务体系建设滞后，中介组织发育滞后，农村基层组织干预行为欠规范。乡镇缺乏专门部门和人员对农地流转进行管理和提供服务，没有正确履行农地流转督导、服务职责；部分地区还未组建县级农地流转纠纷仲裁机构，内部管理制度不健全，没能很好地开展仲裁工作，这些都限制了农村产业融合的发展。

二　优质人力资源缺乏

随着城乡产业比较劳动生产率差异、城乡预期收入差异的扩大，大量农村剩余劳动力到城镇务工，留下文化和技能水平较低的老人、儿童、妇女等,农村呈现人力资源弱质化的状态,甚至部分村庄凋敝荒凉、"空心村"泛滥。刘振霞基于重庆万州三个村庄为例,发现三个村的村中在外务工人员约占总人数的63.7%[①],呈过度外流状态。近年来,尽管随着国家战略的转向,全市在乡村培育了一大批新型经营主体,但总体上,乡村"软环境"欠佳,掣肘多、空间小,农村发展的内生动力不足,普遍缺少懂三农、懂市场、懂管理且能扎根农村干事创业的实用型人才,缺乏各类科技创新创业人才深入农村基层一线开展科技创业和服务,未能与农民建立"风险共担、利益共享"的共同体来推动农村创新创业的深入开展,导致农村产业融合发展的潜力无法得到充分挖掘。农村地区电子商务人才需求呈现快速增长、结构多样化、素质要求不断提高、人才需求本地化愈加凸显等方面的特征,存在电商人才缺口大、素质普遍较低、人才培养和开发力度不够等方面的问题。发展农村电商需要懂电商、会运营、能美工的高素质复合型人才,但由于年轻人不愿回农村、农村待遇低、条件相对较差等,电商人才开发力度和培训不够,使农村招不到人、留不住人,专业人才匮乏成为农村电商的一个难点与痛点。同时,农村电商人才存在一定程度的流失,在人才绩效管理等方面也存在较大压力,制约了农村电商的持续健康发展。对于参与农村茶叶融合发展的一些新型经营主体而言,还存在规模小、辐射带动能力不足、发展质量欠佳、抵御风险能力较弱等现实问题和不足。

三 金融服务力度不足

财政资金作为推进农村产业融合发展的重要保障,但产业融合发展更多的还是需要借助于金融服务、金融手段进行解决。近年来,围绕服务体系构建、深化三农服务等方面,重庆农村商业银

---

① 刘振霞:《农村劳动力过度外流的现象透视及其治理路径——基于重庆村庄的实证调查》,《南京师大学报》(社会科学版) 2014年第5期。

行、中国邮政储蓄银行重庆分行、中国农业银行重庆市分行等银行机构不断加大力度，然而，整体上，重庆农村产业融合的主体抵押物仍然不足，涉农金融产品与服务方式总体显单一。涉农信贷主要热衷于投放期限短、回收期限快且主要满足农户种植业或养殖业所需的信贷产品，针对农村产业融合发展，缺乏诸如农旅融合先导区建设、农产品加工流通平台设施建设等中长期限的信贷产品。政府缺乏对金融机构涉农信贷的配套金融政策支持，尤其是在激励机制上力度不大，未能有效落实。为了降低经营成本、防范金融风险等问题，一些涉农金融网点退出市场，导致农村金融发展缓慢、金融服务质量低下、金融服务环境变差。在贫困地区，仅有农商行或者邮政储蓄银行经营，更有甚者金融服务处于空白状态，这些都制约了农村产业融合发展。

然而，当前中国农村金融服务无论是机构数量和融资水平还是服务质量与制度环境均严重滞后，尤其是作为农村金融制度重要组成部分的农村产业化融资体系尚未完全建立，使农村产业融合发展实践中普遍存在农村金融服务体系不完善、协同机制不健全、农村金融资源稀缺、金融服务的持续性和协同性差、农村金融服务供给不足且结构失衡[1][2]等问题，金融支持不足成了农村产业融合发展的主要短板，极大地制约了农村产业融合发展进程，从增加金融服务供给、拓宽融资渠道、完善农村信贷担保政策、支持农业政策性保险四个方面提出了金融支持农村产业融合发展[3]。

四 科技创新投入不足

引导农村产业融合发展，必须增强数字化思维，用好信息化手

---

[1] 张红宇：《新常态下的农民收入问题》，《农业经济问题》2015年第5期。
[2] 张林、温涛：《农村金融高质量服务乡村振兴的现实问题与破解路径》，《现代经济探讨》2021年第5期。
[3] 国家发展改革委宏观院和农经司课题组：《推进我国农村一二三产业融合发展问题研究》，《经济研究参考》2016年第4期。

段。当前，农业数据采集、分析、发布、服务手段和方式还落后于产业需求，农业大数据中心建设尚处于起步阶段。数字农业、农业物联网和精准智能化生产尚处于探索示范阶段，生产过程信息化水平还落后于全国先进省市。全市农村绝大多数地区对以信息、生物、新材料、新能源技术等为代表的新一轮科技革命和产业革命认识不深入，绝大多数乡村在实践中无法通过科技投入为农村产业融合发展创造后发优势。

数字技术的不断发展与广泛应用，加速了现代产业要素与乡村传统产业的融合，大力发展乡村数字经济有助于乡村新产业、新业态、新模式的培育与发展，引领乡村产业转型升级。同时也要看到，推动乡村产业朝着高质量的方向发展也面临诸多挑战。比如，乡村的5G网络普及率、网络质量、信息服务与终端供给水平等有待进一步提升，乡村产业发展所需的资金、人才、技术等资源要素的瓶颈问题依然存在，城乡资源要素流动仍然存在障碍，资金稳定投入机制、资本下乡监管机制、人才培养与引进机制、科技下乡长效机制等有待建立与完善。

五　公共服务配套建设滞后

良好的公共服务配套是农村产业融合的助推器。然而，当前全市农村公共服务配套建设滞后，包括社会保障、教育和医疗等生活性公共服务无法满足农村居民的实际需求。除了农村产业融合发展基础较好的地区，农村网络基础设施建设滞后，互联网普及率低下，无法接入偏远的乡村地区，相应的行政村镇在光纤、4G网络覆盖上还不全面。传统的农村道路无法适应乡村旅游与休闲农业发展的要求，整体上农村道路等级低、通达性差，在周末和节假日，面对城镇居民的旅游需求，时常出现严重的拥堵状况。

第七章

国内外农村产业融合发展经验与启示

日本、韩国的"六次产业化",法国的乡村旅游、美国的农业现代化都在一定程度上推动了当地农业向第二、第三产业融合发展,在延伸产业链条、提高农民收入、促进农村繁荣等方面都发挥着重要作用。因此,对它们的农村产业融合特点、优势进行分析,总结他们的农村产业融合经验,对推动长江上游地区农村产业融合发展,解决目前长江上游地区农村产业融合发展面临的农户经营管理理念落后、旅游产品雷同以及营销网络不完善等问题,具有一定的参考价值。

第一节 农村产业融合发展的国外经验

一 日本农村产业融合发展

20世纪90年代,日本农业问题专家今村奈良臣在研究中发现,日本农业生产的农产品与日本国民消费的农产品之间存在巨大的价值差。这种价值差主要通过农产品加工和农产品流通等环节流向农村之外,因此,农业产业的增值收益未能留在农业生产者手中,制约了农民增收。进入21世纪后,日本农民收入持续下降,批发市场和超市零售挤压了农民的生产利润,农村收入与就业进一步减少,农村人口外流导致城乡之间发展极不平衡,同时贸易自由化带来的农产品进口压力进一步增加。以2005年为例,在日本食品产业的市场规模中，日本农林渔业生产者仅为13%，食品加工业、餐饮业和流通业的份额分别为33%、18%和34%。因此，今村奈良臣提出"六次产业"的概念，六次产业=第一产业×第二产业×第三产业，由于1+2+3、1×2×3都为6，故称为"六次产业"，是指将农村第一产业资源与以加工制造业为主的第二产业以及提供农村生活体验、农业活动体验和乡村旅游的第三产业相结合的产业整合政策，从而创造新的附加值和新的就业机会，促进和提升农村地区的经济。通过鼓励农业生产者搞多种经营，发展农产品加工制造业、农产品和农资流通业等服务业以及农业旅游业，形成集农产品生产、加工、销售、服务于一体的完整链条，将流到城市等农村外部的就业岗位和附加值内部化，为农业生产者获得更多的农产品加工、流通等环节以及农业旅游业的附加值创造条件，以此增加农民收入，增强农业发展活力[①]。

1. 日本六次产业化的特点

六次产业政策可以极大地促进农村资源的灵活利用，改善农村经济，激发农民积极性，重振农村活力，促进城乡交流互动和城乡融合。日本六次产业化的特点主要体现在以下四个方面。

（1）农工商充分开展合作。以《农工商合作促进法》为基础，以工带农、以商促农，推进中小企业者与农林渔业生产者利用各自的资源加强合作，提升综合价值。另要求工业、商业的资本占比不得超过49%。其目的在于引导农林渔业生产者成长为经营主体，而非工商资本整合兼并农业，确保农户得以分享产业融合发展带来的红利，实现农民增收。

（2）地产地销。日本农业六次产业化的核心是促进农产品的地产地销，即当地生产的农产品在当地消费，一是以本地产品为加工原料以代替外地引进的产品，二是以本地加工产品代替原料产品输

---

① 木丁：《借鉴日本产业化模式 发展壮大农村特色产业》（http://www.ctoutiao.com/1405295.html）。

出，将加工、流通、消费等环节内化于农村地域内部。日本农业六次产业包括产地加工型、产地直销型、消费旅游型三种主要形态。推动地域制造，根植于地域生活与文化，发展地方特色产品。鼓励地产地销，有利于提高农产品转换率和地域内产品自给率，农产品加工尽量使用本区域原料，加工产品逐步替代外来产品，将利润最终留在本区域。

（3）科技创新和品牌建设。日本农林水产省农林水产技术会议制订了"农林水产技术研究计划"，旨在鼓励研发农业创新技术并进行推广，注重保护知识产权，发展生物能源，利用农村的可再生能力。日本中央通过召开生产者协议会，构建科学管理体系以推进农产品品牌建设，旅游部门与农村共同打造旅游品牌，等等，通过农业品牌化发展，进一步促进产业融合发展、农民增收获益。

（4）多主体参与。发挥农业龙头企业作用，推动农产品生产、加工、销售一体化，采用订单农业、龙头企业+农场+农户等方式带动农户生产，企业尽可能使用本土原料。引导农民、农协、自治体等主体自主开展农业生产、加工、销售活动，生产设施由农协、自治体、政府等提供，农业生产者负责经营[①]。

2. 日本六次产业化的政策支持

（1）法律与法规支持。2008年，日本政府借鉴"六次产业"的发展思想，提出了《农工商合作促进法》，鼓励中小企业与农林渔业生产者加强合作共同开发，旨在促进农村的农、工、商业合作发展。2010年，日本内阁通过了《食品、农业和农村基本计划》。2013年，日本政府提出大力发展"六次产业"的发展方针，强调农业后向延伸，以推动农业产业链发展。继《农山渔村第六产业发展目标》中提及"六次产业"，此后又发布了《六次产业化白皮书》《农山渔村六次产业化政策实施纲要》《农业主导型六次产业

---

① 郭军、张效榕、孔祥智：《农村一二三产业融合与农民增收——基于河南省农村一二三产业融合案例》，《农业经济问题》2019年第3期。

化准备工作实施纲要》等重要文件,日本自上而下地全面规划农业六次产业化,还成立了专门的组织机构"六次产业化、地产地销推进委员会"以实现该战略的有效推进。

(2)财政支持。20世纪60年代后,日本政府不断加大农村基础设施建设为六次产业化提供基础条件。包括定额补贴以及比例补贴在内的财政补贴,例如对新产品开发和市场拓展的支出补助从1/2增加到2/3,对新的农产品加工、销售所需的设备购买建设支出给予50%的补助。另外,还包括延长无息农业改良贷款期限、增加贷款最高额度等政策措施。2010年日本内阁通过《农林渔业成长产业化支援机构》法案,该法案由国家和企业共同出资成立农林渔业成长基金,以政策补助金、"劣后"贷款、股权投资的形式给予投资支持,推进农业六次产业化发展[1]。

3. 日本六次产业化的典型案例和经验

近年来,日本农业六次产业化发展态势良好,在提高产品竞争力、开拓农业多功能以及增加农民收入等方面均取得了很大成效。尤其在新零售、绿色农业、品牌农业、精致农业、休闲旅游、文创设计、产业模式上,塑造了许多影响世界级的产品和案例。日本开发休闲农业始创于70年代,近些年发展规模不断壮大,在开拓农业的观光休闲功能、提高农业的多重效益上经验十分丰富,故里观光、假日亲子团旅游、牧场生活体验等休闲活动都受到好评。目前,日本休闲农业发展已涵盖观光性牧场、渔村、果园、花园、农园、森林自然保护区等领域。然而,日本六次产业化的重要成果之一就是农产品加工业的繁荣,其农产品加工业以科技为引领,向前承接了农业的生产,向后连接了农业的相关服务,精深化的转型发展激发了传统农业的新活力。如今日本的食品加工、稻米精深加工等技术均处于世界领先水平,农产品商品率高达95%以上,实现了

---

[1] 祝捷、黄佩佩、蔡雪雄:《法国、日本农村产业融合发展的启示与借鉴》,《亚太经济》2017年第5期。

传统农产品的转型升级。

表 7-1　　日本农产品加工业案例

农产品深加工案例——山梨县葡萄加工业

山梨县位于日本本州中部，离东京市区约 120 千米。日本最具代表性的旅游胜地——富士山所在县，贵金属、宝石加工工艺发达，首饰加工业闻名全日本，是日本六次产业化的样本，农业的土地生产率常居日本首位。全日本数一数二的日照时间最长的地方，也是日本重要的水果生产地区，号称果树王国，葡萄、桃子和李子的产量居日本之首且品质最优

山梨县是日本最古老也是最著名的葡萄产区。许多葡萄园成为种植、观光两用园。几乎都是藤架式栽培，葡萄藤像是粗壮的树，每棵距十公尺之远，种植的大多是一种名为甲州的粉红色葡萄。日本的葡萄有很多种类，而每个种类的味道差别较大。农园的人会领你到葡萄园，低低的架子上，每串葡萄都被纸袋包着，完好无损，他们会教你如何托住葡萄然后剪下来，如何挑选甜的葡萄，然后就可以拎着满满的战利品加以品尝。这跟国内葡萄采摘在形式上没有任何差别。但山梨县葡萄的深加工程度高，是国内的葡萄采摘园无法比拟的。其葡萄酒产量约占日本总产量的 1/3，其甲州葡萄酒是享誉世界的名酒。去山梨县游玩，欣赏富士山的美景，享受采摘的乐趣，如果再能带走甲州葡萄酒，那山梨县的旅行就可以圆满了，把旅游资源和农业资源结合，而且把农产品的加工做到极致。

日本农产品加工业的深度发展经验主要体现在以下五个方面。

（1）日本始终将农业作为发展核心，确保农民的主体地位不动摇，利用农产品的"地产地销"带动了当地农民收入和就业的稳定增长，大力促进农户与工业企业合作，相关法律法规的制定均向农业农民倾斜，重点保障农户与企业合作时利益分配的公平性。

（2）构建"产学研企"相结合的模式，形成了产业界保证原材料品质、学术界创新科研成果、研究界研发新产品、企业界生产

销售产品的结构,以市场为导向开展差异化的农产品研发与销售,保障了科技创新的应用与科研成果的转化。

(3) 日本从中央到地方都非常重视农业从业者综合能力的培训,这种综合能力体现在农业技术、商品研发、品牌推广、营销服务等方面,贯穿于农产品产供销全过程。在开展培训时注重理论与实践相结合,既有由农业学校举办的各类培训班,也有由政府组织专业协会对农、林、水产等行业开展的实地调研,还有由中央和地方不同层级开展的农业技术交流会、品牌建设研讨会、商品展销会等,满足了农工融合对从业者的全方位要求[①]。

(4) 农业生产模式先进、管理细致。在日本,无论种植何种作物,都能体现出日本农民"绣花"般的细心与精致。在一些地区,实行了无土栽培,温室大棚内种植的草莓、番茄等,其培育管理比苗圃、花圃还要精细,就像花卉盆景展示园一样。外在美的背后,是日本农民对农产品品质的刻意追求。例如,在梨园,梨树的每根枝条都被绑在钢丝网上,引导其平行向四周伸延,以最大限度地利用阳光和空间。由于坚持科学栽培,梨个大、肉嫩、味美,每只梨都在0.25千克以上,梨园具备观赏、采摘、生产等多重价值。

(5) 专业分工明确,农业特色性强。日本农业生产的专业分工十分明确。一个地区有一个地区的产业特色,一个农户有一个农户的主导产品,优势互补,相互依存,共同构建起了日本农业经济的整体框架。日本农户的专业化生产格局更为明显。一般来说,日本的农民都是专业户,种草莓的都种草莓,种番茄的都种番茄,种鲜花的都种鲜花。一般农户全年只生产1—2个品种,最多不超过3个品种,而且生产的产品几乎全部为商品,农产品的商品率极高。

---

① 佚名:《发达国家的三产融合模式》(http://www.yidianzixun.com/article/0MVtC2Gw/amp)。

日本农户没有"小而全",只有"大而专";不为自给自足,而是专业化分工、工厂式生产。除了自己生产的几个品种,其余生活所需的食品和农产品全都从市场上购买。这样既扩大了种养规模、获得了规模效益,又促进了农户与农户、农协与农协之间的合作与交流,繁荣了市场[①]。表7-2为日本典型农产品及其加工内容。

表7-2　日本典型农产品加工

农产品	内容
柿子	日本柿子产量排名全球第三,年产约20万吨,甜柿占大部分。日本柿子不仅在品种改良上取得了长达半年多的鲜果保鲜销售优势,更重要的是,以柿子为主要原料、辅助材料、题材的深加工产品,以及衍生产品,达到100多种。比如,食品类包括风味柿果糕点、腌渍品、保健饮品、柿子宴席等产品系列,日用品类包括柿涩染织的纺织品、比较高级的染发美发产品、美容护肤产品、柿涩面膜、洗面香皂、杀菌、消毒、防虫、除臭产品,柿子文化产品包括图文出版物、卡通动漫造型、工艺品系列、美术品系列等
茶叶	世界的抹茶在日本,日本的抹茶在宇治。日本京都宇治是世界上最出名的抹茶产地。知名宇治茶的产地,2015年被评为"日本遗产"。整个乡村只有5000人,却是日本宇治茶产量一半的生产基地。宇治茶生产景观,将与宇治茶的栽培、加工、流通相关的土地利用、设施,及不断的开发与改良的宇治茶生产历史的变迁与多样化面貌呈现了出来,所有这些要素间有机关联,相互推动,不只是传统民居,还保留了众多制茶厂,极好地体现出了宇治茶村的特点,是宇治茶村的代表性地区,整个村庄以茶园为观光资源,大力发展地区观光业务。从种茶体验,到加工茶叶、品茶,一系列的企划,是一村一品的经典代表

二　法国农村产业融合发展

法国是世界上最大的旅游目的地,其乡村旅游近年来发展迅速。已跃居法国第二大旅游产品,仅次于以滨海旅游为主体的蓝色

---

①　佚名:《五个县,五种模式,搞农旅融合,看看日本给我们的启示》(http://www.sohu.com/a/223173533_732804)。

旅游。法国乡村旅游起步很早，自 20 世纪 70 年代以来，法国开始发展乡村旅游。经过几十年的探索，已经形成了较为完善的经营管理模式和系统的行业标准规范。法国乡村旅游业的发展并未对农业发展产生负面影响。相反，法国农业开始蓬勃发展，生产高度集中。乡村旅游在促进农产品直销、保护文化遗产、调节农业收入等方面发挥了重要作用。它不仅解决了农场的生存问题，而且促进了经济、社会文化的可持续发展[①]。

1. 法国乡村旅游的特点

（1）法国旅游产品具有地方特色。农会常设委员会与农业及旅游接待处对乡村旅游的管理制定了严格的规定，以促进当地农产品的直销和特色经营，避免同质竞争。法国农民充分挖掘自身的优势，打造独特的地方体验项目。例如，在提供餐厅餐饮的农场，必须使用当地农产品进行餐饮，必须使用当地烹饪方法，农场的外观必须符合当地习俗，餐具应采用具有代表性的材料，如粗糙的陶器和瓷器。这些规定确保了当地农村地区的真实性和独特性，突出了农场的特点，避免了同质竞争。

（2）高度的行业自律。法国政府和行业协会在乡村旅游方面的合作有着悠久的历史。协会在政府政策范围内制定行业规范、制度和质量标准，以实现行业自律。法国农民工会是一个半官方半民间的公共职业联合机构。它是政府与农民之间的重要桥梁和沟通纽带。它不仅可以帮助政府引导、培训和帮助农民，还可以作为农民的"代言人"与政府进行谈判。1935 年，法国成立了农会常设委员会（APCA），该委员会代表农民利益监督法国农业部的政策，其下属机构为农民提供全面的法律、营销咨询和培训指导。法国行业

---

① 祝捷、黄佩佩、蔡雪雄：《法国、日本农村产业融合发展的启示与借鉴》，《亚太经济》2017 年第 5 期。

协会有效地促进了法国乡村旅游的标准化和规范化发展。

（3）完善的营销体系。法国乡村旅游有比较完善的营销体系。目标市场定位于周边省份、国内大城市和周边国家的大城市。根据目标市场推广当地旅游产品。一方面，通过互联网建立自己的网站，与旅行社合作，扩大销售范围，利用报纸、杂志等方式进行营销，吸引客户流量；另一方面，注重与客人沟通，通过会员卡、电子邮件宣传和优质服务留住客户。此外，农会常设委员会（APCA）设计的"欢迎下乡"组织网络已成为连接主要地区农场的营销网络平台。

2. 法国乡村旅游的政策支持

法国乡村旅游的主要业务主体是"所有农业开发商和农村居民"，而不是外国投资者。法国乡村旅游业是在政府的指导下发展起来的。通过政府指导，制定乡村旅游发展的政策、措施和总体指导方针，指导行业协会制定行业规范，进行数据统计分析。近年来，政府的管理职能有所弱化，但监督职能有所加强。

（1）法律法规。1962年法国政府颁布的《马尔罗法》制定了有关历史性街区的保护法，确立了保护历史街区的新定义。保护区的土地使用和设计受到一定的控制，指定区域内外的变化由当地委员会和法国建筑师监督，这不仅保护了古建筑，还促进了乡村旅游的发展。1974年，法国政府颁布的《质量宪章》对民宿的居住质量、服务质量和周边环境制定了严格的规定和标准，"法国家庭农舍"品牌组织制定了从"一枝麦穗"到"五枝麦穗"的评级根据相关标准，为游客的选择提供参考。"五枝麦穗"的居家应具备私家花园、停车库、网球场、游泳池、桑拿等设施设备，要求非常严格。为了鼓励人们外出旅游，1982年修订的《劳动法典》规定，普通劳动者有30个带薪年休假（非假日），这在很大程度上促进了乡村旅游需求的增长。

（2）财政支持。为了促进乡村旅游的发展，法国政府为乡村旅游经营者制定了相关的税收优惠政策和财政补贴。1955年，法国政府启动了"农村家庭式接待服务微型企业"计划，为农场提供财政支持，以促进传统住宅建筑的维护和维修。按照规定，10年内每年开发6个月，达到"三枝麦穗"标准的酒店，可获得政府财政补贴，补贴金额为维修金额的10%—30%。法国餐饮业的增值税仅为5.5%，酒店和餐厅的职业税也被完全取消。从2000年到2006年，法国政府拨款5300万欧元为乡村旅游景点修建道路。法国每年向文化遗产拨款20亿法郎，并在保护和开发旅游资源上花费200多亿法郎。它将保护和开发旅游资源列为国家的一项重要职能。

除了乡村旅游，法国的农村产业融合的成功离不开农业合作社的发展和完善。目前，农业合作社已成为法国农业社会服务的主体和农业产业化的重要载体。法国农村产业融合主要通过以下形式实现[①]。

（1）一体化经营延伸了农业产业价值链，增加了农业产业附加值。法国农业合作社是一种与农业、工业等产业部门紧密结合的供应链一体化生产组织形式，其专业化程度很高。农业合作社已融入国家农业和粮食生产的各个环节，参与各种生产和贸易领域，成为农业和食品工业的重要组成部分。一大批合作社和农业联合组织逐步发展成为世界主要的农业和粮食集团，资金量大、经营规模大、规模效应明显，生产、供应、加工、销售等环节的有机结合，大大提高了农业生产率，从而降低了农业生产经营成本，增加了农业产业附加值。

（2）严格遵守合作社的基本原则，确保农民的经营收入。法国农民也可以加入不同行业的合作社。农民和合作社每年签订一份合

[①] 李玉磊、李华、肖红波：《国外农村一二三产业融合发展研究》，《世界农业》2016年第6期。

同。农民只负责生产，所有其他事务都由合作社处理。农业合作社是根据自愿、民主管理、非资本收益和排他性的基本原则建立的。在合作社内部，它不以营利为目的，而是为成员服务，为农业合作社留有足够的发展资金，并将剩余资金返还给农民；对外实行企业化管理，创新资本整合模式，通过吸收民间资本或与其他企业合并，组建大型农业合作企业，扩大经营规模，提高市场竞争力，增加合作社收入，合作社成员分享营业收入。

（3）建立先进的信息管理和配套服务，为产业融合创造条件。法国的农业信息服务非常完善。农业合作社拥有非常完整的虚拟农产品物流供应链。通过信息平台，实现农业生产资料供应商、生产商、种植者、批发商和零售商之间的紧密联系，规划和控制供应链各环节的信息流、物资流和资金流，企业和农户将需求信息与自身和业务伙伴的产品供应能力进行整合，确定外部供需计划，并将信息传递给上下游企业，制订产品供应计划，实现生产与市场的对接，提高整体效率。法国农业物流非常发达，充分保证了农业合作社在运输、仓储和配送服务方面的质量。

三 韩国农村产业融合发展

在韩国加入 WTO 和自由贸易协定的双重压力下，韩国国内农产品市场逐步对外开放，大量农产品从国外进口。由于世界其他国家存在竞争压力，国内农产品价格下降，导致大量从事农业生产的劳动者失业，农民收入减少，传统农业产业规模逐步缩小。在此背景下，韩国也提出了农业"六次产业化"的发展思路。为了促进农村地区产业更好融合和复合发展，韩国发布了涉及金融、建筑、教育、外贸、设施、市场、旅游、区域发展、研发和评估支持等九个行业的多项扶持政策。例如，在金融方面，引入了农食品投资信托模式和中小企业资金支持政策；在教育方面，引入了马产业人才培养项目、山村居民现场教育和运营支持等政策，引进了农业和农村教育培训项目、食品行业专业人才培养和提高农村旅游主体积极性项目；在研发方面，有食品技能评估支持项目和优质技术开发项目；在旅游方面，有农村旅游信息提供和城乡交流合作项目等政策。一系列配套政策的出台和实施，可以保证六次产业的顺利发展。

1. 韩国六次产业的特点

（1）农业和农村地区产生的附加值流向农村地区内部。近年来，韩国政府大力支持农业或农村地区食品制造、食品流通、户外餐饮、旅游和其他行业的发展。过去，这些产业基本上分布在城市，导致农业产生的附加值流向城市，这加剧了农村发展的不利条件。以农村和农民的利益为"六次产业"的设计主体，将农业产业的附加值流向城市和其他外部地区，从而带动农村产业的健康发展。

（2）提供强有力的政策支持，开发新产品或市场。韩国《农林食品科学技术育成中长期计划（2013—2022）》提出，未来10年，农业、林业和食品加工业的附加值将以每年3%的速度增长。目前，韩国有1500多个农家乐村正在建设和运营中。国家设立了"第六产业相生资金"，总资本为100亿韩元（100韩元约人民币0.55元，2016年），国家和民间投资比率为7∶3。

（3）加强技术研究和产学研的结合，为产业融合提供支撑。韩国政府高度重视产业整合技术的研究。在对农业产业化和对农业事业的支持进行详细调查和分析后，韩国政府开展了相关技术研发。在加强国际竞争力、创造新的增长势头、稳定粮食供应和改善国家福祉的四个关键研究领域，50项核心技术被选为国家的主要项目和关键投资。主要研究方向是：第一，开发和生产更多节能技术，降低生产成本；第二，发展高附加值食品产业核心技术；第三，发展高效、环保的尖端生产技术；第四，大力发展具有创新性、挑战性和瓶颈性的技术；第五，发展有望成为新兴增长点的国际战略化品种和技术①。

2. 韩国六次产业融合的启示与借鉴

（1）加大监管力度和政策支持。为推进农业产业整合，韩国积极实施申请、企业实体认定、详细计划制订和计划实施四个阶段，由国家农业主管部门负责"实施"，地方各级农业部门协调配合。同时，韩国出台了一系列支持农业发展的政策，着力提高农业附加值，为农业产业一体化发展创造了诸多有利条件。例如，对农村创业者发展低息贷款支持，全面"承担"了增加农民收入、激活农村经济的重要任务。

（2）加大技术创新力度和技术服务支持。技术发展成为产业融合的重中之重，韩国在推进农业产业整合时，一般以农村居民或地区为基础，突破相对较小的"农业"生产领域，逐步从供给结构模式转变为消费需求结构模式，不断开拓新的市场和就业机会，需要充分依靠创造力和技术。按照产业融合的要求，技术服务的延伸不能仅局限于一个环节，而是需要贯穿整个农业发展的过程，使其能够真正解决在农业发展的过程中会出现的问题②。

四 美国农村产业融合发展

1. 美国农村产业融合的发展模式

美国农业人口约800万人，占全国2.2亿人口的3.64%。农业直接劳动力280万人，占全国总人口的1.27%。农业劳动力可以养活79人，粮食产量占世界粮食产量的20%。自20世纪70年代以来，美国粮食年均出口1.15亿吨，占世界粮食市场的50%。美国地域辽阔、人口稀少、人均土地资源丰富。这种资源禀赋使劳动力

---

① 李玉磊、李华、肖红波：《国外农村一二三产业融合发展研究》，《世界农业》2016年第6期。

② 陈曦、欧晓明、韩江波：《农业产业融合形态与生态治理——日韩案例及其启示》，《现代经济探讨》2018年第6期。

比土地更昂贵，因此农民必须用土地和机械动力取代劳动力。由于对农业发展主要制约因素的准确判断，美国很早就开始走向农业机械化。美国农业经历了以农业机械化、农业电气化和农业化学化为标志的三次革命。20世纪70年代以来，农业经济的发展逐渐从劳动力和资本投资转变为知识投资，并与政府宏观调控和国际农业市场紧密结合发挥作用，从而提高农业生产效益和农产品总量。美国现代农业完全建立在现代科学技术的基础上。依托现代工商业和新技术，形成了高技术含量、高资本投入、低劳动力投入、高消耗、高产量、高商品率、高社会化的农业。从学科部门来看，它涉及许多自然科学和社会科学部门，如生物、化学、物理、地理、气象、生态、经济、社会学等。从产业部门来看，它还涉及农业的产前、产中和产后部门，以及农业生产、工业制造、商业流通、信息服务和金融支持等许多工业部门，突出农村一、二、三产业融合发展的特点：第一，农业生产高度组织化。美国农业的基本经营单位是家庭农场。第二，美国现代农业涉及多个学科，是一个多学科、多部门的系统复合体。第三，现代集约化、高度社会化、国际化的农业形态。第四，农业发展实现了高度科技化。美国是世界上最早实现农业现代化的国家之一。

美国农业现代化经历了三个阶段：农业机械革命、化学生物革命和管理革命。美国非常重视农业专业化生产。以工业化体系发展农业，以工业化生产经营方式管理农业，培育专业化、综合化的农业特色体系，逐步有效整合农业生产前、生产中、生产后的各个环节，形成统一、高度发达的现代综合农业体系。现代农业在美国已经完全商业化，从农业的范围进入交流领域。除了各种农产品，还有各种中间产品、劳务、消费品等农业生产要素，形成了农产品要素市场共同发展的格局。与此同时，现代农业的社会分工已经渗透到生产过程的主要环节中。该农场原已完成的耕地、播种、收获、灌溉、运输、储存、农产品初加工、农场建设等均由各专业公司完成。与此同时，农民的生活消费也变成了商品消费。因此，农业一、二、三产业和消费者之间形成了多层次的市场交换关系。直接从事农业生产的单位和人员越来越少，而从事农资供应的产前部门和从事农产品运输、销售、加工的产后部门和人员越来越多，形成了一种倒排的"金字塔"结构格局。同时，随着现代农业机械的进一步普及，现代管理技术、通信和信息技术（特别是计算机）得到了广泛应用。现代生物（包括遗传育种）技术在农业中也得到了广泛应用，自动化技术和精准农业技术开始进入大农场，向农业渗透和整合，进一步提高农业生产的效果[①]。

2. 美国农村产业融合发展模式的启示与借鉴

经过一百多年的发展，美国农业的生产方式和生产力水平已经跃居世界前列。美国农业实现了从传统农业到发达农业再到高效现代农业的跨越，逐步实现了农业的科学可持续发展，有许多值得借鉴的经验。

（1）发展农业规模化经营。现代农业建设需要适度规模经营为基础。美国家庭农场是农业生产经营的基本单位，农场的平均经营规模也在逐步扩大。农业只有实行规模经营，才能高效应对大市场。而我国部分地区农业用地相对分散，经营规模较小。应按照"三权分置"的要求，依法保障农民的土地承包权；规范和促进农村土地流转；鼓励和引导土地集中适度规模经营。

（2）延伸农业产业链。延伸农产品产业价值链，我们主要指两种形式。一是纵向延伸，即将农产品从原材料生产、原材料采购、物流运输、深加工、成品运输、产品销售等环节进行整合，实现正

---

① 谭明交：《农村一二三产业融合发展：理论与实证研究》，博士学位论文，华中农业大学，2016年。

向整合；二是横向延伸，主要是指产业链的拓宽，即农业具有其他产业的功能，主要表现为一、二、三产业的融合。在中国，可以将农业与休闲、观光、旅游、教育相结合作为一个典型的发展方向，横向扩展产业链，使其有序连接。

（3）重视科技与人才对农业发展的支持。现代信息技术覆盖了美国农业生产研发、管理和可持续性跟踪的整个阶段，确保了美国农业的可持续发展。第一，在农业生产初期，通过农业计算机网络系统 AUNET 技术，全程跟踪识别上一年度的农业耕作情况，提出了最定量的温度和单位产量标准，然后将这些数据和标准提供给农民，大大提高农业生产效率；第二，在农业生产的中期，采用创新型轮作制度，有效地抑制了玉米的杂草、病虫害，保证了产品质量[1]。

第二节 农村产业融合发展的国内典型探索

中国农村地区分布广、差异大，不同的村落形成了不同的个性特色，为乡村经济多元化发展打造了坚实的基础。本部分从农村产业融合发展的主要模式出发，以生态农业发展、农产品加工业发展、田园综合体发展以及农村电商发展为核心，总结与分析国内农村产业融合的典型案例。

一 生态农业发展典型

1. 鱼菜共生：北京鱼菜混搭大棚

怀柔区杨宋镇东方尚平农业种植专业合作社采用鱼菜共生模式，设计蔬菜立体种植区和"回"字形渔业养殖区，选择养殖吃得

---

[1] 姜国峰：《美日德等国生态循环农业发展的 332 模式及"体系化"启示》，《科学管理研究》2018 年第 2 期。

多、排得多的鲤鱼。池塘上面无土栽培种养蔬菜，池塘下面养鱼，池塘里的水经精准过滤给蔬菜提供含有机肥的营养水，蔬菜将水中养分吸收后，又变成适合养鱼的水，鱼利菜、菜利鱼，形成了一整套养鱼不换水、种菜不施肥的小型生态系统。传统循环水养殖，每天补水率高达50%，而实行鱼菜共生的大棚补水率只需5%左右，而且实现了零污染、零排放，环保效果好。经测算，立体种植模式增加了大棚蔬菜种植面积13.4%，蔬菜年产量比传统种植模式增加4 茬左右，棚内养鱼年收入可达1 万多元。既增收又能实现资源循环利用，一栋大棚里，既养鱼又种菜，不影响产量还能节水节肥，这样的"混搭"模式实现了养鱼不换水、种菜不施肥的神奇效果，实现了生态效益和经济效益的双丰收[1]。

2. 鱼稻共生：浙江青田实现一田多效

浙江青田稻鱼共生系统，是中国第一个被联合国粮农组织认定的"全球重要农业文化遗产"，是具有上千年历史，以种养结合为特征的稻鱼农业生态系统。青田县位于浙江省中南部，瓯江流域的中下游，县域总面积为2493 平方千米。全县共辖31 个乡镇，总人口48.7 万人。青田县是中国有名的侨乡，拥有23 万多人，这些人遍布世界120 多个国家与地区。青田县物产非常丰富，不仅拥有丰富的动植物资源，还有一种珍贵的原料青田石，用于石雕工艺品的打造。令人惊讶的是，在这个面积较小、人口较少的小县，1200 多年来，都保持着一种传统的农业生产方式，即"稻田养鱼"。遗产地位于浙江省青田县东南部山区，核心区为方山乡龙现村，现有农田500 多亩，水塘140 多个，悠久的稻田养鱼历史延续至今，并不断发展出独具一格的稻鱼文化、华侨文化。清光绪《青田县志》曾

---

[1] 佚名：《生态农业：盘点几种新型种养结合模式及案例》（https://www.sohu.com/a/240570718_238278）。

记载:"田鱼,有红、黑、驳数色,土人在稻田及圩池中养之。"金秋八月,家家"尝新饭":一碗新饭,一盘田鱼,祭祀天地,庆贺丰收,祝愿年年有余(鱼)。龙现村自然资源丰富,人文景观星罗棋布,相映生辉。民居依溪坑而建,农田紧靠村两边,房前屋后有水塘,山清水秀,勾画出一派生机盎然的田园景观。青田为山地丘陵地貌,山多地少,素有"九山半水半分田"之称。域内"耕田无牛绳,四季无蚊子",极优的生态环境为稻鱼共生系统提供了条件。

稻田养鱼,是一种典型的生态农业生产方式,周期短、见效快、不施化肥、不打农药,生产清洁,鱼和稻谷都是原生态的,深受消费者青睐。在这一系统中,水稻为鱼类提供庇荫和有机食物,给鱼提供适宜生长的环境,而鱼则发挥耕田除草、松土增肥、提供氧气、吞食害虫等功能,排泄物还可为水稻提供天然的有机化肥,鱼和水稻形成了一个绿色生物微循环,可以有效防止农业面源污染,这种生态循环大大减少了系统对外部化学物质的依赖,增加了系统的生物多样性。

作为一种典型的农田生态系统,水稻、杂草构成了系统的生产者,鱼类、昆虫、各类水生动物(如泥鳅、黄鳝等)构成了系统的消费者,细菌和真菌是分解者。稻鱼共生系统通过"鱼食昆虫杂草—鱼粪肥田"的方式,使系统自身维持正常循环,不需使用化肥农药,保证了农田的生态平衡。另外,稻鱼共生可以增强土壤肥力,减少化肥使用量,并实现系统内部废弃物"资源化",起到保肥和增肥的作用。有分析表明,稻鱼共生系统内磷酸盐含量是单一种植系统的1.2倍,而氨的含量则是单一种植系统的1.3—6.1倍。

稻田养鱼产业是青田县的农业主导产业,面积8万亩,标准化稻田养鱼基地3.5万亩,是青田县东部地区农民的主要收入来源。种养模式生态高效,鱼为水稻除草、除虫、耘田松土,水稻为鱼提供小气候、饲料,减少化肥、农药、饲料的投入,鱼和水稻形成和谐共生系统。当地保留传统水稻品种20种，而稻田鱼是最具当地特色、体色丰富多彩的鲤鱼——"青田田鱼"。青田田鱼品种优良、肉质细嫩、鳞软可食，是观赏、鲜食、加工的优良彩鲤品种，"青田田鱼"也获得国家地理标志产品保护。悠久的田鱼养殖史还孕育了灿烂的田鱼文化，龙现村农耕文化以水稻、田鱼为特色，融入吴越文化元素，形成独具特色的"饭稻羹鱼"的青田稻鱼文化，尝新饭、田鱼（鱼种）做嫁妆、鱼灯舞、稻鱼节等系列民俗活动丰富多彩。青田鱼灯舞被列为国家级非物质文化遗产保护名录。"识遗产、品田鱼"，浙江省积极创建全球重要农业文化遗产稻鱼共生品牌，推进稻鱼共生产业发展[①]。

3. 虾稻共生：湖南南县稻虾田里来致富

水稻+龙虾的种养结合模式，可以达到一水两用、一田两收、一季多获的效果。水稻可以为龙虾遮阴，在生长过程中产生的微生物及害虫成为龙虾天然的饵料，具有除虫除害的效用，而小龙虾为水稻除草、松土，其排泄物又为水稻的优良生长提供了良好的生物肥；水稻收割后的秸秆还可还田、增肥地力。在这种优势互补的生物链中，可以提升小龙虾及水稻的品质，使水稻成为一种接近天然生长的生态有机稻。

南县有着中国稻虾米之乡、中国生态小龙虾之乡的美誉，南县依托丰富的稻田资源，大力推广发展虾稻共生综合种养模式，利用虾稻共生互利原理，实现资源循环利用，农民也获得了丰厚的经济回报。2020年全县稻虾种养规模达60万亩，年产小龙虾10万吨，稻虾米原粮30万吨，综合产值达140亿元，稻虾产业规模和影响力稳居全国三强[②]。虾稻米外观呈白玉色，修长型，口感软糯可口，

---

① 佚名：《浙江青田稻鱼共生系统》（https：//www.ciae.com.cn/detail/zh/16184.html）。
② 佚名：《湖南南县："泛舟"农田，捕获第一波丰收》（https：//www.163.com/dy/article/G4SSQJ3B05346936.html）。

黏性十足。虾稻米的优点体现为"良田、良法、良品",最主要的是生态有机环保。种养全程尽量采用物理或生物手段防治病虫害,既保障了粮食安全,又节约了水源。近年来,通过小龙虾养殖培训班,镇农业综合服务中心技术人员向农民传授最新的稻虾综合种养技术,不断调整养殖产业,由单一的养殖"小龙虾"改成了"小龙虾+黄鳝+稻谷"模式。水稻为小龙虾、黄鳝提供了庇护场所和部分食物来源的同时起到了净化水体作用,小龙虾、黄鳝在生长过程中可以起到肥田的作用,这种养殖模式实现了生态循环培育,可以使生产成本大大降低,从而达到增产增收的目的[①]。

稻虾产业是南县支柱产业,在县域经济社会发展(特别是脱贫攻坚)中起到了不可磨灭的作用。为进一步做强稻虾产业,助推乡村振兴,助力经济社会高质量发展,近年来,南县出台了一系列奖励扶持政策,在稻虾产业链延伸上下足功夫,传统农业产业采用的是种养—销售,或者种养—加工—销售等简单链条,靠天吃饭、附加值低,而作为南县现代农业发展典范的稻虾产业链,经过多年延链、补链、强链,前端再前、中端发散、后端赋文,让农产品附加值进一步提升,产业影响力不断扩大。

前端再前,是种养阶段之前,通过科研示范自主进行种苗繁育,保证优种优苗,为整个产业的高品质打下坚实基础。目前南县从事稻虾生产的大型企业、合作社已纷纷采用小龙虾育养分离模式,建立种苗繁育基地,保证自身及周边农户优质虾苗供应;稻虾米方面南县更是联合湖南省农业科学院、益阳市农科所成立了南县稻虾米产业研究院,开展"南县稻虾米"专用优质品种培育,经过两年的实验评测,已筛选出备选品种,在2022年春进入试种阶段。

---

① 益阳市委组织部:《湖南南县华阁镇:稻虾共生一田双收》(http://www.shuichan.cc/news_view-423901.html)。

中端发散，便是跳出传统农产品加工行业产品单一的局限，在米和虾之外的产品上做文章。陈克明食品股份有限公司充分发挥食品加工行业优势，积极研发南县稻虾米速食米饭、米粉等产品，极大提高产品价值；湖南顺祥水产食品公司除了注重鲜虾和即食型虾产品，更是变废为宝，从虾壳中提取虾青素应用于生物医学等行业，让虾壳价值翻了十番以上。诸如此类，南县各大稻虾生产加工企业均在积极投入科研力量，加强技术创新，探索更多种类稻虾产品及衍生产品。

后端赋文，依据南县"湘鄂边消费新蓝海"的战略定位，稻虾产业末端的美食产业以及延伸出来的文创产业是这个全新消费市场中不可或缺的一环。麻辣小龙虾、醇香稻虾米是南县夜市的主角，由此而生的"渔家姑娘""虾先生"等小龙虾特色餐饮品牌，带动了县域内餐饮年消费近15亿元；稻虾生态种养模式得天独厚的生态环境还催生出以游玩研学为主体的文创产业，湖南助农农业科技发展有限公司在麻河口镇东胜村打造的示范园区自2021年9月以来已接待游客300批次、学生1万余人。

产业链条完整，三产层次分明，同时又交融互利，南县也因稻虾全产业链打造成功入选全国农业全产业链典型县建设名单，产业年综合产值突破150亿元，真正实现兴农富民[①]。

4. 稻鸭共生：广东阳西县建"稻鸭共生"示范田

广东省阳西县的强农粮油作物种植合作社的种养基地以水田作为连接纽带，正在试验一种新型的"稻鸭共生"综合种养模式，一块田，既种植又养殖，水田得到更高效利用，基地也能得到双重收益。

---

① 佚名：《真抓实干显成效　南县打造稻虾全产业链兴农富民》（https：//baijiahao.baidu.com/s？id＝1721262617545220406&wfr＝spider&for＝pc）。

水稻田为鸭子提供了一个阴凉、舒适的栖息环境。而鸭子在田里捕虫食草、排粪肥田，增加了稻田土壤的通透度，也增加了田水溶氧量，不仅有利于减少水稻病虫害，还能促进水稻根系生长以及为稻田中其他生物提供更好的含氧量环境。这样的稻鸭共生模式，是人工制造的优良可自我平衡的生态系统。稻鸭之间相互依存、互利共赢。因为鸭子在田里辛勤地"劳作"，水稻品质得以提升，而鸭子也因为运动量高而瘦肉率高，口感好，市场需求大。以田养鸭、以鸭养稻，鸭子和水稻共同生长，最后实现稻鸭双丰收。

总的来说，种养结合实现了农业稻田资源和粪尿资源合理有效利用，减少了农业生产环境污染，提高了水稻畜禽成活率、产量和质量水平，降低了化肥农药使用量和农民种养生产成本，给农民带来了较高的经济利益。同时通过种植业和养殖业的有机良性循环，调整了传统农业产业结构，改变了传统农业产业生产方式，拓展了生态农业发展路径，有利于助推农业生产可持续发展。加快推广种养结合新型生态生产模式，不仅是解决农民收入问题的有效手段，而且对乡村振兴、建设社会主义生态文明有着重要意义。

二 农产品加工业发展典型

农产品加工业发展作为农村产业链延伸型融合的主要模式，"一企一业""一园一业""一县一业"代表了我国农产品加工业发展水平和发展特点，体现了农产品加工业从数量增长向质量提升转变、从要素驱动向创新驱动转变、从分散布局向集群发展转变的发展要求，有利于示范带动农产品加工业整体质量效益的快速提升。河北省发展农产品加工业，既有丰富的原料优势，又有独特的市场优势。河北省农产品加工业总量不断增加，在工业中占比不断加大，已成为仅次于钢铁、装备制造业的第三大产业。截至2019年6月，河北省农业产业化龙头企业达到7120家，95%以上是民营企业；其中省级重点龙头企业834家，国家重点企业46家，年销售额亿元以上龙头企业600家，10亿元以上的70家，超50亿元企业13家，其中汇福粮油集团、今麦郎面品有限公司、五得利面粉集团有限公司、梅花生物科技集团股份有限公司、河北养元智汇饮品股份有限公司和君乐宝乳业集团等6家农产品加工企业年产值超过100亿元[①]。

在适应国内外形势的新变化下，着眼经营集约化、产业链条化、生产智能化、产品高端化、品牌知名化，坚持因地制宜、因业施策、因企选向，优化发展环境，推动政策落实，狠抓项目建设，将农产品加工业发展与农业特色产业提档升级紧密结合，着力发展小麦、玉米、油料、肉类、乳品、果蔬、"中央厨房"等7大主导产业，培育出了一批年销售收入超百亿元的产业化龙头企业[②]。在农产品加工业上，河北省有5个农产品加工业发展典型案例，分别是平泉县食用菌产业、鸡泽县辣椒产业入选全国农产品加工业"一县一业"发展典型；定兴金台经济开发区入选全国农产品加工业"一园一业"发展典型；河间市国欣农村技术服务总会、今麦郎食品有限公司入选全国农产品加工业"一企一业"发展典型。

1. "一县一业"发展典型

"一县一业"，主要是聚焦某一类农产品，实行全产业链整体推进方式，加工环节吃干榨净，加工产品经过物流配送和流通系统进行销售和消费，已经打造出了有影响的区域品牌，并能够与休闲旅游、餐饮体验、电子商务和其他服务业交叉融合，形成产城融合更加紧密、更加协调的发展格局[③]。表7-3为"一县一业"发展典型

---

① 吴郑思：《农产品加工业成为河北省第三大产业》（http：//futures.xinhua08.com/a/20190619/1849092.shtml）。

② 戴绍志：《2020年河北省农产品加工业发展大会召开》（https：//m.gmw.cn/baijia/2020-10/30/1301740210.html）。

③ 佚名：《农业部推介一批农产品加工业发展典型/附案例》（https：//www.sohu.com/a/210351341_776086）。

河北鸡泽县辣椒产业。

表7-3   "一县一业"发展典型

河北鸡泽县辣椒产业
鸡泽是著名的中国辣椒之乡,是全国知名、北方最大的辣椒种植、加工和集散基地。"鸡泽辣椒"被认定为国家地理标志认证产品,被列入地理标志产品保护品牌;鸡泽县辣椒产业先后被省委、省政府确定为"省级龙型经济",被国家标准委确定为"全国第五批农业标准化示范区",被农业农村部确定为"绿色辣椒生产基地",辣椒工贸城被确定为"河北省重点产业集群"*。 鸡泽辣椒具有皮薄、肉厚、油多、籽香、辣度适中、营养丰富等特点。截至2021年,该县常年种植辣椒8万余亩,占河北省辣椒种植面积近30%;全县拥有辣椒加工企业130余家,其中,国家农业产业化龙头企业1家,国家级高新技术企业3家,省级农业产业化龙头企业6家,市级农业产业化龙头企业35家;年加工鲜椒60万吨,产品覆盖全国各地,出口十多个国家和地区,集群年产值达到62.5亿元。龙头企业通过产业化联合体模式、股份合作模式、订单农业模式与基地内农户建立紧密利益联结机制,带动农户年平均增收18%以上,2200名农民实现稳定脱贫。 鸡泽县集中打造了现代农业(辣椒)园区、鸡泽县辣椒加工园区,吸引农产品加工企业向园区集聚。该产业园区以农业产业化联合体为主要组织形式,通过政策引导、资金支持,形成了特色优势辣椒加工产业集群,实现了"种植+加工+服务"一体化发展的新结构。重点规划为七大功能区,一是新产品、新技术研发区;二是工厂化育苗区;三是高效种植区;四是观光采摘区;五是创意农业(辣椒博物馆)区;六是产品精深加工区;七是冷链物流服务区。2020年,园区总产值36亿元,年增长率达11.8%。鸡泽县重视品牌打造,出台了《大力实施品牌战略促进县域经济发展的意见》,深入挖掘品牌价值,鸡泽县天下红等农业产业化公司拥有中国驰名商标2个、河北省著名商标6个、知名产品品牌20余个**。产品涉及精品酱、盐渍椒、剁椒、辣椒酱、调味粉等五大系列200多个品种,畅销国内并销往韩国、日本等十多个国家和地区,真正做到了精细化生产,实现了科技创新、示范带动、高产优质、观光采摘、产业升级的综合发展目标

---

* 佚名:《鸡泽县辣椒产业集群带动农业增效农民增收》(http://www.hdbs.cn/pcjd/p/71101.html)。

** 杨文娟、王荣安、孙媛媛:《河北鸡泽:以高效农业为乡村振兴插上腾飞之翼》(https://www.163.com/dy/article/GNLC3V9E05346936.html)。

2. "一园一业"发展典型

"一园一业"发展典型，主要是通过政策集成、要素集聚和企业集中，打造了特色优势加工产业集群，促进了加工企业与上下游各类市场主体首尾相连、前后衔接、集聚发展，形成"原料基地＋加工园区＋服务网络"一体化发展格局。表7-4为"一园一业"发展典型定兴金台经济开发区。

表7-4　　　　　　　　"一园一业"发展典型

定兴金台经济开发区
定兴是全国休闲食品产业集群区域品牌建设试点地区，创建全国质量强县示范县，还是河北省工业转型升级试点示范县、首批食品药品安全县、休闲食品产业特色名县。河北定兴金台经济开发区是定兴县唯一一家省级经济开发区，总规划面积21.7平方千米。2019年12月31日，定兴金台经济开发区被保定市人民政府认定为传统产业转型升级示范园区[*]。其食品加工业作为园区内主导产业之一，已经形成了以喜之郎、西麦、五合窖酒业、马大姐食品、槐茂等龙头企业为主，以及海虹吸管、雅合纸塑、光宇水果颗粒、厨房设备及冷库仓储[**]等一批上下游产业链配套企业。目前，定兴县现有重点食品生产企业50余家。通过引进龙头、带动知名企业落户，升级"老字号"，让产业焕发新活力，精准招商、强链补链延链，2020年，食品产业集群营业收入达68.6亿元，同比增长15%。同时，为了强化金融支撑，定兴县深入推进"百行联千企"活动，压降贷款费率，对符合标准的项目企业及时给予贷款贴息；强化基础设施支撑。与大型意向企业合作，启动定兴金台经济开发区（北区）基础设施建设，为企业落地提供良好基础环境。在科研支撑上，与中科院过程所、江南大学食品学院、北京化工大学、上海微工业技术研究所等进行合作，成立花青素产业研究院、食品产业研究院、技术转移中心，推进产学研有机结合，促进休闲食品产业提档升级。如今，定兴县中国休闲食品之都已雏形初现。下一步，该县将深耕休闲食品产业发展，不断加大招商引资力度，抓好强链补链延链工作，食品产业集聚效应更加凸显，力争2025年食品产业营业收入达到150亿元[***]

---

[*] 佚名：《定兴金台经济开发区被保定市认定为特色示范园区》（http：//www.dingxing.gov.cn/content-84-24832.html）。

[**] 佚名：《定兴金台经济开发区入选"一园一业"类发展典型》（http：//hebei.news.163.com/17/1217/07/D5RDCO2I04158FFB.html）。

[***] 李航、徐海涛：《发展食品产业打造中国休闲食品之都》（https：//baijiahao.baidu.com/s?id=1693001989201116032&wfr=spider&for=pc）。

3. "一企一业"发展典型

"一企一业"发展典型，主要是统筹协调初加工、精深加工和综合利用加工，从农业源头做起，涵盖了种养、投入品使用、初加工、精深加工、主食加工、综合利用、物流销售、品牌推广等全过程，实现从田头到餐桌多环节有机融合，形成了产业链竞争优势。表7-5为"一企一业"发展典型今麦郎食品有限公司。

表7-5　　　　　　　　"一企一业"发展典型

今麦郎食品有限公司
今麦郎食品有限公司以方便面生意起家，以方便食品为主业，是集研发、生产、销售、服务于一体的大型现代化综合性食品制造企业。公司凭借得天独厚的资源优势、行业先进的专业优势、门类齐全的配套优势、优越的产品性价比优势、国内高覆盖率的市场优势，创造了企业超常规、跨越式的发展模式。2005年，今麦郎率先提出"把第一车间建在农田"，从产业源头做起，紧盯原材料供应，建立起农业试验基地，开始大规模优质小麦的种植，实现低成本与高质量两手抓。同时，今麦郎十分注重食品安全，开展优质麦工程，从源头上加强食品安全管理。今麦郎品牌推广力度大、效果好。它创新推出"一桶半"、"一菜一面"、大今野等一系列产品，远销海外，获得了多国消费者的广泛好评*。在公司发展过程中，利用高新技术，通过一系列管控措施，实现了企业内部、企业与外部的高度协同，企业融合发展程度进一步提升，日趋成熟

三　田园综合体发展典型

随着中国城镇化的推进和人民生活水平的提高，相较传统的逛街休闲方式，城镇居民更青睐朴实纯真、悠然自得的乡村生活。利用节假日游走于乡村小桥流水间、田园风光间，听闻鸟语花香，体验农业劳作、垂钓之乐，无不成为城镇居民最现实的需求。因此，众多兼具休闲与观光等多项功能的田园综合体出现。

---

* 宋立刚：《今麦郎集团公司内部供应链管理协同优化研究》，硕士学位论文，兰州理工大学，2018年。

1. 景德镇高岭·中国村

高岭·中国村坐落于生态环境优越的浮梁县鹅湖镇，距景德镇市区40千米，距浮梁县城30千米，距瑶里风景区16千米，毗邻昌景黄高铁浮梁站和浮梁通航机场，地理区位优势突出。整个项目是由黑猫集团和浮梁县共同打造的江西省重点工程，核心区规划总面积约26平方千米。

高岭·中国村对标国家级田园综合体进行打造，依托浮梁"瓷之源、茶之乡、林之海"的资源优势，以浮梁县鹅湖镇、瑶里镇为中心，沿昌景黄高铁浮梁东站、205省道景瑶公路统筹规划、整体建设，核心区规划面积约26平方千米，计划总投资50亿元。重点建设浮梁茶海、高岭花海、香樟林海、村长学院、界田小村、智慧农园以及综合服务区等项目，深度打造集生态农业、瓷茶文旅、论坛培训、运动康养、旅居文创等功能业态于一体的"国家级田园综合体"。项目按照"一环两带、六园一区"整体布局建设，"一环"即总长近40千米的旅游环路；"两带"即东西两条兼具防洪、灌溉、赏游功能滨水风光带；"六园"即高岭花海、浮梁茶海、高岭村长学院、智慧农园、界田小村和香樟林海；"一区"即以服务于游客接待集散的综合服务区，重点建设5A级游客服务中心及其配套设施[①]。

高岭·中国村将农业作为基础产业，突出产业融合，明确农村集体组织在建设田园综合体中的功能定位，充分发挥其在开发集体资源、发展集体经济、服务集体成员等方面的作用。

（1）通过延伸农业产业链，做到"从田头到餐桌"，从生产、包装到物流的全产业链统一标准与监控。在保护的基础上合理利用了香樟林、农田及河道，这些生态项目都为项目建设增光添彩。

---

① 王姝：《高岭·中国村：打造国家级田园综合体》（https：//m. thepaper. cn/newsDetail_forward_8913778）。

（2）通过租赁土地、向当地人提供就业岗位等方面，为农民创富增收提供了有效帮助。同村集体的合作为当地创造了更大的发展空间。此外税收、村庄风貌的变化等都为当地带来了显著变化。

（3）政府在用地保障、财政扶持、金融服务、科技创新应用、人才支撑等方面政策措施有力，为产业发展和田园综合体建设提供条件。

（4）各级政府在各相关方面的财政补贴、专项资金明确。包括轮作补贴、粮豆轮作、粮改饲等；秸秆补贴；以奶牛、生猪为主的畜禽类补贴；农业支持保护补贴；购置农机补贴；等等。通过银行贷款及招商引资等方式，推动项目资金筹措渠道多元、稳固。

（5）采取三权分置（土地的所有权、承包权和经营权）、三股分红（资金股、资源股、技术股）、三手合力（市场无形的手、政府有形的手、农民勤劳的手）的"三个三"模式。

2. 尹家峪田园综合体

尹家峪田园综合体位于山东沂水县泉庄镇，素有"林果之乡""蜜桃之乡""长寿之乡"美称。尹家峪依托山水林田的优势，积极践行乡村振兴战略，在国人田园生活的理想与现代科技大发展背景下，以更超前的田园综合体模式打造成为集生态观光、休闲度假、康体养生、特色购物、休闲游乐等功能于一体的特色鲜明、宜居宜业宜游的国内知名田园综合体、百年可传世的特色精品项目、可带动区域农村产业发展的龙头平台，是齐鲁大地最具影响力的农旅融合、景田一体、产村联动的田园综合体。

尹家峪田园综合体项目空间布局为"一心一廊三带九区"联动。其中，一心为综合服务中心，一廊为崮上花田风光廊，三带为入口景观带、崮上飞索空中游憩带、阡陌之间空中小火车游憩带，九区为天上王城景区、桃花潭水入口服务区、桃林花海观光区、桃花溪谷核心区、桃园种植区、崮上桃林种植区、东汉崮景区、崮上娱乐体验区、七彩崮园观光区。建设花韵乡居水街、农业嘉年华、历史文化村、崮上人家、梦幻岛、桃花岛、灵溪书院、七彩崮园、东汉崮、崮上飞天、崮上云巅、花海漂流等30多个文旅、农旅、创意型项目。其发展特点主要体现在以下四个方面。

（1）以有机农业为支撑，以融合发展为抓手，项目开展农产品加工等，培育创意体验、民宿度假、文创交流、崮顶观光、运动休闲、康养度假、商贸物流、民俗体验等业态，形成乡村业态聚集区，聚集人流、物流、信息流、资金流，推进农村产业深度融合发展，使尹家峪田园综合体业态迸发、活力四射。

（2）重视市场开发，将宣传推广贯穿始终，坚持用市场化思维运营整个项目，做好线上平台推广、线下实地推广、微信网站推广、电视广播推广、产品包装推广，先后推出微信公众号、头条号、抖音、快手等自媒体平台，制作《梦回崮乡》微电影，《感恩尹家峪》《亲亲你的酒窝》歌曲，及MV、《走进尹家峪》和《临沂·尹家峪田园综合体》宣传片。

（3）"七化一体"探索乡村振兴发展新路。尹家峪田园综合体重视农民增收、农村发展，坚持社企一体、村社共兴，用有机的标准生产高端农产品、用可追溯的手段控制质量、用管理企业的理念发展现代农业、用互联网的思维营销市场，走出一条土地股权化、生产有机化、质量可追溯化、经营电商化、管理企业化、扶贫精准化和农旅一体化"七化一体"的乡村振兴新路径。

（4）坚持共建共享，探索实践多层次脱贫攻坚道路。依托一产实践推广"521"模式，即土地流转金分配、土地股权金分配、工资分配、绩效分配、福利分配、养老保障、孝善保障、救助老弱"五分配两保障一救助"脱贫攻坚"521"新模式；依托二产探索实践"三保一订"模式，即保物资优惠、保技术培训、保定价收购和签订合作订单；依托三产探索实践"两收一益"模式，即吸纳就业增收、自主经营增收、资产资源收益。此外，依托整个项目建设探索实践"利益增值共享"模式,即通过项目建设,带动基础设施配套、增加村级收入,实现村级资产、资源长效增值,村民共享。

该项目年可接待游客 200 万人次以上,实现总收入 10.06 亿元以上,吸纳农民 4000 余人长短期就业,涉及贫困户 900 人以上。可通过土地要素股权化、绩效分红等方式,实现项目区农民长效递增式增收,总计可带动农民年收入 1.49 亿元[①]。

3. 乌村精品民宿度假

乌镇位于浙江省嘉兴市桐乡市,属于国家 5A 级景区,距离乌镇西栅有 500 米,紧邻京杭大运河,总面积 450 亩。乌镇借鉴 Club Med 的"一价全包"的国际度假理念,定位于"体验式的精品农庄",基于乡村原有肌理进行系统保护与开发,打造出了兼具典型江南水乡农耕文化传统生活氛围与适应现代人休闲度假双重功效的理想"乌托邦"。乌村紧紧围绕江南农耕村的特点,在配套服务设施上导入酒店、餐饮、娱乐、休闲、亲子、农耕活动等,布局精品农副种植加工区、农事活动体验区、知青文化区、船文化区四大板块,定位形成高端乡村旅游度假区,成为乌镇目的地的新型旅游度假目的地景区。乌村精品民俗度假模式主要有 3 种(见表 7-6)。

表 7-6　　　　　　　　　乌村精品民宿度假模式

项目	内容
美食	一小时蔬菜:乡土味中晚餐,采用健康的"一小时蔬菜",严格按照"当餐到达,当餐使用"的原则,形成"从采摘到上菜一小时"的特色。纯正西餐:红酒和各色鸡尾酒配以牛排、意大利面。江南甜品:红豆糊、桃胶鸡头米、桂花年糕、鹅头颈、青团、猫耳朵等

---

① 田宝宗、刘华:《打造田园综合体发展的"齐鲁样板"——沂水县扎实推进尹家峪田园综合体项目》(https://www.sohu.com/a/270984181_738684)。

续表

项目	内容
住宿	乌村将住宿细分为不同组团单元,分别是渔家、磨坊、酒巷、竹屋、米仓、桃园及知青年代,组团的名称与主题定位来源于村庄以前的生产小队,目前共有客房186间。如渔家组团就是以公社化时期当地渔业生产小队的生活元素为主题而命名的
游玩	每日提供蔬菜采摘、农耕深度体验、各类农事活动、童玩天地、手工DIY等丰富的休闲体验活动;在新建的活动中心、青墩、乌墩、码头等重点区域定期提供演艺、酒吧休闲、帐篷露营等活动

其运作模式主要体现在两个方面。第一,"一价全包"的套餐式体验模式。乌村引入国际领先的"一价全包"套餐式体验模式,打造了中国首个融"食、住、行、游、购、娱"活动为一体的一站式的乡村休闲度假项目,即打包食住行和30多项免费体验项目集中销售。依托景区独特优势资源,将全村封闭起来,通过高门票限制人流,游客只需一张门票,即能享受全部服务。第二,乌村为游客提供面对面的近距离综合服务,提升游客的旅游体验,实行集景区导游、活动指导参与等服务于一身的首席礼宾官制度。按照现有的活动内容,乌村内的首席礼宾官制度的特色服务以引导游客体验民俗活动为主,以差异化的产品定位,做传统景区的配套支撑甚至是对等互补以凸显自己的价值①。

四 农村电商发展典型

高技术对农村产业的渗透型融合主要体现为农村电商,农村电商包括两方面,第一,通过电子商务平台实现城市中的消费品、工业品下乡;第二,农产品和农副产品走出农村,依托现代物流技术,将农产品从产地直接销售给消费者,减少中间流通环节,使当

---

① 佚名:《20个乡村振兴案例,例数全国标杆》(https://view.inews.qq.com/a/20211219A01XP800)。

地农产品的生产与销售有机结合,即农产品上行,这种模式多以生鲜食品的网上销售为主。

农村电商已经成为农产品销售的重要渠道,成为推动乡村产业兴旺的主力军。更不容忽视的是,其产生的交易数据,可以服务于农业供给侧结构性改革。利用农村电商大数据促进农业供给侧结构优化,使农业生产者和经营管理者更多地了解市场需求,进而开展有针对性的产品创新、成本降低,并提升供给侧端的整体效益。

农村电商作为农村产业融合体系中的重要内容,成为推动"互联网+"发展的重要力量和中国实现乡村振兴的重要组成部分,电商平台对开辟农产品上行新通道、助力农村地区发展、农业现代化和农民的脱贫致富等方面存在的问题提供了有效的解决方案。同时,随着相关政策不断出台助推,阿里巴巴、京东、拼多多等电商平台与农村的互动越发良性化,农村电商在兴乡富民过程中扮演起了越来越重要的角色。经历20多年的持续创新发展,我国已经成为世界第一大农村电子商务国,近年来农产品网络零售额保持两位数的增长速度,在活跃城乡市场、发展农村数字经济、打赢脱贫攻坚战、有效应对新冠肺炎疫情方面取得了超出预期的好成效。2021年全国县域数字农业农村发展水平评价报告显示,2020年全国县域农产品网络零售额为7520.5亿元,占农产品销售总额的13.8%,比2019年增长了3.8个百分点。2020年全国农村网络零售额达1.79万亿元,同比增长8.9%。商务大数据监测显示,2020年全国832个脱贫县农产品网络零售额为406.6亿元,同比增长43.5%。《阿里巴巴脱贫基金三年报》显示,从2017年12月至2020年12月,832个国家级脱贫县共在阿里平台销售商品超2700亿元。2020年全国农产品跨境电商零售进出口总额达63.4亿美元,同比增长19.8%。2020年,全国各类返乡入乡创业创新人员达到1010万人,比2019年增加160万人,同比增长19%,是近年来增加最多、增长最快的一年，形成了农民工、大学生、退役军人、妇女四支创业队伍；1900多万返乡留乡人员实现了就地就近就业。据统计，返乡入乡创业项目中，55%运用信息技术，开办网店、直播直销、无接触配送等，打造了"网红产品"；85%以上属于一二三产业融合类型，广泛涵盖产加销服、农文旅教等领域[①]。

浙江的农村电商发展一直走在全国前列，尤其是农村网络零售规模居全国首位。本部分以浙江省为例，通过典型案例分析，探讨农村电商发展趋势下农村产业融合发展的思路，总结当前农村产业融合发展的模式，为提出长江上游地区加快农村产业融合发展的政策建议奠定基础。

自2014年开始，电子商务进农村综合示范工作在全国逐步开展。2018年全国农村网络零售额达到1.37万亿元，同比增长30.4%，全国农产品网络零售额达到2305亿元，同比增长33.8%，农村电商迅猛发展。而浙江农村网络零售额全国第一，2018年全年农产品网络零售额667.6亿元（见图7-1）。图7-1表明，浙江、江苏、福建、山东和广东合计占全国农村网络零售额的比重为73.4%，零售额前十位省份合计占比为89.4%。从增速来看：青海、甘肃、宁夏、陕西和重庆零售额同比增速位列前五，增速均在40%以上。

近年来，随着数字乡村建设、电子商务进农村综合示范工程全面展开，电商扶贫、乡村振兴、美丽乡村、数字乡村建设等工作深入推进，浙江省农村电子商务保持迅猛发展态势，通过"互联网+"模式为"三农"发展提供了电商服务与支持，有效扩大了农村消费、增加农民收入、激发农村创业、促进社会和谐，也成为融合城

---

① 王小兵、蔡萍、王曼维：《全国农村电商发展成就、现状特点、问题与对策建议》，《农民日报》2021年12月11日第3版。

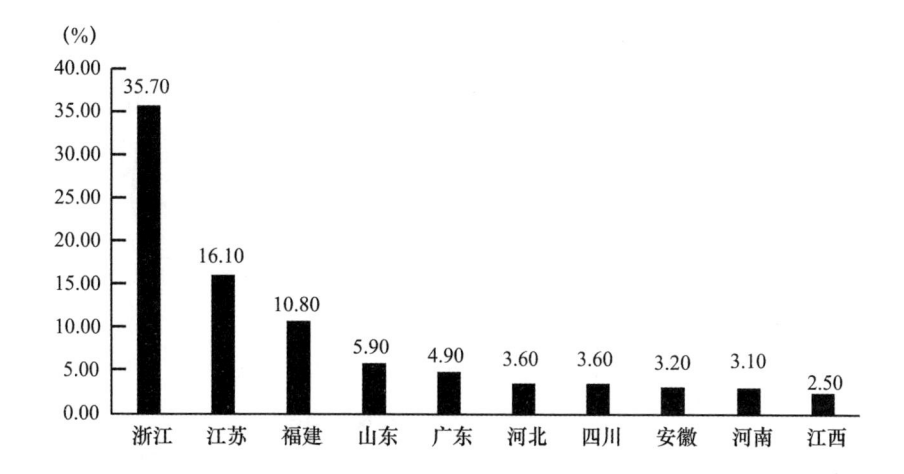

```
(%)
40.00 ┐ 35.70
35.00 ┤
30.00 ┤
25.00 ┤
20.00 ┤     16.10
15.00 ┤          10.80
10.00 ┤                5.90
 5.00 ┤                     4.90  3.60  3.60  3.20  3.10  2.50
 0.00 ┴──────────────────────────────────────────────────────
      浙江  江苏  福建  山东  广东  河北  四川  安徽  河南  江西
```

图 7-1 2018 年全国农村网络零售额前十省份零售额占比①

数据来源：中商产业研究院大数据库。

乡发展、推动振兴乡村的重要载体。

1. 浙江农村电商发展现状

（1）农村电商产业兴旺发展。从表 7-7 可见，2020 年，浙江省电子商务网络零售额 22608.1 亿元，较 2019 年增加 2835.1 亿元，同比增长 14.34%；浙江省内居民网络消费 11071.7 亿元，同比增长 10.9%，网络贸易顺差达到 11536.4 亿元。其中，按商务部同口径测算，浙江省农村网络零售额 9671.4 亿元，占比 42.8%；拥有活跃的涉农网店 2.4 万家，较上年增加 0.2 万家，同比增长 9.09%。2020 年，浙江省实现农产品网络零售 1109.5 亿元，较 2019 年增加 266.6 亿元，同比增长 31.63%；农产品网络零售对浙江省网络零售总额增长的贡献率为 9.4%，较 2019 年同期提高了

---

① 阿里研究院对"淘宝村"的认定标准主要包括：（1）经营场所：在农村地区，以行政村为单元；（2）销售规模：电子商务年销售额达到 1000 万元；（3）网商规模：本村活跃网店数量达到 100 家，或活跃网店数量达到当地家庭户数的 10%。阿里研究院对"淘宝镇"的认定标准主要包括：（1）一个乡镇或街道的淘宝村大于或等于 3 个；（2）在阿里平台，一个乡镇一年电商销售额超过 3000 万元、活跃网店超过 300 个，不局限于是否有淘宝村。

3.7个百分点①。浙江作为精品农业大省，也是电子商务强省，两相结合的新兴商业模式，正在以超乎想象的速度发展。在销售渠道畅通的情况下，通过标准化生产的高品质农产品能够获得较高的收购价，有效缓解小农户与大市场之间的矛盾，在切实解决农村就业、促进农民增收、推动产业发展等方面发挥了积极作用。

表7-7 2015—2020年浙江省电子商务网络零售额、活跃涉农网店及农产品网络零售额及其增速

年份	电子商务网络零售额（亿元）	增速（%）	活跃涉农网店（万家）	增速（%）	农产品网络零售额（亿元）	增速（%）
2015	7610.62	—	1.50	—	304.00	—
2016	10306.74	35.43	2.64	76.00	396.19	30.33
2017	13336.70	29.40	2.00	-24.24	506.20	27.77
2018	16718.80	25.36	2.10	5.00	667.60	31.88
2019	19773.00	18.27	2.20	4.76	842.90	26.26
2020	22608.10	14.34	2.40	9.09	1109.50	31.63

资料来源：浙江商务局、智研咨询。

（2）县域电商经济发达。浙江各地经过多年发展农村电商，精准发力乡村振兴，已就各自产品、区位、产业优势形成了各具特色的产业模式，包括以"电子商务综合服务商+网商+特色产业"为核心，通过电商平台融入县域主导产业和特色产业，带动城乡互动、多品类协同发展的"遂昌模式"；依托中心城市发展县域电商经济，利用发达的物流体系嫁接本地特色农产品，实现线上线下相互配合、齐头并进的"临安、桐庐模式"；等等。2019年全国电子商务进农村综合示范县名单，共计215个县，其中国家级贫困县

---

① 智研咨询：《2020年浙江省农村电商行业发展现状、发展问题及发展前景分析》（https://www.chyxx.com/industry/202110/978981.html）。

138个。浙江省则有9个县成功入围2019年电子商务进农村综合示范县，分别是安吉县、海宁市、缙云县、武义县、江山市、淳安县、桐乡市、龙游县、永康市。2018年，以上9个示范县（市、区）网络零售额实现2256.4亿元，占全省网络零售额的13.5%[①]。2019—2020年，浙江共22个县（市）获批国家电子商务进农村综合示范县[②]。

（3）农村基础设施进一步建设。良好的农村电商发展势头背后，离不开农业农村信息基础设施的稳步提升。目前，浙江宽带村通率达98.4%，电话村通率达100%。截至2020年12月，浙江省网民规模达到5321.8万人，互联网普及率为82.4%，手机网民规模占全省网民总数的99.7%，浙江省内有81个县（市、区）超过全国平均水平[③]，随着4G和光纤网络的普及、5G的加快发展，全省农村信息基础设施建设得到进一步巩固提升，互联网普及率达到了较高水平。

（4）缓解城乡发展矛盾。现阶段，我国社会主要矛盾已转变为"人民日益增长的美好生活需要和不平衡不充分的发展之间的矛盾"。乡村发展不充分、城乡之间发展不平衡，是这个主要矛盾的主要方面。而电子商务的发展，正为解决这个矛盾提供了途径与可能。通过"电子商务进万村"工程，设立农村电商服务站，用电商代购的方式，帮助农村享有与城市相同的消费环境。截至2020年，浙江省网络零售额超千万的电子商务专业村1970个，较2019年增加250个；电商镇316个，较2019年增加60个（见表7-8）。同时，浙江还在加快发展和培育一批具有一定规模、管理规范、市场辐射力强的电子商务示范村和农村电商示范服务站（点）。2020

[①] 佚名：《浙江农村网络零售额全国第一，9县入围2019电子商务进农村综合示范县》（https://baijiahao.baidu.com/s?id=1643076240675922920&wfr=spider&for=pc）。

[②] 郑晓维：《"之江创客"2020农村电商决赛：汇聚双创力量助浙江发展》（http://www.zj.chinanews.com.cn/jzkzj/2020-10-29/detail-ihacmyxk9661586.shtml）。

[③] 张煜欢、郭其钰：《2019年浙江县域农产品网络零售额达819亿元》（http://www.zj.chinanews.com.cn/jzkzj/2020-10-29/detail-ihacmyxk9661586.shtml）。

年，浙江省培育电子商务示范村712个，农村电商示范服务站（点）284个，累计建成服务点超1.64万个，覆盖了58%以上的行政村。

表7-8 浙江省网络零售额超千万的电子商务专业村、电商镇及培育示范村和示范服务站

年份	网络零售额超千万的电子商务专业村（个）	网络零售额超千万的电商镇（个）	培育电子商务示范村（个）	培育农村电商示范服务站（点）（个）
2017	779	——	——	——
2018	1253	130	——	——
2019	1720	256	350	720
2020	1970	316	712	284

资料来源：浙江商务局、智研咨询。

（5）产业集聚效应强劲。浙江淘宝村、淘宝镇的数量也同样排名第一（见表7-9）。截至2019年6月，全国共有4310个淘宝村、1118个淘宝镇。淘宝村已经广泛分布于25个省、自治区、直辖市。大部分淘宝村位于东部沿海地区，浙江省的淘宝村超过1500个，中西部和东北地区的淘宝村达到150个。

表7-9　　2019年全国各地区淘宝村数量排行　　单位：个

排名	地区	数量	排名	地区	数量	排名	地区	数量	排名	地区	数量
1	浙江	1573	8	湖北	22	14	湖南	6	20	山西	2
2	广东	798	9	江西	19	15	四川	6	21	陕西	2
3	江苏	615	10	天津	14	16	吉林	4	22	黑龙江	1
4	山东	450	11	安徽	13	17	广西	3	23	新疆	1
5	河北	359	12	北京	11	18	重庆	3	24	云南	1
6	福建	318	13	辽宁	11	19	贵州	2	25	宁夏	1
7	河南	75	——	——	——	——	——	——	——	——	——

来源：阿里研究院，2019年8月。

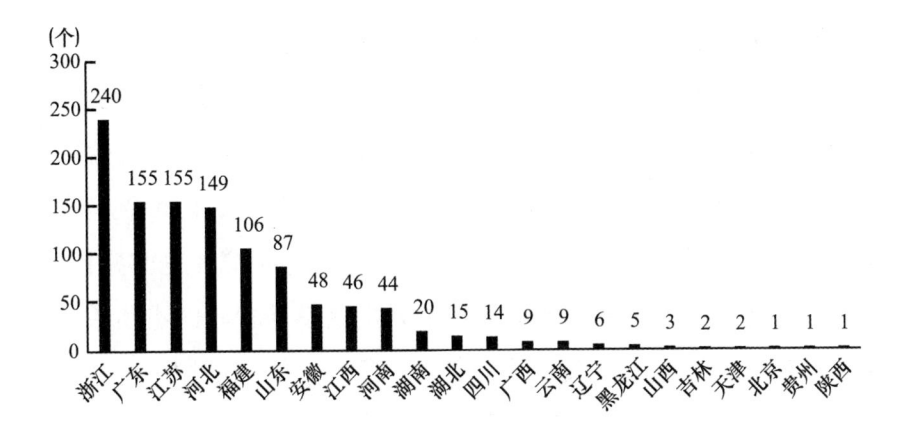

图 7-2　2019 年全国各省、市淘宝镇数量分布情况

浙江省通过不断推进城乡网络服务体系建设，有效整合了电商物流仓储、电商公共服务中心、农村电商运营中心、农村电商服务站、龙游特色馆运营中心、人才培训中心等资源，营造了良好的电商发展氛围，强化了协同能力，形成了强大的集聚效应。

（6）农村电商与旅游业融合发展。通过培育电子商务与旅游业融合的市场主体、整合电子商务和旅游的基础设施资源，以及通过旅游渠道拓展电子商务平台和品牌影响力等手段，推动农业、农产品加工和农村旅游业发展，促进一、二、三产业融合发展，激发农村市场经济活力。

（7）农产品社交电商异军突起。2016 年是社交电子商务的爆发元年。随着线上流量红利的消退、消费升级趋势的加速推进、共享经济的崛起，浙江省以"云集"等社交平台为代表的社交电商逐渐摸索出了一条独特的农村电商之路，在助力农村电商的过程中不断自我成长。

（8）电商扶贫取得良好成效。浙江省通过加强与中西部贫困地区产品对接、资源对接，提供人力支持、标准支持等手段，加大电商精准扶贫力度，取得显著成效。例如，2017 年 8 月，浙江省商务厅在新疆阿克苏举办电商公共服务资源对接会,组织阿里巴巴、淘员外等电商企业的团队赴阿克苏为当地企业举办专题讲座与授课,并引导双方进行电子商务需求与服务对接,取得了良好的成效[①]。

农村电子商务的发展给人民带来了极大的便利,因而在行业发展以及政府及银行等机构的推动下,农村电商的发展也非常迅速。农村电商极具特色,不仅能够为消费者提供备受青睐的有机农产品等,同时也能为村民提供物美价廉的物品,也能带动村民的创业激情。越来越多的人通过微信以及QQ等交流平台,对电子商务的相关知识以及政策进行宣传,现阶段已取得不少成果,农村电商已然成为一种行业趋势。尤其是在浙江省,作为早期发展农村电商的省份,浙江省的农村电商发展日渐趋于成熟。

2. 浙江农村电商发展前景

浙江省是电子商务大省,约90%的快件来自电商,大多数电商件由电商企业自己包装。快递绿色包装治理,需要快递企业与电商平台、电商企业共同努力,需要国家、省(市)相关部门协同推进。人才供不应求,随着农村电商、新零售、物联网、人工智能等不同电商模式的出现,新兴平台不断涌现,人才存量及人才结构明显跟不上发展需求。快递绿色发展水平有待提高,受制于绿色包装成本、产品研发应用、包装回收体系建设等原因,行业的绿色发展水平还有待提升。

随着人工智能技术、移动互联网技术(特别是5G技术)的飞速发展,电子商务的营销模式正在发生重大的变化。实施2021年国家电子商务进农村综合示范县工作,在此基础上逐步形成富裕地区电子商务进农村的有效途径。支撑农产品电商新模式,2021年,

---

① 佚名:《浙江省农村电子商务发展报告》(http://www.zcom.gov.cn/art/2018/8/10/art_1384591_20228958.html)。

浙江省全面开展"村播计划"培育直播电商基地、打造产业公共直播间、开展村播培训、组织系列村播电商大赛等。旨在促进浙江省农村电商发展，助力乡村产业振兴，让农民变主播、手机变农具、直播变农活、数据变农资，为浙江省推动农产品上行、培育经济发展提供新模式与新动能。大力推进电商商务示范工程建设。深化电子商务进农产综合示范工作，引导农村商贸企业与电商深度融合，以信息技术为依托，加快构建完善的县、乡、村三级物流配送体系，农村电商公共服务体系，农产品上行和工业品下行双向流通体系、培训体系、市场运行体系、产业集聚体系和脱贫帮扶体系，满足农村居民美好生活的需求。

第八章

长江上游地区农村产业融合发展的优化策略

长江上游地区农村地域广阔，不同地区的资源禀赋和乡村面貌差异大，生态多样。农村产业融合发展应充分尊重地区发展差异，重视在生态、历史文化、产业发展条件等方面的差异，切不可"一刀切"，造成"千村一面"。要充分依托当地农村资源禀赋的特色与优势，因地制宜，创新与鼓励区域差异性产业融合模式发展，并且要多措并举，从土地、人才、技术、资金、制度等多方面保障长江上游地区农村产业融合的深化发展。

第一节 长江上游地区农村产业融合发展路径

一 围绕农业内部整合，重点推进农业循环化、生态化发展

当前，长江上游地区在农业内部产业重组型融合模式中，仍然存在种养结合不紧、粮经饲结构不合理、种植业与养殖业配套衔接不够、地力下降与养殖业粪污未能有效利用并存等诸多问题。建议因地制宜、创新发展，以农牧结合、循环发展为导向，优化种养结构，节约集约、循环利用各类资源，大力发展生态农业，推动长江上游地区农产品从种养到初加工、精深加工及副产物利用无害化，

推动农业内部产业重组型融合发展。

1. 深入打造农业内部生态产业链

第一,要培育推广"三位一体"的产业链模式。在重庆山区、丘陵地带,积极推广"猪(牛羊)—沼—果"模式的循环农业,在类似成都平原地区,应提倡将种植与养殖相结合,通过沼气形成"猪(牛羊)—沼—菜(山)"的产业链。加快农村一户一池为主的沼气建设,扩大沼气的普及范围,发展以农户为主体的小循环。第二,要加快推进立体复合型的产业链模式。长江上游地区是长江经济带重要的生态屏障区,具有丰富的林业资源。该区域的发展以林业为主,应全面推广立体复合型的生态产业链模式,通过在山上种植经济林、果木或其他经济作物,同时在林下培育香菇、木耳,养殖山鸡等家禽或其他牲畜,不仅能够节省饲料化肥的投入,而且能够丰富输出的产品种类[①]。

2. 以市场为导向,发展有机农业

例如,在发展种养结合综合农业生产中,要抓住机遇,随着人民生活水平和健康饮食意识的提高,有机农产品的市场需求越来越大。充分利用好综合农业生产系统的天然优势,积极向相关机构申请有机农产品认证,打造全国知名品牌,提高农产品的单位价值,增加农业经营收入。通过开展多种生态农业生产模式,推广作物轮作和覆盖作物种植制度、病虫害生物防治技术,提升土壤有机质含量,有效降低化肥和农药残留,提供绿色健康的有机食品[②]。

3. 构建大农业循环产业链,实现产业价值链的顺畅连接

农业循环产业链基于农业产业间融合发展与经济主体空间布

---

① 母爱英、何恬:《京津冀循环农业生态产业链的构建与思考》,《河北经贸大学学报》2014年第6期。

② 王淑彬、王明利、石自忠:《种养结合农业系统在欧美发达国家的实践及对中国的启示》,《世界农业》2020年第3期。

局,在高效循环中实现产业链的多次价值增值,促进网络系统优化资源配置,实现产业结构日益合理。第一,在明确和突出政府对高效循环农业发展主导责任的基础上,强化市场作用,努力完善产业链网络体系动力机制,实现循环农业产业价值链的连接。动力机制包括通过市场发挥作用的内源动力与基于宏观调控的外源动力,两者相互配合共同推动循环农业产业链运行及持续运转。第二,依靠价格机制和竞争机制,在物质流和能量流逐级逐层次流动中获得最大限度利用的基础上,使废弃物再利用,实现循环农业价值链有效连接。循环农业产业链组成结构及网络形式直接受价格变动影响。有效利用价格杠杆刺激各相关产业部门基于纵向主导与横向整合的方式,通过竞争机制优化产业链资源配置,有效协调循环农业产业链各独立经济主体间存在的循环经济目标不一致和行为不协调的矛盾[①]。

4. 增加文化元素,积极发展人文氛围浓厚、底蕴深厚的循环农业文化

在农业内部产业重组型融合模式中,可通过"共享稻田、品牌路径、立体种养、生态渔业"等形式,辅以创意元素,集观光、休闲、享受乡土情趣、采摘、垂钓、捕捉、体验农作、品尝美食等体验经济于一体,实现经济、生态与社会效益的多维化。

5. 注重构建农业内部产业重组型融合示范区,强化示范区的引领作用

第一,理顺示范区发展思路,促进区域资源高效循环。发展高效循环农业示范区,要立足大农业循环,运用现代科学技术,发挥示范园区多种功能,在充分利用园区资源优势和环境优势的基础上,共同组成大农业循环经济产业链系统,探索并推广新型循环农

---

① 吴群:《高效农业循环经济的发展方向与思路》,《经济纵横》2014年第9期。

业发展模式。第二，创新工作做法，在突出特色基础上积极探索可复制、可推广的发展模式。强化对示范区的政策扶持和指导，改变因资金不足和政策空缺阻碍运行的状况，努力实现示范区有害污染物的内部循环，形成集聚效应。

二 延伸农业产业链，大力发展农产品加工业

要以园区为依托，着力培育主导产业，培育一批具有主导优势的全产业链产业集群；要以企业为主体，聚焦行业领军企业创建、中小企业梯度培育等重点工作，千方百计支持企业做大总量、提升质量、增强活力；要以品牌为统领，着力构建产业优势，抓好区域公共品牌创建、电商品牌发展、品牌推介等工作，提高农产品品牌市场认可度和占有率；要以项目为抓手，着力形成产业集群，紧盯大企业大集团开展精准招商、争取更多有分量的企业区域总部和项目落户长江上游地区；要加强项目建设保障，争取更多项目尽快投产。

1. 提质增效推进农产品加工向精深化发展

统筹发展农产品初加工、精深加工和综合利用加工，推进农产品多元化开发、多层次利用、多环节增值，推动农村由卖原字号向卖制成品转变，千方百计提高综合收益。引导大型农业企业发展精深加工，加快生物、工程、环保、信息等技术集成应用，开发营养均衡、养生保健、食药同源的加工食品和质优价廉、物美实用的非食用加工产品，创新超临界萃取、超微粉碎、生物发酵等技术，提升农产品加工转化增值空间。鼓励和支持农民专业合作社、家庭农场和中小微企业等在产地对农产品进行清洗分拣、烘干储藏、杀菌消毒、预冷保鲜、净菜鲜切、分级分割、产品包装等，开展干制、腌制、熟制等初加工，实现减损增效。

2. 坚持补链、延链、强链相结合，耦合配套全产业链

以县域为重点，补链、延链、强链，把产业链主体留在县域、把价值链收益主要留给农民。要推动农产品加工向产地下沉、向优势区域聚集、向中心乡镇和物流节点聚集、向园区集中，建设一批农产品加工强县、强镇和加工园区，以加工带动生产、物流、研发、示范、服务等功能。要强化科技研发、融资担保、检验检测等配套服务，完善仓储物流、供能供热、废污处理等设施，引导加工企业入驻加工园区、产业集聚区集中发展。要在特色农产品优势区布局产地批发市场、物流配送中心、商品采购中心、大型特产超市，发展网上商店、连锁门店，促进农户生产、企业加工、客户营销和终端消费连成一体、协同运作，确保产得好也卖得好。

3. 加强技术创新，推进农产品加工业生态化发展

就目前而言，农产品加工问题多不仅是长江上游各地区存在的现象，全国层面同样如此。长江上游地区农产品加工企业大部分是规模以下企业，创新能力不足、产品标准化程度低、产业发展中污染大、生态化转型不足等。要解决这些问题，第一，以农产品加工关键环节和瓶颈制约为重点，推进加工技术创新，组织科研院所、大专院校与企业联合开展技术攻关，支持企业牵头成立科技创新联盟，推动"产学研推用"一体化发展。要研发绿色储藏、动态保鲜、快速预冷、节能干燥等新型实用技术，以及实现品质调控、营养均衡、清洁生产等功能的先进加工技术。第二，提高装备水平，结合各地实际，研发一批适宜就地加工的小型化、智能化、多功能、组合式设施，集成组装一批科技含量高、适用性广的加工工艺及配套装备，提升农产品加工范围和层次水平。积极参与国家重点研发计划、技术创新引导专项等科研项目，建立数字化加工车间，推动互联网、大数据、人工智能和农产品精深加工深度融合。第三，鼓励大型农业企业和农产品加工园区推进副产品循环利用、全

值利用、梯次利用，实现变废为宝、化害为利。同时，要建设全程质量控制、清洁生产和可追溯体系，推进农产品加工技术标准规程、产品质量标准的制定和修订，提高加工产品质量安全水平，更好保障加工产品供应①。

4. 挖掘各地区位优势，实施品牌战略，推进农产品加工业向订制化方向发展

挖掘各地区位优势，培育打造一批区域大品牌、企业大品牌、产品大品牌。近年来，随着城市居民对食品安全的担忧和对绿色生态农产品需求的增加，私人订制农产品已成了一大趋势。未来长江上游地区农产品加工也将向个性化订制方向发展。订制化加工农产品，不仅能够保证产品的安全，满足消费者对健康生活理念的追求，而且在满足部分消费者特殊需求的同时，以个性化加工凸显创意农业的理念。

5. 推进长江上游各省市农产品加工业抱团发展

就目前而言，随着各类原料价格上涨，能源、劳动力价格上涨，我国农产品加工企业的运营成本逐年上升，企业财务费用开支增加，大部分农产品加工制品价格上涨不高。为了降低生产成本、实现资源共享、汇聚资金，加快设备的更新换代，提高企业的生产效率，推进农产品加工业抱团发展则成为改变现有处境的关键。

三　拓展农业功能，发展乡村旅游产业

依托特色农业、自然生态、民族村居等乡村旅游资源，深入发掘农业农村的生态涵养、休闲观光、文化体验、养老服务等多种功能和多重价值，推动长江上游地区农业功能拓展型融合发展。

---

① 苟红礼:《大力发展农产品加工业　为农业现代化提供强大引擎》,《贵州日报》2021年9月22日第5版。

1. 打造精品，培育乡村旅游产品的地方特色，构建乡村旅游品牌体系

依托特色资源，推动观光、休闲、康养、体育、研学等乡村多业态融合发展，加快旅游名镇、旅游名村、特色民宿客栈、旅游农庄、星级民宿等品牌创建。首先，充分做足融合文章，推进"外在美"向"内在美"转变。加强乡村旅游与地方特色文化的融合，将重庆的红色文化、抗战文化、巴渝文化，四川的乡贤文化，贵州的农耕文化、梯田文化、禾晾文化、传统村落和民俗文化，云南的矿冶文化、屈原文化、端午文化、非遗文化等融入乡村旅游项目，突出各地的差异性和特色化。加强乡村旅游与农业、林业、体育等产业的融合，丰富项目产品设计，加快发展特色民宿、农事体验、康体养生、地矿游学研修等复合功能的乡村旅游线路。充分挖掘本地乡愁元素，支持非遗项目、传承人走进乡村旅游重点村，提升旅游产品的情感温度。推动农副产品向旅游商品转化，实施乡村旅游"后备厢"工程，打造集"食住行游购娱"于一体的"慢游"网络。以品牌为载体，围绕细分领域，通过开发增量资源或整合存量资源，不断提升更加专业化的服务能力。

2. 做好科学规划布局，由点到面统筹推进乡村旅游发展

在实施休闲农业和乡村旅游提升工程中，注重绿色生态和传统村落保护，夯实乡村旅游发展基础。保持特色村镇整体风貌，对有条件的地区实行连片保护和适度开发，并重点抓好厕所、垃圾污水处理。着力改善一大批休闲农业和乡村旅游点的道路、停车场、供水设施、游客综合服务中心、餐饮住宿、乡村民俗展览馆和演艺场所等基础服务设施，扶持建设一大批功能完备、特色突出、服务优良的休闲农业聚集村、休闲农业园、休闲农业合作社[①]。推动"一

---

① 刘久锋：《贵州乡村旅游深耕绿色生态》，《农民日报》2018年9月10日第6版。

处美"向"全域美"转变,实现串点串线、连线连片,变"盆景"为"风景"。将乡村旅游安全纳入社会治理体系,定期对食品生产、餐饮服务等开展监督检查,确保交通、食品、消防、旅游安全①。

3. 不断培育壮大乡村旅游市场主体

通过高效推进旅游景区提升改造,开展乡村旅游标准化评定工作,推动市场主体提质增效。深入推进与相关企业合作打造乡村旅游高端民宿项目。将从事旅游业的相关企业作为重点服务对象,主动对接相关乡村旅游示范点,引导当地农民投资创办家庭旅馆、餐馆等乡村旅游配套产业。开展市场主体培育工作,对乡村客栈或农家乐开展"一对一"指导提升服务,对乡村旅游从业人员开展专业培训。对文化程度低、专业知识偏少、管理服务水平比较落后的经营者,开展上门服务,指导经营者提高管理能力,提升服务质量。针对旅游合同纠纷、消费欺诈等易发多发问题,充分发挥12315消费者申诉举报网络作用,在相关景区设立维权服务站(点),及时受理调解和处置消费者反映的问题,规范服务行业行为,维护消费者合法权益。

四 强化技术渗透,着力推进农村电商发展

随着互联网的发展,农村电子商务成为带动长江上游地区农村产业融合和经济社会发展的新型发展模式,农村电子商务基础设施更为完善,市场规模不断扩大,交易产品种类不断增加,产品结构更为完整,为促进长江上游地区乡村振兴起到了重要作用。然而,相关农村电商站(点)在业务指导、产品宣传、信息传播等方面的

---

① 佚名:《云南省大力发展乡村旅游》(http://www.moa.gov.cn/xw/qg/202012/t20201214_6358007.htm)。

功能尚未得到充分发挥，农产品难以进入上行体系，产业不配套、以次充好、恶性竞争扰乱市场秩序、监管体系不健全、人才缺乏等问题也制约着长江上游地区农村电商的健康持续发展。因此，要按照"以民为本、分类推进、统筹兼顾、合作创新"的发展思路，创造条件、采取措施，使手机、电脑成为广大农民的"新农具"，使互联网成为助力农村产业融合发展的重要设施，以发挥农村电商为核心，强化其在政策引导、顶层设计和规划计划、基础设施建设、农产品品牌创建、质量监管、人才培训等方面的作用，培育地方农产品龙头企业，拓展海外营销渠道，推动跨境农业电子商务发展，助力长江上游地区农业农村高质量发展和现代化。

1. 要推进农村电商向上下游纵向拓展产业链，横向与乡村旅游、"一村一品"等业态融合，形成产业兴旺、农民增收的局面

第一，要促进电商与相关产业的融合发展。随着一二三产业的逐步融合，农村文化旅游、休闲农业、农家乐等发展迅速，农村电商可从单一农产品销售向多品类、多渠道、多服务拓展，与乡村旅游、特色农产品培育加工等融合起来发展。第二，施行农业清洁生产，减少化肥农药的使用，提高农副产品附加值。紧盯市场需求，培育和生产适销产品，避免农产品"卖出难"及价格波动问题，促进农民增产增收。第三，发展涉农服务业。积极培育策划、开发设计、交易、营销、运营和物流管理等配套环节服务，对粮油、蔬菜和水果等大宗农产品，利用网上批发平台，促进电商上下游产业的集聚发展，形成规模经济，实现多方共赢。

2. 要加强质量监管，为农村电商提供高品质商品

第一，加强农产品品牌建设、标准化建设和安全管理。按照农产品大小、颜色、品种、成熟度等特征，分别申请地理标志产品、区域公共品牌。从完善产业体系、物流体系、营销体系入手，加强农副产品生产标准化规则的制定和管理工作，实施市场管理和地方

特色农副产品品牌保护。第二,加强农副产品包装规划和设计、推广与营销;引入物联网、大数据、云计算等信息技术,建立溯源体系,承担企业社会责任;加强农副产品产前、产中和产后质量检验,加强农产品上行和工业品下行的质量监管;推动行政部门执法监督与电子商务平台的合作,加大对网络销售劣质农副产品的监管和惩罚力度。第三,创新电商品牌运营模式。根据当地产品特色化,采用差异化销售策略,打造农产品特色品牌。电子商务平台要根据不同的产品特点和品牌特色,创新农产品品牌运营模式,防止千篇一律[①]。第四,加强品牌宣传推广,重视"口碑"效应,促进品牌产品增值。

3. 扶持特色电商项目,完善农村基础设施建设,提高农村物流技术应用水平

电子商务对乡村振兴的重要作用不可忽视,但是,并不是所有农村地区都适合大力发展电子商务。因此,对农村电子商务的推广应该有针对性地进行扶持,而不是大水漫灌、一刀切。第一,应该增加财政投入,支持偏远地区和贫困地区基本的基础设施建设,完善网络和道路交通覆盖范围与质量。同时,政策性扶持特色农产品项目,协调金融、财税和土地等对电子商务的优惠扶持力度,为电商企业进军农村市场、兴建电子商务服务站以及物流配送站等提供支持,解决农户电商经营融资难、贷款难问题,发挥政府在农村电子商务中的推动作用和引导作用。第二,建立高效的农村物流体系,缩短流通时间成本。首先建立农产品物流集散中心,提高物流标准化水平,增加农产品附加值。第三,借助现代智能化技术与设备,建立现代化、智能化、数字化农产品物流供应链系统,通过数

---

① 迟月:《发展农村电子商务,推动乡村振兴》(https://m.gmw.cn/baijia/2021-01/20/34558558.html)。

字化交互实现产供销各环节无缝对接,缩短物流在途时间,降低运输的时间成本。第四,各大物流公司和电商平台进行资源整合,合作互利、共建共享,降低物流成本。另外,冷链物流是生鲜农产品最需要也是最薄弱的环节,需要增加冷链物流技术研发,建设与冷链物流相对应的仓储、包装以及配送等基础设施,提高冷链物流运输能力和水平。

4. 加强能力建设,完善农村电商扶持政策

人才是农村电商发展的决定性要素。第一,要加大人才培训力度。整合政府、企业、社会组织等各方资源,用好线上线下、远程等培训工具,培养一批既懂电商、农产品又熟悉市场并带领群众脱贫致富的复合型人才。第二,要提升农民信息技能。在推进农村信息化基础建设、宽带进村入户的基础上,积极开展农民手机应用技能培训、电商创业培训和业务培训等,提高他们的业务能力。第三,要加大电商创业扶持力度。因地制宜制定并实施农村电商创业创新政策,为农村电商提供优惠贷款、社保补贴、培训、场地或入园补贴等方面的政策优惠;吸引具有实践经验的电商从业者返乡创业就业,提升农民参与度和获得感,共同迈入小康社会[①]。第四,政府部门要更好地利用政策杠杆,推动电商平台和相关企业积极参与质量兴农、助力质量兴农。要加大宣传,让电商平台和相关企业认识质量兴农的重大意义,鼓励它们自觉尽快从价格竞争转向质量竞争;鼓励电商平台在流量和服务上向优质、特色和品牌农产品倾斜,支持它们率先成长。对于政府主导、政府购买服务的涉农电商项目,政府主管部门(特别是贴近实操的地方政府部门)要重视合作企业的选择。要充分依靠那些持有长线思维、志在深耕当地农业

---

① 周宏春:《农村电商助力城乡融合发展》(http://www.drc.gov.cn/xsyzcfx/20190814/4-4-2899150.htm)。

的有远见的企业，鼓励它们肩负起电商兴农的责任，让他们拥有参与质量兴农和分享成果的机会①。另外，要扶持那些有利于农产品优质优价的电商平台和企业尽快成长起来。要努力营造、改善和尽快形成优质优价的市场环境，以支持农业提质增效。要坚决限制强势企业利用自身市场地位，人为压低优质农产品价格的不公平竞争行为，引导市场参与者尊重优质农产品生产者、开发者和经营者的劳动，切实保障他们的正当权益不受侵害。

第二节 长江上游地区农村产业融合发展保障机制

推动农村产业融合发展，关键是要将农村的土地、资金、技术、人才等要素资源进行有效整合与配置。因此，就需要完善利益联结机制、土地流转机制、金融服务机制、技术投入机制、人才引进机制，以及基础条件支持机制。

一 完善利益联结机制

1. 构建多形式的利益联结机制

长江上游地区农村产业融合需要不断深化对利益联结机制的认识，注重在发展过程中，关切多元主体的诉求和需求，让各大主体能够共享全产业链的增值收益。首先，需要创新"订单农业"的利益联结机制。加强工商资本与农户的合作，鼓励龙头企业或者电商企业与农户、农民专业合作社签订农产品的购销合同，努力借助数字经济赋能农村产业融合，推动农产品供给走向规模化与组织化，提高农产品供给的持续性，在利润返还上要加大力度，合作关系上

---

① 汪向东：《推动农村电商转型 夯实质量兴农基础》（https：//baijiahao.baidu.com/s？id=1664000857906979594&wfr=spider&for=pc）。

要保持稳定。其次，要鼓励发展股份合作的利益联结机制。以农户自愿为基础，以土地经营权、闲置农房所有权入股为核心，大力发展农业产业化经营，不断推动农户、农民合作社、村集体和龙头企业采取多形式的股份合作，推广"保底收益+按股分红"等方式，向农户倾斜收益分配比例。

2. 不断激发多元主体的活力

农民作为农村产业融合的基本主体，要让农民直接参与创造和分享产业链、价值链的增值收益，保护农民的合法权益，消除疑虑，避免因"畏惧损失"而给他们带来不安全感。对待工商企业而言，要不断畅通信息的公开渠道，降低因"信息不对称"带来的前景不确定性，提高工商企业投资的积极性，提升他们的预期效益，充分发挥他们在技术、信息、管理等方面的引领带动作用。对基层政府而言，要建立公平竞争的市场环境，充分发挥基层政府在农民与工商企业之间的润滑和纽带作用[1]。

二 完善土地流转机制

在土地利用上，从各省市的年度建设用地指标中单列一定比例，专门用于农产品加工、仓储物流等辅助设施建设；通过农村闲置宅基地整理、土地整治等新增的耕地和建设用地，优先用于农村产业融合发展。注意防止设施农用地"非农化"、鼓励农村土地复合利用创新。另外，要不断完善土地流转相关制度。

1. 加快农村土地产权相关法律修改

为适应农地产权流转的需要，《物权法》应增设农村土地经营权，明确土地经营权人的占有、使用、收益及部分处分权的基本权

---

[1] 高启杰、杨瑞：《构建农村产业融合的利益联结机制》，《文摘报》2021年3月2日第7版。

利,《物权法》和《担保法》应允许耕地使用权的抵押,以使农村土地的经营权通过设定负担的方式进行流转。同时,尽快制定《农村土地经营法》,明确经营权的流转要求和公示方式等,确立土地经营权的主体和限期等,经营权证的颁发可设定在农地流转或抵押之际。另外,为更有效落实"三权分置"制度,建议农业农村部会同国家部委在调研基础上,统筹研究制定集体经济组织成员资格标准、农户宅基地资格权、物权与成员权等,加快《宅基地法》立法,推进相关资格界定。

2. 实行农村土地产权管理与交易分离

土地产权流转交易属于市场行为,应归属自然资源管理部门指导下的交易平台"土交所"统一负责。政府与交易平台要协同分工、管办分离。政府负责土地流转宏观层次上的管理,流转交易标的物仍由原部门管理,如流转前端合法性审查、流转后的用途管制等。土地流转交易平台则作为政府补充,微观上是具体从事每一笔土地流转交易环节的细致服务,建议由省级政府办公厅发文或由自然资源、农业农村、林业、水利等相关部门联合发文,明确以各地土交所为全省域农地产权流转交易环节的统一业务指导职能部门,区县级、乡镇级和村级服务平台的管理方式可选择事业制或会员制。

3. 构建管理机构与交易机构共享的流转平台

以长江上游地区各地实际为基础,为了能够让管理机构和交易机构共享信息,为了能够为自然资源、农业和农村、住房和城乡建设等管理部门提供决策依据,要加快建立农村土地流转信息网络和服务平台。在平台建设过程中,继续坚持同地同价的原则,降低村民的交易成本,鼓励村民在交易平台上发布交易信息。长江上游各地区继续实行承包土地经营权流转交易免收交易服务费的优惠政策,强化报纸、电视、网络等工作对进场交易的报道优势,坚持公平、公开和契约自由等基本原则推进土地有序流转，尝试鼓励毗邻村庄的土地流转，充分、合理地整合利用区域土地资源。

4. 规范农村土地流转管理制度

为适应长江上游地区农村产业融合发展的需求，土地流转管理办法要尽快将宅基地和农房使用权的流转，集体建设用地入股、合作、联建等交易方式，"农户和企业"合作仅出让部分承包地经营权等流转形式纳入。完善新品种交易服务指南，制定中介组织服务规则，为土地权利人提供委托申请、代理交易、实地踏勘和核实信息等中介业务，以促成交易[①]。

三　创新人才培育机制

长江上游地区农村产业融合发展离不开具有一定科学文化素质、能够掌握现代农业生产技能和一定经营服务能力的新型农民的积极参与。要不断创新人才培育机制，让人才成为长江上游地区农村产业融合发展的有力支撑。

1. 培育新型的农业经营主体

要大力实施新型职业农民培育工程，不断提升专业大户、家庭农场经营者、农民合作社带头人、农业龙头企业负责人和农业社会化服务组织负责人等在从事专业化、标准化、规模化农业生产经营中管理的能力，推动这些新型职业农民成长为新产业、新业态的先行者，以及应用新技术、新装备的引领者。

2. 培育专业服务型的职业农民

培育更多农业社会化服务组织骨干人员和专业服务型职业农民，强化他们在农业产前、产中、产后的经营性服务，提升这些专

---

① 王爱国：《农村产业融合发展：对乡村振兴战略中农地流转的再思考》，《重庆理工大学学报》（社会科学版）2021年第11期。

业服务型职业农民在农村产业融合各环节的服务保障能力。尤其是要注重培育更多的"田秀才""土专家""乡创客"等乡土人才，发挥他们在农村产业融合发展中的专业优势。同时，注重把小农户纳入新型职业农民培育工程，引导小农户发展成为新型职业农民。

3. 加强培育返乡下乡人才

通过实施农村创新创业带头人培育行动，引导更多农民工、大中专毕业生、退役军人、科研人员等返乡入乡人才在乡村开办新企业、开发新产品、开拓新市场、培育新业态，支持农村创新创业带头人扎根乡村、服务农业、带动农民，成长为带动农村产业融合发展和农民就业增收的重要力量[①]。

4. 开展教育培训，加强专业培训技能

随着乡村旅游、农村电子商务在长江上游农村地区的不断发展，乡村旅游人才、农村电商人才结构将不断改变，有关部门应建立统一的服务中心，例如乡村旅游企业或农村电力供应商，经常举办职业技能培训，为学徒创造更多条件进行实践以提高专业技能。利用当地的文化、委托等各种方式培训员工，逐步形成在县乡村多层次的培训网络，因地制宜培养专业人才，根据乡村旅游、电商市场的需求，尽快弥补乡村旅游、电子商务人才缺口。

5. 完善薪酬和激励机制

长江上游地区农村电商人才学历较低，缺少更高学历层次的人才支撑，完善薪酬与激励机制是促进人才引进与人才结构调整的有力举措。要不断提升乡村旅游人才、农村电商人才的薪酬待遇，制定完善的薪酬体系和晋升机制，定期发放绩效奖金，激发工作潜力和积极性，以避免人才流失。针对乡村旅游人才、农村电商人才培

---

① 曹哲、刘非：《聚力产业融合加快乡村发展》(https://baijiahao.baidu.com/s?id=1720354025326738484&wfr=spider&for=pc)。

养方面和绩效管理方面的压力，建立健全政府、企业、网店等各个层级的较为完善的继续培养体系和薪酬激励制度。

四 完善技术投入机制

凝聚数字化思维，用好信息化手段，推进信息技术与长江上游地区农村产业融合发展在生产、加工、流通、管理、服务和消费各环节的技术融合与集成应用。

第一，要加速补足乡村地域信息内容基础设施建设薄弱点，不断完善农牧业数据管理系统，完善信息终端设备和服务项目提供，扩大数字技术对乡村产业链（尤其是农牧业）的覆盖。另外，要加强朝向农业农村的数据自主创新提供，尤其是要融合不一样地区、不一样经营规模的农业特性，以优秀适用为主攻方位，发展趋势智能化系统农业机械，改善农业科技数据服务，推动大量数字技术紧密结合到乡村产业链中。

第二，要加快物联网、云计算、大数据、人工智能在农业生产经营管理中的应用，提高农业装备、农机作业服务和农机管理的现代化水平，促进种植业、畜牧业、渔业、农产品加工业的数字化、智能化及绿色化转型升级，积极打造科技农业与智慧农业，提升农业生产效率；要积极发挥数字经济在农产品流通中的重要作用，有效应对传统农产品流通模式存在的流通环节多、损耗大、成本高等问题，用好以新一代信息技术为核心的智慧物流，有效降低产品损耗，保障产品品质，同时，发展好农产品电子商务，有效带动农产品提质以及农民增收。

五 强化基础条件支撑机制

完善农村道路，农村互联网基础设施和物流体系，提高农村基础设施在农村产业融合上的外溢服务能力。强化农村垃圾、污水治理、改进村容村貌、推进乡村国土绿化，强化水土流失治理，夯实绿色本底，以良好的生态环境保障长江上游地区农村产业融合发展。

1. 加快新型基础设施建设

新型基础设施是提供数字转型、智能升级、融合创新等服务的基础设施，需加快推动新型基础设施建设，并推动其与乡村振兴战略有效衔接，以此全面提升有利于农村产业融合的基础设施保障能力。需要看到，长江上游地区农村基础设施建设发展还不均衡，特别是农业信息技术、农产品流通等领域的问题比较突出，相关基础设施供给不足成为制约乡村数字经济发展的重要因素。对此，一方面要加快布局5G、物联网、人工智能等基础设施建设，并推动其应用落地；另一方面要加快推动供水供电、农田水利、乡村物流、农产品生产加工等传统基础设施的数字化、智能化转型，全力提升乡村基础设施水平，为数字经济与农村产业融合打下长远发展的物质基础。

2. 加强资源整合，解决"最后一公里"问题

首先，完善道路基础设施。优先解决长江上游贫困地区道路"村村通"问题，在村头路边的商店（小卖部）、村委会、学校等人口密集场所设立村级配送网点，布局物流快递柜，提高物流配送能力。其次，整合物流、快递等资源。综合利用"乡乡设所，村村通邮"的邮政配送资源、广电系统运维人员、村级公共文化服务中心资源，为村民提供网络代购代销、信息和金融等方面的服务，在提高农民收入的同时也增加电商运营者的收入，增加基层税收。最后，解决最初和"最后一公里"的问题。搭建物流信息共享平台，加强电商与物流企业的合作，以"工业品下行"带动"农产品上行"，破解"农产品上行难"问题。

六 完善金融服务机制

增设中长期低息贷款品种，创新金融产品，通过 P2P 网络借贷、股权众筹等方式，创新直接融资渠道，采取农业保险等形式，创新非融资类金融产品，共同拓宽融资渠道。建立农企担保机制、设立专营机构、形成绿色通道和协同服务机制、发展电子金融服务等措施，创新金融服务方式。建立面向"银行业金融机构、非银行业金融机构、从业主体"三位一体的金融鼓励政策，精准引导各行为主体积极参与农村产业融合发展，从金融服务上全面支持长江上游地区农村产业融合发展。

在遵循农村产业融合发展规律的前提下，综合运用金融杠杆政策工具，借助数字化、智能化手段，引导金融机构将金融"活水"精准"滴灌"到农村产业链上。需面向乡村小微企业、农户等征信信息不完善的群体，充分利用大数据、云计算、区块链等信息技术手段建立健全征信体系；需结合农村产业融合特点推出更多金融产品，有效解决农村产业融合金融服务"最后一公里"问题；需不断加大对农村产业融合发展的重点领域及新型基础设施建设薄弱环节的支持力度，在"强产业、补短板、夯基础"上持续发力，不断创新金融产品和服务模式[①]。

[①] 张春玲、赵爽、刘遵峰：《以数字经济助力乡村产业振兴》，《经济日报》2021 年 12 月 14 日第 10 版。

第九章

结论与展望

一 研究结论

研究通过综述把当前农村产业融合发展研究从多个层面进行了梳理、总结,指明了未来农村产业融合发展的研究方向是需要重点探讨农村产业融合发展的效应、影响因素以及典型案例;构建了一个农村产业融合发展的理论分析框架,将其落实于长江上游地区实践,探讨长江上游地区农村产业融合的新特点,揭示其现实状况,为深入了解长江上游地区农村产业融合发展进程、特点、问题,更好地推进长江上游地区农村产业融合发展,推进长江上游地区农村产业兴旺提供有效的政策建议。实证研究了长江上游地区农村产业融合的影响机制、农村产业融合与农户增收、农村经济增长、农村生态环境之间的关系,突破了当前在农村产业融合的影响机制、影响效应检验匮乏的局面,从实证层面进行了创新,改变了以往农村产业融合集中于以经验引进、总结归纳、延伸解读为主的状态,加深了农村产业融合的影响机制及如何促进农村经济增长、促进农民增收、影响生态环境机理的认识,为科学给出相关政策建议、更好推进长江上游地区农村产业融合发展具有重要的参考价值。具体而言,本研究根据各部分研究内容,得出以下研究结论。

第一,理论框架。综合梳理并评述了中国农村产业融合发展研究的新进展，形成了农村产业融合发展理论分析框架。在农村产业融合概念、水平测度、驱动因素、典型案例、发展路径、保障机制等文献梳理基础上，指出中国农村产业融合发展研究未来要不断丰富其评价维度、强化定量测度，实证分析其影响因素、检验其经济或农户增收效应；形成了农村产业融合的内涵、模式、特征、生成机制、作用层次、融合效应等理论分析框架。

第二，实践进展。对长江上游重庆、四川、贵州、云南四个地区农村产业融合发展的基础、比较优势、布局、融合政策的历史演进和现状进行梳理，分析了其在融合模式、融合主体、利益联结等方面的实践进展、特征、效果，摸清其发展现状。

第三，定量测度。从农业内部产业重组型融合、农业产业链延伸型融合、农业功能拓展型融合、高技术对农业的渗透型融合等四个层面，构建了农村产业融合发展评价指标体系，然后借助耦合协调度模型、熵值法综合评价了农村产业融合发展水平。

第四，影响效应。在对农村产业融合发展水平定量测度基础上，进一步对长江上游地区农村产业融合发展的农村经济增长效应、农民增收效应、农村生态环境效应进行分步实证研究。研究发现：长江上游地区农村产业融合总体水平从 0.09705 提升到 0.15673，提升了 0.05968，在四种细分模式中，高技术对农业的渗透型融合发展态势最为突出；四个省份中，四川省、重庆市农村产业融合水平较高，云南省、贵州省则相对较低。

第五，影响机制。从消费需求、土地流转、技术进步、基础设施、环境质量、人力资本、金融发展等因素展开机制分析，研究发现，各因素都从不同程度作用于农村产业融合发展，各因素因为模式不同而呈现出不同的作用。

第六，典型案例。通过对国外典型国家——日本、法国、韩国、美国的农村产业融合发展的实践经验进行分析，对国内典型地区的生态农业发展、农产品加工业发展、田园综合体发展、农产品电商发展的实践活动进行剖析，提炼出可借鉴的成功经验。长江上游地区农村产业融合发展要借鉴国内外发展经验，加大政策支持、保障生产者权益、深入挖掘地域资源、发展新型合作社和强化技术服务支撑。

第七，优化策略。提出了长江上游地区农村产业融合发展的推进策略。在规划先行、因势利导，分类施策、突出重点，体现特色、丰富多彩，循序渐进、扎实推进原则下，围绕农村产业融合发展典型模式，即农业内部产业重组型循环农业发展、农产品加工业发展、乡村旅游发展、农村电商发展提出发展路径，从利益联结、土地流转、人才培育、技术支撑、基础设施完善、金融服务等方面提出措施，共同保障促进农村产业融合发展。

二 研究展望

理论上，将农村产业融合发展理论用于长江上游地区实践，开辟了农村产业融合研究的新领域，丰富和发展了农村经济学的相关内涵和外延；借助发展经济学、农村经济学、区域经济学、产业经济学、生态经济学等学科的知识交叉，拓展了农村产业融合发展研究的新视野，丰富和发展了农村产业结构理论、农村转型发展理论。在应用上，有助于推动长江上游地区践行乡村振兴战略、加快推进农业农村现代化、促进城乡融合发展；有助于促进长江上游地区农民就业创业，探索增收致富的转型路径，解决农村空心化、留守化问题，为其他欠发达地区制定农村产业融合发展的政策提供经验支持和策略参考。

后续研究对典型农村产业融合事实（尤其是不同的农村产业融合模式）进一步深入挖掘和探讨。完善农村产业融合发展评估体系，进一步挖掘与实证研究影响农村产业融合的宏微观因素，多从技术进步、金融支持、主体参与、正式制度与非正式制度等多维度直接或间接影响的视角全面深入地解释单个推动机制或多维机制对农村产业融合的传导机理，并辅以实证分析。尤其是随着科学技术和现代信息网络突飞猛进的发展，全球进入了以数字经济为主的科技革命和产业革命新时代，数字经济已成为拉动经济增长的一个重要引擎，数字经济与各行各业的融合发展也成为时代发展的一个大命题和大趋势。尤其是在突如其来的新冠疫情背景下，数字经济与农村产业融合发展的步伐明显加速。数字经济对于农村产业融合的影响机制、支撑机制需要进一步深入考察。

参考文献

一 中文类

（一）著作类

郭鸿雁：《广电产业的合作竞争》，知识产权出版社 2008 年版。

卢现祥、朱巧玲：《新制度经济学》，北京大学出版社 2012 年版。

申小云等：《中国西南喀斯特山区生态保护研究》，兰州大学出版社 2012 年版。

曾剑秋主编：《网和天下——三网融合理论、实验与信息安全》，北京邮电大学出版社 2010 年版。

［德］埃瑞克·G. 菲吕博顿、鲁道夫·瑞切特：《新制度经济学》，孙经纬译，上海财经大学出版社 1998 年版。

［美］奥利弗·E. 威廉姆森：《资本主义经济制度——论企业签约与市场签约》，段毅才等译，商务印书馆 2002 年版。

［美］罗恩·阿什肯纳斯等：《无边界组织》，姜文波译，机械工业出版社 2016 年版。

（二）论文类

曹健、范静：《建设区域生态循环农业的思考》，《社会科学战线》 2018 年第 9 期。

曹祎遐、耿昊裔：《上海都市农业与二三产业融合结构实证研究——基于投入产出表的比较分析》，《复旦学报》（社会科学版）2018年第4期。

陈阿江、林蓉：《农业循环的断裂及重建策略》，《学习与探索》2018年第7期。

陈俊红、陈慈、陈玛琳：《关于农村一二三产融合发展的几点思考》，《农业经济》2017年第1期。

陈学云、程长明：《乡村振兴战略的三产融合路径：逻辑必然与实证判定》，《农业经济问题》2018年第11期。

成晨、丁冬：《"互联网＋农业电子商务"：现代农业信息化的发展路径》，《情报科学》2016年第11期。

成德宁、汪浩、黄杨：《"互联网＋农业"背景下我国农业产业链的改造与升级》，《农村经济》2017年第5期。

崔凯、冯献：《演化视角下农村电商"上下并行"的逻辑与趋势》，《中国农村经济》2018年第3期。

崔艺凡、尹昌斌、王飞等：《浙江省生态循环农业发展实践与启示》，《中国农业资源与区划》2016年第7期。

关浩杰：《农村产业融合发展综合评价指标体系如何构建》，《人民论坛》2016年第20期。

郭军、张效榕、孔祥智：《农村一二三产业融合与农民增收——基于河南省农村一二三产业融合案例》，《农业经济问题》2019年第3期。

国家发展改革委宏观院和农经司课题组：《推进我国农村一二三产业融合发展问题研究》，《经济研究参考》2016年第4期。

郝华勇：《特色产业引领农村一二三产业融合发展——以湖北恩施州硒产业为例》，《江淮论坛》2018年第4期。

郝立丽、张滨：《新时期我国农村产业融合的发展模式与推进机制》，《学术交流》2016年第7期。

胡伟斌、黄祖辉：《畜牧业三次产业融合：基于美国典型案例的研究及启示》,《中国畜牧杂志》2018年第10期。

胡亦琴、王洪远:《现代服务业与农业耦合发展路径选择——以浙江省为例》,《农业技术经济》2014年第4期。

黄祖辉:《实现美丽乡村建设与高质量发展相得益彰》,《人民日报》2018年11月18日第7版。

黄祖辉:《在促进一二三产业融合发展中增加农民收益》,《农民日报》2015年8月14日第1版。

江登斌:《试论农村多元经济融合》,《经济问题》1994年第8期。

姜长云:《推进农村一二三产业融合发展的路径和着力点》,《中州学刊》2016年第5期。

姜长云、李乾、芦千文:《引导农业产业化组织推动农村产业融合的现状、问题和对策建议》,《经济研究参考》2017年第66期。

姜峥:《农村一二三产业融合发展水平评价、经济效应与对策研究》,博士学位论文,东北农业大学,2018年。

科技智囊专题研究小组:《日本"六次产业"对我国农业融合发展的启示》,《科技智囊》2016年第7期。

孔祥智、钟真:《观光农业对农民收入的影响机制研究——以京郊观光农业为例》,《生态经济》2009年第4期。

李洁:《农业多元价值下的农村产业融合:内在机理与实现路径》,《现代经济探讨》2018年第11期。

李乾、芦千文、王玉斌:《农村一二三产业融合发展与农民增收的互动机制研究》,《经济体制改革》2018年第4期。

李世新:《产业融合:农业产业化的新路径》,《甘肃农业》2006年第2期。

李铜山、张迪:《实现小农户和现代农业发展有机衔接研究》,《中州学刊》2019年第8期。

李云新、戴紫芸、丁士军:《农村一二三产业融合的农户增收效应研究——基于对 345 个农户调查的 PSM 分析》，《华中农业大学学报》（社会科学版）2017 年第 4 期。

李治、王东阳：《交易成本视角下农村一二三产业融合发展问题研究》，《中州学刊》2017 年第 9 期。

梁立华：《农村地区第一、二、三产业融合的动力机制、发展模式及实施策略》，《改革与战略》2016 年第 8 期。

梁伟军：《产业融合视角下的中国农业与相关产业融合发展研究》，《科学·经济·社会》2011 年第 4 期。

梁伟军：《农业与相关产业融合发展研究》，博士学位论文，华中农业大学，2010 年。

刘灿、刘明辉：《产业融合发展、农产品供需结构与农业供给侧改革》，《当代经济研究》2017 年第 11 期。

刘斐、夏显力：《异质性预期、社会资本与农村产业融合中的农户有效参与》，《改革》2021 年第 4 期。

骆永民、樊丽明：《中国农村基础设施增收效应的空间特征——基于空间相关性和空间异质性的实证研究》，《管理世界》2012 年第 5 期。

马健：《产业融合理论研究评述》，《经济学动态》2002 年第 5 期。

马晓河：《推进农村一二三产业深度融合发展》，《中国合作经济》2015 年第 2 期。

孟玉静：《我国新型农业经营体系构建路径研究——基于产业分工与融合的视角》，博士学位论文，西南财经大学，2014 年。

母爱英、何恬：《京津冀循环农业生态产业链的构建与思考》，《河北经贸大学学报》2014 年第 6 期。

聂丽、石凯：《农村金融集聚影响农村经济增长的区域差异与路径选择》，《财贸研究》2021 年第 5 期。

彭影：《乡村振兴视角下农村产业融合的增收减贫效应——基于农

村数字化与教育投资的调节作用分析》,《湖南农业大学学报》（社会科学版）2022年第3期。

盛瑛莺、扶玉枝、祁慧博：《农村电商发展趋势下产业融合模式研究——基于浙江省的案例分析》,《商业经济研究》2018年第5期。

石培华：《旅游业与其他产业融合发展的路径与重点》,《旅游学刊》2011年第5期。

苏毅清、游玉婷、王志刚：《农村一二三产业融合发展：理论探讨、现状分析与对策建议》,《中国软科学》2016年第8期。

孙中叶：《农业产业化的路径转换：产业融合与产业集聚》,《经济经纬》2005年第4期。

谭明交：《农村一二三产业融合发展：理论与实证研究》，博士学位论文，华中农业大学，2016年。

唐超、胡宜挺：《村治能人推动农村产业融合探析——基于安徽省夏刘寨村的调查》,《湖南农业大学学报》（社会科学版）2017年第1期。

陶陶、罗其友：《农业的多功能性与农业功能分区》,《中国农业资源与区划》2004年第1期。

王爱国：《农村产业融合发展：对乡村振兴战略中农地流转的再思考》,《重庆理工大学学报》（社会科学版）2021年第11期。

王定祥、冉希美：《农村数字化、人力资本与农村产业融合发展——基于中国省域面板数据的经验证据》,《重庆大学学报》（社会科学版）2022年第2期。

王乐君、寇广增：《促进农村一二三产业融合发展的若干思考》,《农业经济问题》2017年第6期。

王丽芳：《山西省农业与旅游业融合的动力机制与发展路径》,《农业技术经济》2018年第4期。

王琪延、徐玲:《基于产业关联视角的北京旅游业与农业融合研究》,《旅游学刊》2013年第8期。

王瑞:《西部地区农村产业融合发展对其经济增长的影响研究》,硕士学位论文,西北农林科技大学,2021年。

王淑彬、王明利、石自忠:《种养结合农业系统在欧美发达国家的实践及对中国的启示》,《世界农业》2020年第3期。

王昕坤:《产业融合——农业产业化的新内涵》,《农业现代化研究》2007年第3期。

王艳君、谭静、雷俊忠:《农业与其服务业间产业融合度实证研究——以四川省为例》,《农村经济》2016年第12期。

王振如、钱静:《北京都市农业、生态旅游和文化创意产业融合模式探析》,《农业经济问题》2009年第8期。

乌兰:《休闲农业与乡村旅游协同发展及其实现路径》,《山东社会科学》2018年第10期。

吴广谋、盛昭瀚:《企业的模糊动态边界与企业集团——对企业集团的本质的探讨》,《管理科学学报》2001年第3期。

夏杰长、徐金海:《中国旅游业与农业融合发展的实证研究》,《经济与管理研究》2016年第1期。

夏荣静:《推进农村产业融合发展的探讨综述》,《经济研究参考》2016年第30期。

杨培源:《农业功能拓展与城乡融合》,《中共福建省委党校学报》2012年第9期。

杨启智、向银:《乡村旅游对农民收入的贡献研究——基于成都市的实证分析》,《经济问题》2012年第9期。

杨艳丽:《农村产业融合发展水平评价与驱动因素研究——基于黑龙江省的实证分析》,博士学位论文,东北农业大学,2020年。

姚小涛、席酉民等:《企业契约理论的局限性与企业边界的重新界定》，《南开管理评论》2002年第5期。

曾倩琳、孙秋碧：《我国现代农业与物流业耦合关联的实证研究》，《统计与决策》2016年第8期。

张军：《加强区域合作 推动长江经济带农业融合发展》，《中国社会科学报》2015年3月4日第A06版。

张俊峰、杨红、李虎等：《北京山区循环农业发展模式与展望》，《中国农业资源与区划》2017年第11期。

张克：《农产品生态化加工发展模式研究》，硕士学位论文，大连理工大学，2008年。

张林、温涛：《农村金融发展的现实困境、模式创新与政策协同——基于产业融合视角》，《财经问题研究》2019年第2期。

张义博：《农业现代化视野的产业融合互动及其路径找寻》，《改革》2015年第2期。

张亦弛、代瑞熙：《农村基础设施对农业经济增长的影响——基于全国省级面板数据的实证分析》，《农业技术经济》2018年第3期。

张岳、周应恒：《数字普惠金融、传统金融竞争与农村产业融合》，《农业技术经济》2021年第9期。

赵放、刘雨佳：《农村三产融合发展的国际借鉴及对策》，《经济纵横》2018年第9期。

赵广华：《基于共享物流的农村电子商务共同配送运作模式》，《中国流通经济》2018年第7期。

赵俊辉：《农产品加工业促进农民增收的机理分析》，《现代食品科技》2007年第4期。

赵霞、韩一军、姜楠：《农村三产融合：内涵界定、现实意义及驱动因素分析》，《农业经济问题》2017年第4期。

周锦、熊佳丽：《产业融合视角下农业与文化创意产业的创新发展研究》,《农村经济》2017 年第 5 期。

周蕾、段龙龙、王冲:《农业与旅游产业融合发展的耦合机制——以四川省为例》,《农村经济》2016 年第 10 期。

周振华:《产业融合:产业发展及经济增长的新动力》,《中国工业经济》2003 年第 4 期。

朱信凯、徐星美:《一二三产业融合发展的问题与对策研究》,《华中农业大学学报》(社会科学版) 2017 年第 4 期。

祝捷、黄佩佩、蔡雪雄:《法国、日本农村产业融合发展的启示与借鉴》,《亚太经济》2017 年第 5 期。

左冰、万莹:《去内卷化:乡村旅游对农业发展的影响研究》,《中国农业大学学报》(社会科学版) 2015 年第 4 期。

二 英文类

Benner, M. J., Ranganathan, R., "Divergent Reactions to Convergent Strategies: Investor Beliefs and Analyst Reactions During Technological Change", *Organization Science*, Vol. 24, 2013.

Dumont, B., et al., "Prospects from Agroecology and Industrial Ecology for Animal Production in the 21st Century", *Animal*, Vol. 6, 2013.

European Comission, *Green Paper on the Convergence of the Telecommunications, Media and Information Technology Sectors, and the Implication for Regulation towards Information Society Approach*, Brussels: 1997.

Greenstein, S., Khanna, T., *What Does Industry Mean? In Yofee, ed. Competing in the Age of Digital Convergence*, President and Fellows of Harvard Press, 1997.

Hacklin, F., Marxt, C., Fahrni, F., "Coevolutionary Cycles of

Convergence: An Extrapolation from the ICT Industry", *Technological Forecasting and Social Change*, Vol. 76, 2009.

Kim, N., Lee, H., Kim, W., et al., "Dynamic Patterns of Industry Convergence: Evidence from a Large Amount of Unstructured Data", *Research Policy*, Vol. 44, 2015.

Rosenberg, N., "Technological Change in the Machine Tool Industry, 1840 – 1910", *The Journal of Economic History*, Vol. 23, 1963.

Sahal D., "Technological Guideposts and Innovation Avenues", *Research Policy*, Vol. 14, 1985.

后 记

在本书完成之际,除了有一丝如释重负的轻松,更多的是感到有些忐忑不安,原因是将农村产业融合发展理论落实于长江上游地区实践,研究长江上游地区农村产业融合发展并非一件容易的事。这不仅是因为长江上游地区农村产业融合本身问题的繁杂性,还有在相关分析体系的构建与分析方法上可能的合理性、科学性不足。在我们面对长江上游地区农村产业融合发展中的重点、难点和关键问题时,常常感到力不从心,我们也不可能确保向读者交出一份满意的答卷。但我们还是对农村产业融合发展理论、长江上游地区农村产业融合发展实践进行了多方面的调查研究,搜集了最新的国内外前沿文献,做了大量的基础性工作,努力做到真诚、客观。在工作和教学较为繁忙的情况下,怀着对学术科研的热情,凭着对长江上游地区经济发展的关注以及对农村经济和乡村振兴事业发展的关心,刻苦钻研,先后用了三年多的时间,几易其稿,方才完成本书。

当然,受笔者水平、可掌握资料及实地调研较少的限制,书中可能存在不少缺陷和疏漏,热忱欢迎学界前辈、研究同人和读者批评指正。如果本书能够为长江上游地区农村产业融合的发展、推进长江上游地区乡村产业振兴有一些帮助的话,我将感到十分的欣慰和满足。学无止境,对我来说,长江上游地区农村产业融合发展研究，还仅是一个开端。今后，我们还将做进一步的深入研究，以指导日益发展的长江上游地区农村产业融合发展实践。

《长江上游地区农村产业融合发展研究》的作者除了我，还有我所带的硕士生。具体各章撰写的分工如下：由程莉（重庆工商大学经济学院副教授、硕士生导师）负责全书的总体架构和内容策划，设计编写体例，安排章节条目，确定内容取舍，并担任前言、第一章、第二章、第八章、第九章全部内容，以及第四章、第五章、第六章、第七章部分内容撰写。由林琼、严月岑、冯珊担任第三章、第七章部分内容撰写，由林琼、田泽升担任第四章、第五章、第六章部分内容撰写。全书成稿后，由黄兰稀、王伟婷进行校对，完善参考文献，程莉对各章进行了两次统稿工作，并审定书稿后交出版社出版。

本书借鉴和利用了国内外许多学者的研究成果，对这些文献的作者，我们表示由衷的谢意。同时，感谢长江上游流域复合生态系统管理创新团队首席专家、重庆市区域经济学会会长、云南大学文传浩教授的关心和支持。文老师严谨求实、对学术问题敏锐的直觉洞察力和清晰缜密的分析能力都对我影响很大。文老师对流域经济及可持续发展问题的长期关注，为本书有关内容的写作提供了思路和方向，在此一并表示感谢。

在本书成书过程中，重庆工商大学长江上游经济研究中心、经济学院的相关领导、工作人员在本书资助立项及后续联系出版事宜中给予了支持和帮助。在出版过程中，得到中国社会科学出版社的大力支持。在此，谨向关心支持和帮助过我们的同志们、朋友们致以衷心的感谢。

程　莉

2022 年 12 月于重庆南岸